国家自然科学基金项目(72303223)　资助
国家社会科学基金重大项目(18ZDA048)

农户绿肥种植决策行为及其激励机制研究

李福夺　尹昌斌　著

中国农业科学技术出版社

图书在版编目（CIP）数据

农户绿肥种植决策行为及其激励机制研究 / 李福夺，尹昌斌著 . -- 北京：中国农业科学技术出版社，2024.7.
ISBN 978-7-5116-6916-2

Ⅰ.S55

中国国家版本馆 CIP 数据核字第 2024L1F752 号

责任编辑	崔改泵
责任校对	李向荣
责任印制	姜义伟　王思文

出 版 者	中国农业科学技术出版社
	北京市中关村南大街 12 号　　邮编：100081
电　　话	（010）82109194（出版中心）　（010）82106624（发行部）
	（010）82109709（读者服务部）
网　　址	https://castp.caas.cn
经 销 者	各地新华书店
印 刷 者	北京建宏印刷有限公司
开　　本	185 mm×260 mm　1/16
印　　张	17
字　　数	365 千字
版　　次	2024 年 7 月第 1 版　2024 年 7 月第 1 次印刷
定　　价	80.00 元

◆◆◆ 版权所有・翻印必究 ◆◆◆

作者简介

李福夺 男，山东乐陵人，管理学博士，中国农业科学院农业资源与农业区划研究所副研究员。主要研究领域为农业绿色发展理论与政策、农业资源与环境经济等。主持国家自然科学基金、中国博士后科学基金等，参与国家社科重大、国家社科重点、现代农业产业技术体系绿肥产业经济研究、中国工程院重大咨询、世界银行贷款、亚洲开发银行技术援助等项目。在《Journal of Cleaner Production》《Agricultural Systems》《Foods》《Science of The Total Environment》《Land Use Policy》《Journal of Integrative Agriculture》《中国土地科学》《中国人口·资源与环境》《人口学刊》等国内外 SCI、CSSCI、核心刊物发表学术论文 70 余篇。光明网等国家级媒体入库专家。近年来，执笔撰写了系列与农业绿色发展、乡村振兴等相关的调查研究报告。

尹昌斌 男，安徽桐城人，经济学博士，中国农业科学院农业资源与农业区划研究所研究员，博士生导师，农业资源利用与区划团队首席，农业资源利用研究室主任，中国农业科学院农科英才·领军人才，国家社科基金重大项目主持人。长期从事区域农业发展战略、农业清洁生产、生态循环农业等方面研究工作。近 10 年来，主持相关国家或部委重要研究项目 30 余项，承担世界银行、亚洲开发银行项目多项，出版著作 10 余部，在国内外学术期刊公开发表论文 100 余篇、发明专利 2 项。

前　言

党的十八大以来，加快转变农业发展方式，推进农业绿色生产成为现代农业发展的主旋律、新方向。绿肥作为一种清洁的有机肥源，不仅在减少化肥施用、增加作物产量方面具有一定的经济价值，而且在提高土壤肥力、促进养分循环、消解农业污染等方面更具显著的生态价值。在一些国家和地区，种植绿肥已经成为改善农业生态环境、推进农业绿色发展的有效手段。在我国，随着农业现代化的深度推进，以种植绿肥为代表的农业绿色生产措施也越来越受到政府的重视。然而，农户作为农业生产经营的主体，目前在种植过程中利用绿肥的积极性并不高，"上热下冷"的结构性矛盾制约了绿肥价值的发挥和农业环境目标的实现。如何突破这种困局，促进农户主动实施绿肥种植实践？回答这一问题将为优化农业生产系统、提高农业发展质量提供政策参考。

本书以农户绿肥种植行为为研究对象，以农户行为理论、计划行为理论、溢价支付理论等为指导，以南方稻区农户调查数据和城市消费者调查数据为支撑，在分析农户绿肥种植动机和行为发生过程的基础上，设计"无意愿—有意愿—有行为"与"有意愿，无行为—有意愿，有行为"相结合的行为研究逻辑，并建构基于生态补偿政策的政府激励与基于消费者绿肥生态米溢价支付的市场激励协同作用的激励机制。首先，系统梳理农户绿肥种植的多元动机，揭示影响动机的关键因素。其次，针对农户无绿肥种植意愿的非理想情景，分别从SES和知识扩散两个视角探究影响绿肥种植意愿的因素，进而采用结构方程模型，并立足行为转化视角研究农户种植意愿向行为转化的内在机制。再次，针对农户有绿肥种植意愿但无实际行为的非理想情景，运用二元Logit模型和解释结构模型，检验农户绿肥种植意愿与行为的一致性关系，探究农户绿肥种植意愿与行为悖离的发生机制。随后，从农村信息化快速发展的现实背景出发，研究农户智能终端使用对其绿肥种植行为的影响，提出互联网时代新型技术要素的赋能机制；从农地产权稳定性视角，研究稳定经营权对促进农户实施绿肥养地的行为机理。最后，立足政府视角，分别采用 Double-hurdle 模型和 MLR 模型实证研究农户对绿肥种植生态补偿的受偿意愿和对补偿方式的选择偏好，据此提出补偿政策的优化策略；从市场视角，采用 Heckman 两阶段法研究消费者绿肥生态米溢价支付意愿，检验消费者支付溢价的市场机制对政府生态补偿政策的替代效应及其对激励农户种植绿肥的有效性；总结研究结果，构建驱动农户绿肥种植行为发生的制度体系。

本书共 6 篇 17 章。具体篇章安排如下：基础研究篇包括第 1~3 章，介绍绪论、理论基础与研究框架以及我国绿肥种植现状、数据来源与绿肥价值。意愿研究篇包括第 4~7 章，探讨农户绿肥种植的多元动机、基于 SES 和知识扩散的农户绿肥种植意愿、农户绿肥种植意愿向行为的转化以及农户绿肥种植意愿与行为悖离发生机制及其调控等内容。行为研究篇包括第 8~9 章，含智能终端使用对农户绿肥种植行为的影响研究和农地经营权稳定性对农户绿肥种植行为的影响研究等内容。政府激励研究篇包括第 10~13 章，含农户绿肥种植生态补偿标准核算、异质性农户绿肥种植生态补偿方式选择偏好、农户绿肥种植生态补偿政策优化策略、生态补偿对农户绿肥种植行为惯性的影响等研究内容。市场激励研究篇包括第 14~15 章，含基于演化博弈的市场激励方案选择依据、消费者对绿肥生态米的支付意愿和消费者溢价支付对政府激励机制的替代效应等研究内容。总结研究篇包括第 16~17 章，进行研究总结、制度创设与研究展望。

本书是著者承担或参与的国家社会科学基金重大项目"生态补偿与乡村绿色发展协同推进体制机制与政策体系研究"（18ZDA048）、国家自然科学基金项目"三重理性视角下绿肥稻作系统扩散机理及干预策略研究"（72303223）等科研项目的部分研究成果。

本书凝聚了一些专家学者的辛劳付出，他们是中国农业科学院陈印军研究员、罗其友研究员、罗良国研究员、易小燕副研究员、张洋副研究员，中国农业大学陈永福教授、靳乐山教授，中国人民大学王西琴教授，中国社会科学院于法稳研究员，农业农村部农村经济研究中心金书秦研究员，华中农业大学张露教授，西北农林科技大学赵敏娟教授等，以及德国慕尼黑工业大学Johannes Sauer教授等，在此表示诚挚谢意！

在调研数据和资料获取方面，感谢湖南省农业科学院、广西壮族自治区农业科学院、江西省农业科学院、安徽省农业科学院和信阳市农业科学院相关专家的大力协助。各位老师不仅将本书用到的宝贵的实验数据慷慨相赠，在各省调研时更是事无巨细，积极协助与样本县市沟通、落实调研方案，甚至亲自参与调研过程，为课题组的工作提供了极大便利。

本书可供高等农业院校农林经济管理、资源环境经济学、生态经济学等专业的本科生和研究生阅读，也可作为相关领域政府部门、科研和教学人员的参考用书。书中若有不当之处，敬请各位专家学者和广大读者朋友批评指正！

著　者
2024年6月于北京

目 录

基础研究篇

第1章 绪 论 ... 3
  1.1 研究背景 ... 3
  1.2 研究目的和意义 ... 5
  1.3 国内外研究综述 ... 8
  1.4 研究思路、内容和研究方法 ... 18
  1.5 创新之处 ... 22

第2章 理论基础与研究框架 ... 23
  2.1 理论基础 ... 23
  2.2 农户绿肥种植行为解构 ... 25
  2.3 农户绿肥种植行为发生机制的建构 ... 33
  2.4 本章小结 ... 34

第3章 研究区域与数据来源 ... 36
  3.1 研究区域选择 ... 36
  3.2 调研过程介绍 ... 37
  3.3 小结 ... 42

意愿研究篇

第4章 农户绿肥种植的多元动机研究 ... 47
  4.1 理论分析框架 ... 47
  4.2 研究方法 ... 49
  4.3 变量定义及描述性统计 ... 50
  4.4 模型估计结果及分析 ... 51
  4.5 结论与政策启示 ... 56

第5章　农户绿肥种植意愿研究 ········ 58
5.1　基于 SES 视角的农户绿肥种植意愿分析 ········ 58
5.2　基于知识扩散的农户绿肥种植意愿分析 ········ 71
5.3　结论 ········ 86

第6章　农户绿肥种植意愿向行为的转化研究 ········ 88
6.1　理论分析框架 ········ 89
6.2　研究假设的提出 ········ 89
6.3　变量定义 ········ 90
6.4　研究方法 ········ 91
6.5　实证分析 ········ 93
6.6　结论与政策启示 ········ 100

第7章　农户绿肥种植意愿与行为悖离发生机制及其调控 ········ 101
7.1　理论分析框架 ········ 101
7.2　研究假设的提出 ········ 104
7.3　变量定义及描述性统计 ········ 104
7.4　研究方法 ········ 106
7.5　结果及分析 ········ 107
7.6　结论与政策启示 ········ 115

行为研究篇

第8章　智能终端使用对农户绿肥种植行为的影响 ········ 119
8.1　理论框架与研究假设 ········ 119
8.2　变量选取与计量模型 ········ 121
8.3　实证结果与分析 ········ 123
8.4　结论与政策启示 ········ 127

第9章　农地经营权稳定性对农户绿肥种植行为的影响 ········ 128
9.1　理论分析与研究假设 ········ 129
9.2　模型及变量 ········ 131
9.3　影响评估与异质性分析 ········ 133
9.4　农户种植行为机制分析 ········ 139
9.5　结论与政策启示 ········ 141

政府激励研究篇

第10章　农户绿肥种植生态补偿标准核算 ……………………………………… 145
  10.1　研究假设的提出 ……………………………………………………………… 146
  10.2　变量选择及描述性统计 ……………………………………………………… 148
  10.3　研究方法的选择 ……………………………………………………………… 149
  10.4　农户受偿意愿实证分析 ……………………………………………………… 151
  10.5　结论与政策启示 ……………………………………………………………… 159

第11章　异质性农户绿肥种植生态补偿方式选择偏好 ………………………… 160
  11.1　理论分析框架 ………………………………………………………………… 160
  11.2　变量定义及描述性统计 ……………………………………………………… 162
  11.3　研究方法的选择 ……………………………………………………………… 163
  11.4　农户补偿方式选择实证分析 ………………………………………………… 164
  11.5　结论与政策启示 ……………………………………………………………… 167

第12章　农户绿肥种植生态补偿政策优化策略 ………………………………… 168
  12.1　典型生态补偿方案分析 ……………………………………………………… 168
  12.2　生态补偿政策的优化思路 …………………………………………………… 171
  12.3　结论 …………………………………………………………………………… 172

第13章　生态补偿对农户绿肥种植行为惯性的影响 …………………………… 173
  13.1　行为惯性的理论模型 ………………………………………………………… 173
  13.2　方法与变量 …………………………………………………………………… 174
  13.3　结果及分析 …………………………………………………………………… 178
  13.4　结论与政策启示 ……………………………………………………………… 182

市场激励研究篇

第14章　基于演化博弈的农户绿肥种植行为市场激励方案选择依据 ………… 187
  14.1　农户与政府的博弈分析 ……………………………………………………… 188
  14.2　农户与农户的博弈分析 ……………………………………………………… 189
  14.3　博弈结果解析 ………………………………………………………………… 193

第15章　消费者对绿肥生态米的支付意愿分析 ………………………………… 194
  15.1　消费者溢价支付理论逻辑——兼论绿肥生态米价值实现 ………………… 194
  15.2　消费者对绿肥生态米的支付意愿 …………………………………………… 196
  15.3　消费者溢价支付对政府激励机制的替代效应 ……………………………… 213

| 15.4 结论 | 215 |

总结研究篇

第16章 驱动农户绿肥种植行为发生的制度体系 ... 219
 16.1 制度体系设计思路 ... 219
 16.2 制度体系设计原则 ... 220
 16.3 制度体系基本框架 ... 221
 16.4 制度体系架构 ... 225
 16.5 本章小结 ... 226

第17章 研究结论、不足与展望 ... 227
 17.1 研究结论 ... 227
 17.2 研究不足与展望 ... 230

参考文献 ... 232

附录A W县绿肥示范种植补贴验收评分细则 ... 259

附录B D县绿肥示范种植补贴验收评分标准 ... 260

基础研究篇

第1章

绪 论

种植绿肥是推进农业绿色发展、改善农业生态环境的有效手段。近年来,伴随农业现代化进程,以种植绿肥为代表的农业绿色生产措施越来越受到社会各界的重视。作为现代农业生产系统中的一种传统的绿色要素,绿肥对推动农业高质量发展的作用历久弥新。在当前农业绿色转型的时代要求下,利用绿肥提升地力,引导绿肥参与传统农业生产方式改造,对保障国家农产品安全、资源安全和生态安全具有重要意义。

绿肥对改善农业系统的作用发挥有赖于农户广泛参与绿肥种植实践。然而,受各方面因素的影响,当前农户种植绿肥的热情并不高,"上热下冷"的现实困境阻碍绿肥功能的发挥。为此,本书以农户绿肥种植行为为研究对象,探讨有限理性的农户绿肥种植行为发生过程及其激励机制。本章将从我国绿肥发展的机遇与挑战两个方面系统阐释研究现实背景,揭示拟解决的现实问题,在此基础上对相应的科学问题进行文献梳理和总结,并阐明开展此研究的目的与意义,最后,详细说明研究思路、技术路线、研究内容、研究方法,并对创新之处进行概括性阐述。

1.1 研究背景

1.1.1 化学农业之前绿肥一直是我国重要的有机肥源

自古以来,绿肥作为一种养分高效的天然肥源,一直都是我国农业系统中不可或缺的生产要素。早在西汉时期就有关于养草肥田的记载。魏、晋、南北朝时期绿肥被提到了农业生产的重要地位,我国绿肥栽培利用技术模式在这一时期初步形成。唐、宋、元、明、清时期绿肥的使用技术广泛传播,我国的绿肥栽培面积和种类都大幅增加。据不完全统计,截至清末民国初期,全国栽培绿肥品种达40余个,除传统的绿豆、小豆、胡麻、苕草、蚕豆、大麦、苜蓿等外,紫云英、红萍、油菜、肥田萝卜、二月兰、田菁、三叶草、草木犀、山蚂豆、豌豆、柽麻等绿肥作物也得以广泛使用,尤其是紫云英,逐渐成为稻田使用最为广泛的绿肥作物。两千多年的发展,不仅肯定了绿肥在农业生产中的重要作用,也为后人总结了各种种植制度下栽培利用方式，成为现代农业发展可借鉴的宝贵财富。

1.1.2 环境问题突显要求农业要走绿色发展之路

改革开放以来，农用化学品的大量投入对我国粮食安全作出重要贡献，但也付出土壤污染、耕地退化等巨大代价（张俊伶等，2020）。农业农村部数据显示，截至2018年年底，土壤遭受污染的农田面积已经达到全国总耕地面积的1/5。据估算，全国每年因农田污染而损失的粮食达1 200万t，造成的直接经济损失超过200亿元（万宝瑞，2015）。另一方面，因水土流失、贫瘠化导致的耕地退化形势日趋严重，全国40%以上的耕地存在不同程度的退化问题。其中，华北平原耕层厚度15~19cm，普遍浅于最适宜耕作的22cm；南方14省（区、市）土壤酸化问题愈加凸显，pH值小于6.5的比例由30年前的52%扩大到60%以上（马瑞明等，2019）。《第一次全国污染源普查公报》显示，农业环境问题在很大程度上是由农用化学品使用不合理所造成。农用化学品的过度使用，加剧了资源与环境之间的矛盾，给未来农业经济和农村社会的可持续发展带来诸多不确定因素。鉴于此，必须改变当前的农业发展方式，降低农用化学投入品强度，减少农业生产对环境的危害，走农业绿色、可持续发展之路。

1.1.3 种植绿肥是推进农业绿色发展的有效手段

20世纪60年代以前，我国粮食生产所需肥源的50%以上都来自绿肥（曹卫东等，2017）。然而，自70年代开始，随着化肥工业迅速崛起，农作物养分供应几乎完全依赖化肥；家庭联产承包责任制的实施，耕地种植强度不断加大，冬闲田被广泛利用，绿肥生产空间多被粮油及其他经济作物所取代，全国绿肥生产由此跌入低谷，造成的弊端日益显现。对此，杨纪珂（1996）指出，"长此以往，由祖辈劳动人民辛勤保存的土壤质量，将在我们这几代人的手里悄悄地丧失掉"，并发出"营佳壤务农之本，种绿肥生态之根"的呼吁。为改变这种不利局面，国家出台《耕地质量保护与提升行动方案》，强调种植绿肥是持续提升土壤肥力、改善农业生态环境的有效措施，并把种植绿肥列为耕地质量提升的手段之一。2018年7月农业农村部印发《农业绿色发展技术导则（2018—2030年）》，提出加快绿肥生产与利用技术集成示范、推进绿肥推广应用，积极引导绿肥服务于农业绿色生产实践。《关于做好2019年耕地轮作休耕制度试点工作的通知》则强调休耕期间鼓励种植绿肥，培肥地力。因此，种植绿肥是推进农业绿色发展、农业高质量发展的有效手段。

1.1.4 政府绿肥推广工作面临诸多现实困境

尽管绿肥具有很好的生态效益，政府积极推动，但受当前绿肥经济效益较低的影响，短期内农户很难因种植绿肥而改善家庭生计，导致农户普遍缺乏种植的热情。虽然一些地区制定绿肥种植生态补偿政策，意图通过政策财政转移支付的方式提高农户种植绿肥的经济收益，但却往往因为补偿政策不合理而导致政府政策失效。当前的补偿政策主要存在以下四个问题：一是补偿标准过低，补贴难以弥补农户种植成本或不满足农户的收益期望，激励效果不足；二是补偿方式不合理，形式僵化，单一式的补贴不符合农户多元化需求；三是补偿执行中政府与农户主体权责不清，未能充分发挥农户主观能动性。另外，大量文献和工程实践表明，作为直接利益相关者的农户被完全排除在决策、实施过程之外，也不利于政策目标的实现（吴九兴，2013）。

1.1.5 引导农户广泛种植成为关注的焦点

政府的高度重视和相关措施的出台，确实在一定程度上推动我国绿肥种植面积的恢复性增长。然而，对于任何农业生产活动，若不能发挥农户的主观能动性，仅仅依靠政府的推动很难保障行为的可持续性。实际上，农户具有乡土知识和生产技能的先天优势，只有农户最清楚自身实施某种行为时对外部环境的需求，因此，在农业生产经营中，应充分尊重农户的主体地位，调动其参与的积极性，依靠农户自身的内生动力驱动行为发生（叶敬忠，2001）。在绿肥推广中发挥农户在绿肥种植中的主体地位，必然会显著提高绿肥的推广效率。一些发达国家十分重视农业生产实践中的公众参与。例如，德国、荷兰和日本在耕地保护的相关法律中，均对农户参与的内容、方式和程序做出具体规定。从国际经验来看，探索农户绿肥种植行为，吸引、鼓励广大农户种植绿肥，对推进以种植绿肥为导向的耕地地力提升具有重要价值。

基于上述背景阐述，提出"农户绿肥种植决策行为及其激励机制研究"这一命题，探讨农户绿肥种植行为发生过程，并从政府和市场激励视角探讨保障农户行为的相关制度安排。具体包括对社会生态系统框架（SES）和知识扩散框架下农户绿肥种植意愿的探讨、计划行为理论（TPB）下农户绿肥种植意愿向行为转化的分析、农户绿肥种植意愿与行为悖离的调控，这三部分共同揭示农户绿肥种植行为发生过程。而对于行为激励机制，则分别从政府生态补偿政策和市场化的利益诱导两个角度进行解析。本研究旨在为精准的绿肥政策的制定提供指导，为服务于农业绿色发展的国家战略提供支撑。

1.2 研究目的和意义

1.2.1 研究目的

本书研究目的有两个：一是探讨农户绿肥种植行为发生过程，揭示行为发生机制；二是立足外部激励视角，研究政府与市场激励政策的具体制度安排，并探讨二者在效果上的替代关系。

（1）为实现第一个目的，本书分别基于社会生态学理论和社会心理学理论，探讨农户绿肥种植动机、意愿产生的客观和主观约束条件，并立足行为转化视角，探讨农户种植意愿—行为的内在转化机制，即通过构建"无意愿—有意愿—有行为"的研究路径，解决从"无意愿"到"有行为"的直接转化问题；检验农户绿肥种植意愿与行为的一致性关系，探究农户绿肥种植意愿与行为悖离的发生机制，即通过构建"有意愿，无行为—有意愿，有行为"的研究路径，实现对"有意愿、无行为"悖论的调控；探讨新时代背景下，农村信息化与农地产权关系对农户绿肥种植行为的直接影响。以上研究旨在突破农户绿肥种植行为发生的障碍和强化行为动力，探明行为发生路径。

（2）为实现第二个目的，立足政府激励视角，估计农户绿肥种植的受偿意愿并揭示其影响因素，提出生态补偿标准优化策略；分析农户对不同生态补偿方式的选择偏好及其影响因素，提出生态补偿方式优化策略；立足典型案例分析，结合生态补偿标准和补偿方式系统优化措施，构建生态补偿视角下农户绿肥种植行为政府激励机制。立足市场激励视角，基于演化博弈给出市场化激励方案选择的依据，探讨消费者为农户生产的绿肥稻米溢价支付的理论依据，研究消费者的支付意愿及影响消费者溢价支付的关键因素，检验消费者付费机制对政府生态补偿的替代效应，构建消费者溢价支付视角下农户绿肥种植行为激励机制。

在解决上述两个问题的基础上，设计经济激励与非经济激励相结合的综合性的驱动农户绿肥种植的制度体系，为绿肥推广提供政策支撑，为农业环境保护提供保障。

1.2.2　研究意义

1.2.2.1　理论意义

（1）有利于丰富和发展农户行为理论。农户行为通常的研究思路是将是否发生行为设定为因变量，将系列影响因素设置为自变量，建立回归模型进行实证分析。然而，上述分析逻辑把农户决策过程进行过度简化、无法揭示不同情况下决策的内在联系。论文在行为解构的基础上，认为当前存在着"无意愿"和"有意愿，无行为"两种非理性的状态，并分别为这两种状态的治理设定更具针对性的研究逻辑，即通过构建"无意愿—有意愿—有行为"的研究逻辑，解决从"无意愿"到"有行为"的直接转化问题，通过构建"有意愿、无行为—有意愿、有行为"的研究逻辑，实现对"有意愿、无行为"悖论的调控。因此，对农户行为的分析便把以往的分析逻辑解构成两个更为细化的过程。此研究范式，可为未来相关研究提供思路借鉴。

(2) 有利于丰富农业生态补偿理论。生态补偿是激励相关利益者做出行为决策的重要外生动力之一。近年来，尽管政府部门已经将绿肥补偿纳入农业生态补偿系统框架，但有关补偿政策的设计尚未引起学者们的足够重视，国内外鲜有关于绿肥种植生态补偿问题的实证研究成果，因此，有必要对此开展探索。从生态价值评估、成本收益评价等相关角度出发，建立科学的农户绿肥种植生态补偿分析框架，研究确定主体差异化的补偿标准和补偿方式，可为今后开展类似研究提供理论参考。

(3) 有利于拓展市场激励理论。农民作为理性或有限理性的个体，其农业生产活动的目的是为了追逐最大利润。因此，利益导向的市场激励可以成为持续激励农户绿肥种植行为的长效措施。然而，具体应该采取哪种市场化的政策工具，又该如何进行相关制度安排以引导其有效发挥作用，目前尚缺乏深度探讨。论文从消费者行为角度，聚焦消费者对绿肥产品溢价支付这一市场机制，厘清农户、消费者两者之间的利益联结关系，探讨其对激励农户种植绿肥的有效性，检验消费者溢价行为能否成为政府生态补偿的一种市场化替代方案。对市场激励机制的探讨是本研究的一个亮点，市场激励为减轻政府财政负担、提高激励效率提供了可能，同时，对促进绿肥政策效果持久性具有积极影响。

(4) 有利于推进交叉学科建设与前沿研究方法探索。农户绿肥种植行为研究属于交叉学科研究问题，是经济学、社会学、管理学、心理学等多学科理论交叉形成的一个新的研究领域，是农业经济学与环境等学科的前沿研究热点。组合运用多个逻辑框架，综合运用多种研究方法，开发新的研究范式，构建新的研究体系，为今后社会科学研究以及环境经济领域的其他研究提供方法体系和范式参考。同时，本研究将拓展农业经济发展与产业转型研究视野，同时也在一定程度上推动了相关学科进一步的建设发展。

1.2.2.2 现实意义

(1) 有利于强化社会公众对绿肥和绿肥产品的认知，形成生态价值观。通过对农户绿肥种植行为进行研究，可增强农户对绿肥经济与生态价值的综合认知，提升农户广泛采纳的积极性；同时，还会提高社会公众对绿肥产品的认知，塑造稳定的消费偏好，引导消费者为这种生态产品合理付费，促进人们形成生态消费观。

(2) 有利于为绿肥推广提供科学的决策依据。通过对农户绿肥种植行为进行研究，可以揭示当前农户种植意愿不高的原因，为政府精准识别绿肥推广农户层面的障碍因子提供参考；通过对绿肥种植生态补偿标准和方式进行研究，可以为调整、优化生态补偿政策提供依据；通过研究消费者对绿肥产品的溢价支付问题，有助于探寻激励农户种植绿肥的市场化方案。通过构建农户绿肥种植行为制度体系，将为解决农户绿肥种植可持续动力不足的问题提供一揽子方案。

1.3 国内外研究综述

1.3.1 绿肥的综合价值

针对绿肥的价值，已有文献主要集中于探讨种植绿肥能否提高主作物产量及其化肥替代能力等直接经济价值的核算分析，对其生态功能范畴和生态价值评估的研究尚在不断探索中，绿肥综合价值研究系统性不足导致生产者对绿肥缺乏全面而准确的认知，不利于提升农户种植的积极性。

1.3.1.1 绿肥的经济价值

绿肥的经济价值主要包含两个方面，一是绿肥还田替代化肥带来的生产成本节约，二是耕地质量提升带来的主粮产量增加和质量提升引起的收入增加（姚致远等，2016）。

生产成本节约方面，张树开（2011）研究发现，在翻压紫云英、化肥减量40%~60%的条件下，后茬水稻产量、经济效益高于单施化肥处理。李双来等（2012）根据定位实验，发现在减施20%化肥条件下，翻压紫云英早稻增产效果明显，与100%化肥相比，最高可达8.6%。周国朋等（2016）通过研究我国南方不同水稻土多年冬种紫云英配施化肥的培肥效应，指出种植紫云英能够有效降低化肥施用量。周兴等（2017）也证明在稻谷产量保持稳定的情况下，紫云英翻压还田能显著替代对化肥的需求。主粮产量提升方面，杨滨娟等（2013）指出稻田冬种绿肥有利于增加水稻产量，其中，紫云英—早稻—晚稻处理增产可达10.48%。卢秉林等（2014）通过田间试验，分析河西绿洲灌区玉米与绿肥间作模式对作物产量和经济效益的影响，指出相比常规耕作模式，间作针叶豌豆时的玉米产量明显提高，可实现每公顷增值7 848元。姚致远等（2015）比较夏休闲—冬小麦（对照）、豆类绿肥—冬小麦和豆类绿肥—春玉米—冬小麦和豆类绿肥—冬小麦3种轮作及相应绿肥不同利用方式对主作物产量的影响，指出翻压绿肥显著提高农作系统主粮产量和效益。梁海军等（2011）则通过在湘南双季稻区冬闲田采取稻—稻—绿肥（饲草）轮作方式，发现绿肥区早、晚稻产量比对照区平均高47.6%、45.2%，年均经济效益稻—稻—紫云英为每亩2 576元。还有一些学者研究绿肥"减肥"与"增效"两个经济功能之间的关系。如王飞等（2014）指出，翻压绿肥减肥增效的主要机制之一是紫云英矿化的养分替代化肥。吕玉虎等（2017）在研究翻压不同量紫云英配施减量化肥对水稻产量的影响时，发现水稻产量随着紫云英翻压量增加出现先升后降趋势，因此寻找紫云英与化肥的最优替代临界点就显得尤为重要。

1.3.1.2 绿肥的生态价值

绿肥的生态服务功能是指绿肥生产所形成的、可为人类带来福利的农地环境改善及其生态效用。尽管对绿肥生态服务功能的界定仍存在一定争议，但关于绿肥生态服务功能范畴的认知却较一致，即不同农作模式下绿肥的生态服务功能存在一定差异。在水田水稻—绿肥轮作模式和旱地轮作或复种绿肥模式下，绿肥的生态服务功能主要有土壤有机质累积（郁恒福等，2019；何亮珍等，2017；高菊生等，2011；陈礼智等，1987；徐菁，1985）、土壤营养物质循环（Salgado et al.，2020；Qaswar et al.，2019；姚致远，2019；杨滨娟等，2013；赵娜等，2011）、水土保持（樊志龙等，2020；朱青等，2016）、土壤水分涵养（刘小粉等，2017；李婧等，2012）、气体调节（马艳芹，2017；周志明等，2016）以及生物多样性（Gliessman，2009）等。对于生态环境脆弱区，如我国的西北地区，绿肥的生态服务功能除了上述几点外，还包含防风固沙（任静，2020）。

厘清绿肥生态服务功能的范畴是评估其生态价值的基础。李福夺等（2019）评估我国南方稻区水稻—紫云英轮作模式下绿肥的生态价值，指出冬闲田种植紫云英在一个轮作周期中能够产生 1.125 万元/hm^2 的生态价值，其中，气体调节价值最大，为 0.38 万元/hm^2；其次是土壤有机质累积价值，为 0.279 万元/hm^2，营养物质循环价值和土壤保持价值分别为 0.204 万元/hm^2 和 0.214 万元/hm^2，土壤水分涵养价值最小，为 0.048 万元/hm^2。谢志坚等（2018）计算紫云英在紫云英—早稻—晚稻农田系统中的生态价值，发现紫云英—早稻—晚稻系统的生态价值比冬闲—早稻—晚稻系统高出 36.13%，并进一步指出，冬闲—早稻—晚稻和紫云英—早稻—晚稻生态系统的农产品与轻工业原料供给服务价值分别达到 3.88 元/（hm^2·年）和 5.67 元/（hm^2·年），占系统功能服务总价值的比例均超过 60%；其次为大气调节与净化和水分涵养服务价值（占比 15%~22%），而土壤养分累积服务价值最低（占比<2%）。周志明（2016）则通过选取农产品供给、气体调节、土壤养分累积、土壤保持和水分涵养 5 类服务功能，分别评估豆科绿肥作物毛叶苕子轮作春玉米模式、非豆科绿肥作物二月兰轮作春玉米模式中绿肥作物的生态价值，发现二月兰轮作春玉米、毛叶苕子轮作春玉米的农田生态系统服务功能价值分别为 7.14 万元/hm^2 和 6.90 万元/hm^2，较常规春玉米单作分别提高 23.45% 和 19.15%。这些研究将为本研究探讨研究区绿肥的生态价值提供指标、方法和参数参考。

1.3.1.3 绿肥的健康价值

前期研究已经探明绿肥对终端产品品质提升的影响，包括安全性和营养性的改进等。在安全性方面，学者们重点探究了绿肥稻米中重金属含量变化及其机制问题。如 Zhang et al.（2020）研究发现，绿肥在原位治理稻田镉污染及控制稻米镉含量超标方面具有独特效能，经测定绿肥稻米中镉蓄积可减少 28.5%；Wang et al.（2022）利用在湖南重金属污染区设立的长期定位试验，研究绿肥对稻米砷、铅两类重金属超标的治理效果，发现绿肥稻米中砷、铅蓄积分别减少 21.2% 和 19.7%，稻米安全性显著提升。Gao et al.（2021）研究指出，绿肥减少了后茬水稻生长对化肥、农药等化学品的需求量，从而有效降低稻米中有毒有害重金属的蓄积；而 Zhou et al.（2020）通过分子学分析，发现绿肥通过减少酸可提取态重金属和可还原态重金属，将其转变为更稳定的残渣态重金属，降低了土壤中生物可利用重金属的浓度，进而减少稻米中重金属的积累。在营养性方面，已有文献探析了绿肥稻米中微量营养素的变化。如 Yang et al.（2019）通过仪器测定，发现绿肥稻米中人体必需氨基酸含量提高了 48.7%；Zhou et al.（2021）则测定了绿肥稻米中钙、铁、锌的含量变化，发现与常规稻米相比，分别提升了 21.1%、27.6%、37.8%。可见，绿肥显著改善了终端产品的营养特性。绿肥稻米安全性和营养性的提升对促进居民膳食健康具有重要的现实价值。

1.3.2　农户采纳绿色生产措施的影响因素

近年来，学术界对农户绿色生产措施采纳行为的研究重点关注采纳绿色技术、参与农业环境项目等方面。农业技术贯穿于农产品生产、开发和使用的整个过程，绿色技术采纳不仅可以增加农民收益，也能在一定程度上减轻农业生产对环境的损害，最大限度地减少人类活动对生态环境的负面影响（Ghadiyali et al.，2012）。然而，一种技术可用并不意味着农户一定愿意采纳，如病虫害绿色防控技术、土壤养分管理（如测土配方技术）和保护性耕作技术等的实践表明，即使技术有效，农户的采纳行为也具有不确定性（朱月季等，2015；蔡书凯，2013）。同样，对于部分农业环境项目，其设计的初衷更多是基于农业环境保护的考虑，短期内农户参与的经济效益低于环境效益，如果环境效益不能转化为可对农户形成激励的直接经济效益，农户参与的积极性将会受到影响。因此，多因素制约下的农户农业环境项目参与行为也具有不稳定性（闵师等，2019；李凡凡等，2018；汪文雄等，2013）。据上分析，有限理性的农户在采纳绿色生产措施时必然会综合考虑各方面因素，并评估自身行为可能造成的积极或消极的影响（韩喜艳等，2020），进而做出最利己的决策。

1.3.2.1　农户禀赋

农户禀赋包括以受访者为代表的个体禀赋及其家庭禀赋、经营禀赋、社会禀赋和自然禀赋五个方面。农民个人禀赋是指农民自身所固有的资源和能力，包括性别、年龄、受教育程度、身体健康状况等（余威震等，2017；姚科艳等，2018）；家庭禀赋是指农户的家庭成员及整个家庭所拥有的资源和能力，包括家庭农业劳动力数量、家庭收入、耕地面积等（童霞等，2014；童洪志，2018）；经营禀赋是指农户的经营特征，即资源特征以及农户对农业资源的利用方式（朱利群，2018）；社会禀赋是指农户在社会中所拥有的地位或因所处的位置带来的能力（汪冲，

2019）；自然禀赋则是指由地理位置和资源条件所决定的禀赋条件（刘一明等，2013）。

（1）个人禀赋。不同的人由于自身的禀赋差异决定其对同一事物的认识不同，进而采取不同的行为，个体禀赋的差异是影响农户决策的重要因素。在考虑农户个人禀赋对决策行为的影响时，很多学者关注到性别因素。Tanellari et al.（2014）基于乌干达的数据认为男性在对待风险的态度上更为积极，因此相比女性而言，男性更可能做出采纳农业新技术的决策。国内张童朝等（2019）的研究也得出类似结论。但也有研究者持不同观点，如苏岳静（2002）在研究影响农户采纳转基因Bt抗虫棉技术的因素时，发现性别的影响并不显著。对于年龄的影响，Noltze（2012）、俞振宁等（2018）认为农户的年龄与农户采用可持续农业技术显著负相关。但亦有学者认为年龄对农户决策行为不构成影响（Feng et al.，2015）。受教育程度的提高有助于增强农户对新知识的接受、消化和吸收能力，同时受教育程度的提高增加农户对新事物的掌握能力，此类研究的结论几乎都认为农户受教育有助于农户做出理性决策（Thirtle et al.，2003；史雨星等，2019）。身体健康状况对农户采纳绿色生产措施具有差异化影响，一般来说，身体条件差的农民更倾向于采纳劳动强度低的行为（张沁岚，2017）。

（2）家庭禀赋。家庭禀赋是农户做出农业生产决策的支撑条件。一般而言，种植规模大的家庭更容易做出采纳绿色生产措施的决策（郑适等，2018；王士海等，2017；吴雪莲等，2016；Fernandez-Cornejo et al.，1996）。然而，Hayami et al.（1980）却得出相反的结论，他认为农户生产规模与其水稻新品种采纳之间呈反向变动关系。对此做出的解释为：大规模生产时，完全实现新品种替代需要付出高昂的成本。同时，有学者研究发现家庭收入也是影响农户绿色生产措施采纳的另一重要因素（朱月季等，2015），认为无论农户采纳绿色技术，还是参与农业环境项目，都离不开一定的资金支持，而家庭收入是衡量其资本禀赋的重要指标。此外，还有学者探讨家庭农业劳动力对农户生产决策的影响，指出在小农户"半工半农"经营状态下，农户对农业的依赖程度直接决定行为。农业劳动力越多的农户一般兼业化程度较低，家庭生计对农业的依赖程度较高，越倾向于做出有利于农业可持续发展的决策（白丽等，2015）。

（3）经营禀赋。农户经营禀赋是影响其绿色生产措施采纳行为的关键因子。俞振宁等（2019）研究指出，土地经营条件越差的农户经营成本相对较高，一般缺乏改变现状的内在主动性，除非外部补偿激励加以引导。因此，土地细碎化程度越高的农户一般不会做出可能附带较高风险的新技术采纳决策（余威震等，2019）。对于耕地性质对农户行为的影响，不同学者的研究得出不同的结论。对于以增收为目的的农业技术或项目，农户采纳或参与行为受耕地性质的影响一般不显著（冯晓龙等，2018；佟大建等，2018）；但若以生态保育为目的，经营自有地的农户比经营承包地的农户更可能做出积极的决策（董莹等，2019）。罗必良等（2012）指出，经营承包地的农户一般不具有采纳耕地质量提升技术的内在主动性，其进行耕地保护在很大程度上是因为政府补偿激励的作用。黄炎忠等（2018）发现"既吃又买"的农户采纳农药减施技术比例明显高于农产品以卖为主的农户。李成龙等（2020）分析兼业化农户技术采纳行为，认为其对依靠耕地获取收益的需求较少，因此一般不会主动采纳农业新技术。

（4）社会禀赋。若家庭成员中有村干部，那么这个家庭做出绿色生产措施采纳决策的可能性将高于普通农户家庭（汪文雄等，2019；刘乐等，2017；田云等，2015）。姚科艳等（2018）在研究农户禀赋、政策因素及作物类型对秸秆还田技术采纳行为的影响时，发现拥有村干部变量显著正向影响农户的秸秆还田技术采纳行为。林丽梅等（2017）研究指出，村干部更愿意参与农村生活垃圾集中处理。杨志海等（2015）发现村干部身份能够显著激励农户耕地质量保护性投入行为。这些研究对此给出的解释为：村干部除了具有普通农户身份外，还是村集体领导，其不仅仅是农业政策约束主体和被执行对象，更是国家相关农业政策在村级行政单位的具体落实者，对政策认知程度较高，主动执行的意愿较强。然而，还有一些研究得出相反的结论。如李谷成等（2018）研究发现，曾担任过村干部的农户，采纳油菜新品种的可能性较低。不同于村干部身份，党员身份对农户行为的影响并不总是显著的。这是因为如果党员在村集体没有行政职务，作为村集体普通的一分子，不会接受公务人员基层治理能力专业培训，缺乏了解国家政策的渠道和机会，对国家相关农业政策认知与普通农户并无显著差异，主动接受新事物的意愿也不会更高（孔祥智等，2004）。

（5）自然禀赋。不同地区的地形、气候、自然资源、土壤质量等自然条件存在显著差异，这种异质性自然禀赋也是农户做出农业生产决策时必然会考虑的方面。农户的自然禀赋越良好，则越具有维持这种良好状态以持续追求经济收益的内在主动性。土壤质量方面，White et al.（2005）指出，随着土壤变得越来越细，种植玉米的农民做出采纳免耕技术决策的可能性越小；而土壤的排水性越好，农户采纳免耕技术的可能性越高。地形地貌方面，Fernandez-Cornejo et al.（1994）研究佛罗里达、得克萨斯和密歇根3州的农户IPM技术采纳决策时发现，经营平原耕地的农场主采纳IPM的意愿显著高于经营丘陵地的农场主。村庄空间布局方面，王学婷等（2019）分析农户的农村居民生活垃圾合作治理参与行为，得出距离城镇越近的农户越倾向于参与的结论。杨志海等（2015）则认为，村庄有机耕路时有助于农户采纳农业绿色生产行为。此外，还有一些学者关注到村庄经济、农户与当地农技站（农业局等农技推广有关部门）的距离等因素对其农业生产决策的影响（颜廷武等，2016；赵旭强等，2012）。

尽管目前较少有研究关注农户禀赋对其绿肥种植行为的影响，但如前文所述，绿肥种植作为一种传统的农业绿色生产措施，农户种植决策必然受其自身和家庭禀赋条件的限制。个体与家庭禀赋能影响农户在绿肥种植中的风险承担能力，经营禀赋是农户绿肥种植自我决策行为的基础需要，社会禀赋可能会对绿肥种植过程中的农业信息和技术获取能力产生影响，进而影响信息搜索成本，而农业生产对自然条件的高度依赖决定较好的自然禀赋有利于增强农户决策行为结果的持续性。因此，在研究农户绿肥种植行为时，禀赋是一个不可忽视的因素，应纳入系统分析框架之中。

1.3.2.2 心理因素

农业经济领域的农户心理包括自我评价的认知能力和从众心理两个方面。农户认知会通过影响其对新事物的态度进而影响生产决策行为。李容容等（2015）研究表明，自我评判对社会化服务组织越了解的种植大户越倾向于采纳社会提供的农资供应服务。刘铮等（2018）发现，养殖户环境风险感知显著影响采纳亲环境行为。杨钰蓉等（2018）在研究减量替代政策对湖北省茶叶种植户有机肥替代技术模式采纳决策的影响时，发现农户对化肥减量与食品安全关系以及合理的化肥施用量的认知显著正向影响其技术模式采纳行为。孔凡斌等（2019）指出对过量施肥土壤影响的自我认知程度会显著影响小农户的土壤保护行为。从众心理对农户生产决策影响的实质是示范效应。在多种情形下，农户的一致性行为发生是因为受到身边其他主体行为的影响（滕玉华等，2017）。

农户对绿肥功能、价值的认知必然会影响其种植行为（李福夺等，2019）。从心理学角度来看，认知价值（Cognitive Evaluation，CE）已经成为目前心理学研究的重要理论基础。认知价值虽然不是促使农户做出绿肥种植决策的唯一动力来源，但却是在个体中普遍存在和非常重要的因素。

1.3.2.3 信任（关系网络）

Weber（2017）从社会心理学的角度，可以把信任区分为情感信任和认知信任，其中，认知信任是基于对他人可信性和可靠性的信任，属于一般信任的范畴；而情感信任则反映了信任双方之间特定的情感联系，属于亲族信任的范畴（Engdahl et al.，2013）。王雁飞等（2019）指出，无论是情感信任还是认知信任，都对个体行为决策有显著影响。信任在社会关系网络中是一种重要的经济资产，是合作行为和示范效应发生的必要条件。蔡起华等（2015）发现，一般网络对农户农业技术采纳意愿有显著的促进作用，而亲族网络对农户技术采纳意愿有抑制作用。王学婷等（2019）认为社会信任对农户生态自觉性具有显著促进作用，其中，在信任的集群中，来自特殊信任的影响大于一般信任，并进一步指出，群体规范在社会信任对农户生态自觉性的影响中发挥中介作用；社会信任、群体规范对不同代际农民生态自觉性的影响存在差异，表现为社会信任和非正式规范对老一代农民的生态自觉性影响更大，而正式规范则对新生代农民的生态自觉性影响更大。

作为社会人，农户总会与身边其他个体或组织产生各种交集。尤其在我国，农村社会本就是由各种宗族亲缘关系或聚居关系构成的"人情社会"，人与人的密切交往使得每个独立的社会人都处于错综复杂的关系网络之中，人们的行为决策在相互制约抑或相互促进中彼此影响。作为农业绿色生产重要组成部分的绿肥种植行为，必然会受到各种人情社会中关系网络的影响。

1.3.2.4 农业推广制度

在美国，加强科研、金融支持是促进农户采纳绿色生产措施的主要路径。Manimozhi et al.（2012）认为，充分发挥科研单位的技术供给和教育功能有利于促进农户采纳清洁生产技术。Abate et al.（2016）指出政府金融机构的支持力度与农户的亲环境决策显著正相关，其中，金融合作社比微观金融机构对农户决策行为的影响更大。在非洲，开展专业培训能够有效激励农户农业新技术采纳的决策行为的发生。Ibitoye et al.（2013）发现，培训能够提升尼日利亚科吉州农民的新型家禽生产技术采纳度。Nakano et al.（2018）强调培训对坦桑尼亚农民采纳水稻生产技术和提升生产力的积极影响。在我国，政府主导的专业培训以及信息技术推广对引导农民做出理性农业生产决策发挥关键作用。田云等（2015）认为，安装有线电视和互联网的农户会从媒体渠道获取更多的农业技术知识，这种公共信息的积极诱导促进其对新型农业技术的采纳。尚燕等（2018）指出，如果所在的村或乡镇有进行绿色化生产技术指导的人员和机构，那么农户更愿意采纳绿色生产技术。此外，还有学者探讨政府培训对家庭农场生产行为的生态自觉性的影响，提出培训制度可以有效改善家庭农场经营中的新技术采纳行为（蔡颖萍等，2016）。

关于农业推广制度对农户绿肥种植行为的影响，国内外相关文献不多。有典可查的文献，如李福夺等（2019）曾实证探讨政府宣传培训对我国南方稻区农户绿肥种植行为的影响，发现政策宣传和培训的影响非常显著；Pratt et al.（2016）在分析巴拉圭小农采用绿肥和覆盖作物技术的因素时也曾考察培训制度的影响。在绿肥推广中，科学的农业推广制度有助于农户更深入地了解绿肥的价值，这是农户绿肥种植行为发生的一个重要外部推力。

1.3.3 农户采纳绿色生产措施的激励机制

1.3.3.1 生态补偿政策及其激励效应

（1）生态补偿研究进展。对于"生态补偿"（Ecological compensation，EC），国外学者多称为生态服务付费（Payments for Ecological Services，PES）或生态效益付费（Payment for Ecological Benefit，PEB）（COOPER，1998），国内也有用生态服务补偿、生态效益补偿、环境补偿等概念进行表述（杨欣等，2013）。尽管名称不同，但内涵却一致，即通过对损害（或保护）资源环境的行为进行收费（或补偿），提高该行为的成本（或收益），从而激励损害（或保护）行为主体减少（或增加）因其行为带来的外部不经济性（或外部经济性），达到保护资源的目的，其本质就是将生态效益进行外部性的内部化（蔡银莺等，2014；熊凯等，2016）。

目前，国内外关于生态补偿的文献侧重于对区域或流域内森林、湿地、耕地等保护与利用开展生态补偿研究，也有文献从产业视角出发，探讨某一产业发展过程中对具有正外部性的特定项目进行生态补偿（仲俊涛等，2020；洪佳雨等，2020）。但是，无论研究从哪个角度出发，对补偿原则、补偿对象（主客体）、补偿方式、补偿标准、保障措施等方面的探讨始终是生态补偿领域的研究重点（王璟睿等，2019；范明明等，2017；宋敏等，2016；许恒周，2012）。例如，张志民等（2007）提出，生态补偿机制的构建应在明确的基本原则指导下进行，这些原则应该包含明晰对象、准确定价、政策配套和动态机制。郑云辰（2019）探索了政府在生态补偿中的主体地位，指出在生态补偿中，政府应作为补偿主体推进生态补偿的开展。赵晶晶等（2019）则认为生态补偿的对象（补偿客体）是生态保护者或者某一产业的生产经营者，如在农业生产中，补偿对象更多地为农户、家庭农场、合作社和龙头企业。对于补偿方式，在大部分领域目前仍以直接资金补偿为主（Clot et al.，2015；杨欣等，2012b），政策补偿（Sonter，2020）和技术补偿（史玉丁等，2019；杨波等，2015）等越来越多地出现在生态补偿实践中，补偿方式趋于多元化。补偿标准是生态补偿政策的核心，补偿标准的确定将影响到实际补偿的可行性和补偿效果的大小（杨光梅等，2007）。目前，生态补偿标准核算方法主要包括生态足迹法、假想价值评估法、成本核算法等（Marco et al.，2011），在确定生态补偿标准时需要进行准确的核算，应及时调整补偿标准，保证补偿标准的长期有效性（严立冬等，2013；Culas，2012）。

（2）生态补偿对农户行为的影响。作为一种调节行为主体之间利益关系的经济手段，生态补偿政策正日益受到学者和政策制定者的广泛关注。靳乐山（2014）研究表明，草原生态补偿能够显著激励牧民进行草原生态保护。邓祥宏等（2011）发现政府的农业技术补贴政策可以促进农户采纳环保型技术和资源节约型技术。李卫等（2017）指出政府向农户提供生态补偿能够激励农户采用保护性耕作技术。高瑛等（2017）研究发现，补偿政策能够促进农户采用生态友好型农业生产技术。吕悦风等（2019）在研究基于化肥施用控制的稻田生态补偿政策时指出，农田生态补偿作为一种控制化肥用量与面源污染的公共政策工具，可决定政策内化外部效应的实际效果，从而对农户生产决策产生直接影响。胡振通等（2015）则探讨合理的补偿标准对牧民减畜决策的重要性，指出减畜能否顺利的实现，关键在于牧民对减畜带来的收入损失和补偿之间的对等关系的权衡。当补偿不足以抵消减畜带来的损失时，牧民不愿意减畜，当补偿足够抵消减畜带来的损失时，牧民就愿意减畜。这一研究结论反映一个事实,即合理的补偿标准可以激发牧农的减畜行为。

关于绿肥种植生态补偿政策的研究目前还未多见,可检索到的文献仅有任静等(2020)所作的探索。根据这一研究成果,管控与激励相结合的生态补偿制度能显著激励果农的绿肥种植行为。然而,对如何建立系统性的补偿政策体系,该文没有做出进一步阐述。科学地认识生态补偿政策体系的建立对激励农户绿肥种植行为的作用对完善我国绿肥推广制度、促进农业环境保护具有重要的指导意义。从这一点来讲,深入研究农户绿肥种植生态补偿机制非常必要。

1.3.3.2 消费者溢价支付的市场机制及其激励效应

生态补偿是目前政府采取的激励农户绿色生产措施采纳行为中较有效的措施。然而,受生态补偿机制设计不稳定性的影响,从长期来看,政府激励效果并不具有可持续性。基于此,部分学者开始关注利益诱导的市场机制对农户行为的激励效应。如吴明发(2012)指出,市场机制可以有效引导农户的宅基地使用权流转行为;占辉斌等(2017)研究发现,市场激励是长期内调控农户化肥施用行为的根本途径;于艳丽等(2017)研究表明,市场激励因素显著影响林农的长期生产投入行为。

市场机制的激励效应在本质上是消费者为优质农产品支付溢价的行为对生产者行为的促进作用。当生产者生产出更高质量的农产品,在市场供求规律和价格形成机制的调节下,农产品价格会稳定在市场均衡状态的一个相对高位。此时,生产者可以从绿色生产措施采纳中获得溢出收益,因而具备长期从事绿色生产的内在主动性。国内方面,马兴栋等(2019)探讨了溢价机制对果农进行苹果标准化生产的影响,刘宇翔(2013)探究了消费者对有机粮食的溢价行为对农户有机生产决策行为的影响。国外相关研究成果比较丰富,如 Li et al.(2016)通过建立效用函数并构建蒙特卡洛方法,评估美国消费者对使用气候友好方式生产的牛肉的支付意愿,并进一步模拟消费者的支付溢价行为对牧民亲环境生产行为的影响。White et al.(2014)则使用贝叶斯分析的方法验证消费者付费行为对激励牧民在肉类动物生产中采用减少环境影响的技术的重要作用。

尽管已有文献开始涉及消费者溢价支付的市场机制及其激励机制,但是,目前国内外大部分研究均不是针对市场机制影响农户行为所作的专门探索,只是在分析框架中引入市场因素,研究深度相对有限。种植绿肥可以提高终端农产品的质量。例如在美国,绿肥常被用作优质番茄生产,而在我国,绿肥被广泛应用于绿色或有机大米、水果等农产品的生产。因此,通过分析绿肥产品溢价,对市场机制影响农户绿肥种植行为开展专门性、针对性探索,将为农户绿肥种植行为市场激励政策的制定提供更多有用信息。

1.3.4 研究评述

当前，众多学者综合运用经济学、社会学、心理学对农户绿色生产措施采纳行为进行理论和实践拓展，研究趋势可以总结为：研究基础由单学科向交叉学科转变，研究对象趋于多元化，研究方法由理论分析向实证分析转变。现有研究已经形成比较完善的理论框架、探索出比较新颖的模型方法，可为论文提供基础支撑。

现有研究仍有一定的发展空间。

一是目前国内外系统研究农户绿肥种植行为的文献并不多。尽管针对农户绿色生产措施采纳行为的研究已经比较丰富，但这些成果大多考察绿色技术采纳和农业环境项目参与等方面，针对绿肥等传统绿色要素在现代农业系统中开发利用的研究还未曾多见。有典可查的文献有 Pratt et al.（2016）、李福夺等（2019）所作的探索，研究深度局限于对影响种植决策的因素进行分析。研究方法方面，在探讨农户决策行为时，大多采用 Logit 或 Probit 模型确定主要影响因素，少有研究探讨这些影响因素的层次性结构，对各因素之间的逻辑关系和影响路径分析不足，甚至部分文献仅使用现状描述和质性分析的方法进行论述，使得相关结论可信度不足。

二是缺乏对绿肥种植生态补偿机制的定量探讨。生态补偿是激励农户绿色生产措施采纳行为的直接而有效的政策工具。学术界对农户行为领域生态补偿的作用已经开展过一定探讨，但针对农户绿肥种植生态补偿政策及其效果的探讨却不多。部分学者虽然已经认识到制定绿肥种植生态补偿政策对激励农户持久行为的重要性，但这些研究大都是简单的事实描述，鲜有对包括补偿标准、补偿方式等在内的完善的补偿机制进行定量探讨。

三是市场机制影响农户绿肥种植行为的机理尚不明确。外部激励有两个层面上的实现路径，一是政府激励，以生态补偿为主要手段；二是市场激励，以消费者付费为主要手段。已有研究大多关注生态补偿对农户行为的影响，而对市场机制激励过程的探讨相对有限。虽然国外针对特定领域市场机制对生产决策的影响进行过一些研究，但限于不同的国情、不同的消费者偏好以及市场发育的差异，这些成果很难直接服务于我国的农业发展实践。国内相关研究大多不是针对市场机制影响农户行为所作的专门探索，只是在研究框架中引入市场因素，研究深度比较有限。特别是针对市场机制激励农户绿肥种植行为的内在机理，目前研究所涉不多，这也为论文的制度创新研究提供一个方向。

1.4 研究思路、内容和研究方法

1.4.1 研究思路

以农户绿肥种植行为为研究对象，以农户行为、计划行为、溢价支付等理论为指导，构建农户绿肥种植行为发生过程及其多元化激励机制的分析框架。

首先，从种植绿肥对促进农业绿色发展的重要意义出发，提出需要解决的现实问题——如何促进农户种植绿肥？通过对国内外相关文献进行综述，阐述已有研究关注的重点，总结存在的不足之处，进而提出本书的研究主题，即"农户绿肥种植行为及其激励机制"。

其次，梳理理论基础，解构农户绿肥种植行为发生机制，建构基于政府和市场作用的绿肥种植行为激励机制分析框架，形成对全文的架构支撑。

再次，介绍我国的绿肥种植情况，阐述研究区域的选择和数据收集的过程，为研究农户绿肥种植行为提供支撑。

之后，在揭示农户绿肥种植的多元动机的基础上，分别基于 SES 和 TPB，探讨农户绿肥种植意愿产生的客观和主观约束条件，并立足行为转化视角，探讨农户种植意愿—行为的内在转化机制，解决农户"无意愿"给绿肥推广带来的困境；利用 Logit-ISM 模型探究农户意愿与行为悖离的发生机制，打通农户意愿向实际行为转化的通道，解决农户"有意愿、无行为"的现实困境；揭示智能终端使用和稳定农地经营权对农户绿肥种植行为的影响，探寻行为调控的直接政策工具。对农户行为发生机制进行探讨，将有助于实现农户行为从"无"到"有"。

本书立足政府与市场两个视角构建农户绿肥种植行为的激励机制。立足政府视角，实证研究农户对种植绿肥生态补偿的受偿意愿和对补偿方式的选择偏好，据此提出补偿政策的优化策略；从市场视角，研究消费者为绿肥产品支付溢价的行为，检验消费者为绿肥产品支付溢价的市场机制对激励农户持续种植绿肥的有效性。对行为激励机制进行研究，将有助于为农户行为长期存续提供保障，因此也是农户绿肥种植行为研究的关键。

最后，总结研究结果，构建驱动农户绿肥种植行为发生的制度体系；阐述主要研究结论，总结研究不足，提出未来需要进一步完善和研究的方向。

根据研究的理论逻辑与思路，技术路线图如图 1-1 所示。

1.4.2 研究内容

本书总计 17 章，各章详细内容安排如下。

第 1 章，绪论。概述我国农业绿色发展的现实背景以及绿肥推广的政策背景，

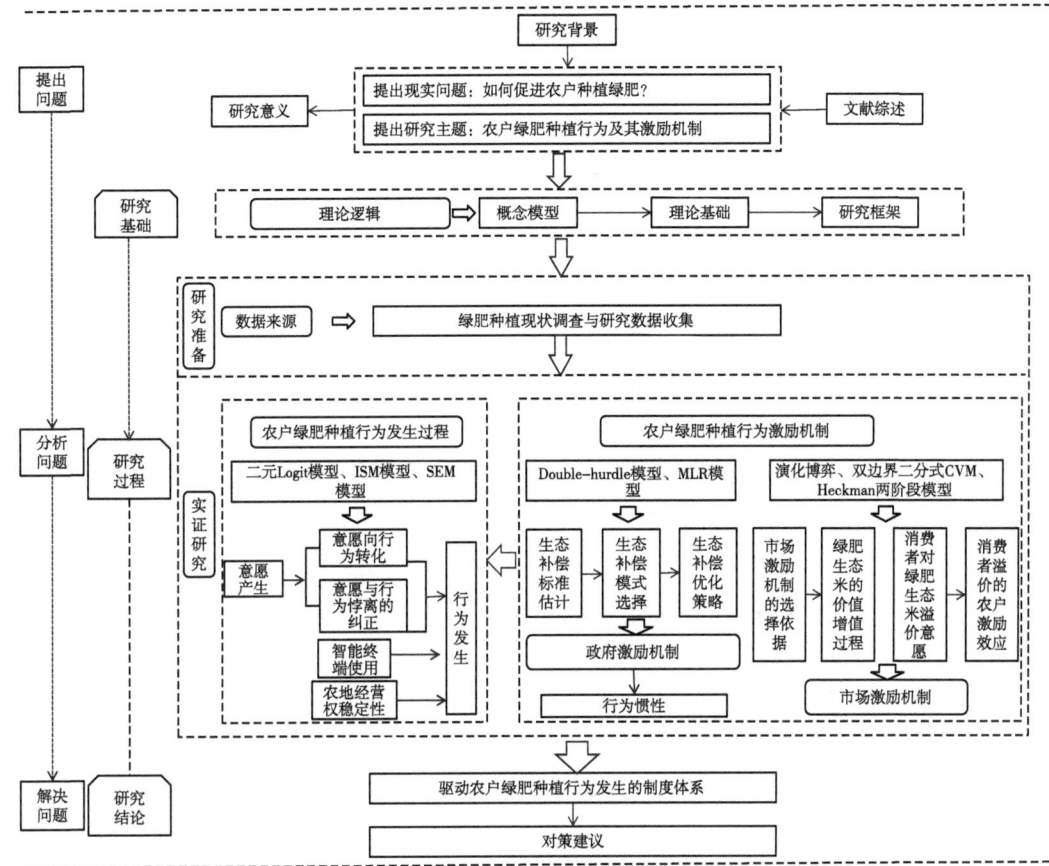

图 1-1 技术路线图

结合农户在农业生产中的主体地位，梳理迫切需要解决的现实问题，进而提出拟研究的科学问题。然后，分别阐述该研究的目的、意义和主要内容；通过国内外文献综述发现现有研究的不足，寻找深入探究的突破口；进而设计全书的研究逻辑，包括研究思路、方法、技术路线；最后提出本研究可能的创新之处。

第 2 章，理论基础与研究框架。界定与本研究有关的核心概念，建立起农户绿肥种植行为研究的理论基础；解构农户绿肥种植意愿与行为的关系，理论探究农户行为发生过程；立足政府生态补偿和消费者为绿肥产品支付溢价，多维度解构农户绿肥种植行为激励机制，形成实证章节的理论支撑。

第 3 章，研究区域与数据来源。介绍研究区域及其选择的依据，阐述调研过程及数据收集情况，为下文实证分析提供支撑。

第 4 章，农户绿肥种植的多元动机研究。阐明农户绿肥种植的内外部动机，探讨个体禀赋、家庭禀赋、经营禀赋、社会禀赋和自然禀赋五种农户禀赋对其所持行为动机的影响，揭示异质性农户行为动机的主要来源，提出与主体特征相匹配的农户行为动机产生规律，为下文更好地理解农户绿肥种植意愿奠定基础。

第5章，农户绿肥种植意愿研究。基于 SES 的研究框架，利用二元 Logit 模型分析影响农户绿肥种植意愿的客观因素；基于知识扩散框架，利用 PLS-SEM 模型揭示农业宣传培训带来的知识扩散对农户绿肥种植意愿的影响，从而多维度揭示农户绿肥种植意愿的影响因素和影响机理。

第6章，农户绿肥种植意愿产生及其向行为的转化。建立"无意愿—有意愿—有行为"的系统研究逻辑，基于 TPB 框架利用 SEM 模型研究影响农户绿肥种植意愿产生的农户主观心理因素，立足行为转化视角，探讨"无意愿"的农户在意愿产生后向行为的直接转化过程和路径，从而破解农户意愿产生、行为转化的困境，促进"无意愿"的农户最终发生绿肥种植行为。

第7章，农户绿肥种植意愿与行为悖离发生路径及其调控路径。建立"有意愿，无行为—有意愿，有行为"的研究逻辑，对农户绿肥种植意愿和行为进行描述性统计，利用 Logit 模型分析影响农户绿肥种植意愿与行为悖离的因素，建立 ISM 模型，对上述影响因素的层次性进行探究，确定具体的影响路径，最终明晰农户意愿与行为悖离的发生机制。本章研究有助于引导"有意愿、无行为"的农户向"有意愿、有行为"的理想状态转化。

第8章，智能终端使用对农户绿肥种植行为的影响。开展结构建模，研究智能终端使用对自留口粮农户膳食健康意识的影响，并进一步揭示这种意识向健康型食物系统转型实践即绿肥种植行为转化的效应和机理，进而阐明农村信息化背景下促进智能终端在农户群体中扩散对保护性农业实践的积极价值。

第9章，农地经营权稳定性对农户绿肥种植行为的影响。从农地流转周期和流转合同类型两个维度建立起农地经营权稳定性的测度指标，综合运用 Ordered Logit、平均处理效应等实证分析模型，估计稳定经营权对农户绿肥稻作系统采纳行为的影响效应，揭示不同特征农户行为的异质性影响，并利用中介效应模型和 Bootstrap 方法论证稳定经营权对农户行为的作用路径。

第10章，农户绿肥种植生态补偿标准核算。采用 CVM 方法评估农户种植绿肥的受偿意愿，并通过构建 D-H 模型确定影响农户受偿意愿的关键因素。

第11章，异质性农户绿肥种植生态补偿方式选择偏好。探讨农户对当前现有的绿肥种植生态补偿方式的满意程度，采用 MLR 模型研究异质性农户对不同生态补偿方式的选择偏好，确定满足农户差异化需求的生态补偿方式匹配机制。

第12章，农户绿肥种植生态补偿政策优化策略。提出农户绿肥种植生态补偿政策的优化原则，明确生态补偿政策优化的补偿标准基准，阐明补偿方式调整补偿资金使用结构的具体过程，提出生态补偿政策优化的具体路径。

第13章，生态补偿对农户绿肥种植行为惯性的影响。在前期明确生态补偿对农户绿肥种植短期行为具有促进作用的基础上，实证探讨生态补偿政策对激励农户绿肥种植行为惯性产生的影响，进而揭示生态补偿政策影响农户长期行为的程度和机制。

第 14 章，基于演化博弈的农户绿肥种植行为市场激励方案选择。从农户与政府，以及农户与农户博弈两个方面探讨绿肥种植过程中各主体的利益联结关系，给出绿肥产品溢价机制成为激励农户绿肥种植行为持续发生的市场化方案的证据。

第 15 章，消费者对绿肥生态米的支付意愿分析。解析消费者溢价支付的理论逻辑，调查研究区域内城市消费者对绿肥生态米的认知和溢价购买决策和溢价水平，利用 Heckman 两阶段模型识别影响支付的因素，研究溢出价格分配机制，检验市场机制对激励农户绿肥种植行为的有效性。

第 16 章，驱动农户绿肥种植行为发生的制度体系。在前文分析的基础上，提出农户绿肥种植行为发生的制度体系设计的基本思路、原则，统筹制约性和激励性制度，结合社会、经济发展目标，搭建制度体系框架，并绘制对应的构架图。

第 17 章，研究结论、不足与展望。该部分通过对各章的研究结果进行总结，凝练出主要结论。在此基础上对文中的不足之处进行总结，最后提出未来需要进一步研究的方向，以供研究参考。

1.4.3 研究方法

1.4.3.1 规范分析与实证研究相结合

规范分析法主要是运用归纳和演绎、分析与综合以及抽象与概括等方法，对从文献阅读和实际问卷调查中获得的各种材料进行思维加工，使其与研究相关的信息以系统化、条理化的形式被展示出来。论文对相关概念的界定、基础理论的阐述、研究框架的设计、制度体系的构建等都主要运用规范研究的分析方法。实证研究主要包括成本效益分析、生态价值评估、受偿意愿、支付意愿研究过程中的描述性统计及计量经济学模型等。运用成本效益分析法测算绿肥的经济价值；运用市场价值法、机会成本法、影子价格法，测算包括绿肥的生态价值；运用二元 Logit 回归模型、解析结构模型（ISM）、结构方程模型（SEM）对农户绿肥种植行为进行研究；运用条件价值评估法（CVM）、MLR 模型、Double-hurdle 模型、Heckman 两阶段模型等分析农户绿肥种植的受偿意愿和消费者的溢价支付行为。

1.4.3.2 文献研究与问卷调查相配套

通过查阅文献，总结国内外农户决策行为及其激励机制的相关理论与研究进展。梳理得到当前学术界所关注的重点和研究的薄弱点，提出所要解决的科学问题，找到研究的切入点，厘清逻辑思路，构建技术路线和分析框架。运用社会调查的方法，以农户为调查对象，设计问卷实地调研，以多角度、多渠道的方式获取相关问题的第一手数据资料，确保获得充分的信息。此外，还采取开放式深度访谈的形式，全面了解农户对农业环境、绿肥价值、政府政策等的认知以及其他相关信息。

1.5 创新之处

其一，提出"农户参与是推进绿肥推广的必要条件"的论点。以往针对农业推广的研究，很少有涉及绿肥的内容；而关于绿肥的探讨，大多立足自然科学探索绿肥对化肥减施和土壤改良的植物营养特性，从社会科学的角度研究绿肥推广应用机制的文献非常有限。论文认为，农户做出绿肥种植决策是充分利用绿肥生态服务功能践行农业环境政策的前提，没有农户的广泛参与，绿肥对农业系统的价值就很难发挥出来。引入参与式发展理论，聚焦农户参与，从经济学、心理学等视角探索综合性的绿肥推广制度，建构相关制度体系，既可以突破目前以技术为依托的绿肥推广模式面临的困境，又可以丰富相关政策工具库，为多角度、多层次组合调控绿肥推广提供支撑。

其二，建立系统研究框架，探索农户绿肥种植行为发生机制。传统观点将农户行为决策看作是一次性的过程，决策结果非是即否，并应用二元离散模型分析其影响因素，但这种假设与事实并不相符。现实中，农户的绿肥种植行为发生是一个具有层次性的逻辑问题。行为发生的第一阶段是产生意愿，只有意愿产生，才有行为发生的前提和条件；当意愿产生后，农户仍会结合自身的经验或认知再次权衡种植绿肥的得失，进而做出是否实施行为的决策。也就是说，意愿并不等同于行为，意愿产生后，农户仍然可能不会发生行为。综上所述，要想促进农户种植绿肥，"无意愿"和"有意愿、无行为"两种现实困境必须得到解决。基于此，阐述了农户绿肥种植行为的内涵与外延，解构了行为发生过程，建构了"无意愿—有意愿—有行为"与"有意愿，无行为—有意愿，有行为"相结合的系统研究逻辑，形成了统筹农户、政府和市场三方力量的制度框架。

其三，提出生态补偿不是激励农户行为的唯一路径，也不一定是经济意义上的帕累托最优选择。论文多视角研究农户绿肥种植行为及其激励机制，提出以生态补偿为手段的引导农户理性决策的政府制度并不是激励其行为的唯一路径，基于市场因子影响的外部因素同样对农户行为有显著的影响。虽然政府生态补偿对农户行为的激励效果比较明显，但补偿政策的阶段性特征使得这种激励效果并不具有长期性。也就是说，生态补偿只能带来短期行为激励。相比之下，随着消费者安全消费观念的不断强化和对优质农产品购买稳定偏好的形成，市场机制对农户行为的影响是长期的。该论断意味着对农户绿肥种植行为的生态补偿这一经济激励方式并不一定是经济意义上的帕累托最优选择，因此在考察农户绿肥持续种植行为时必须统筹兼顾市场的作用。

第 2 章

理论基础与研究框架

本章将构建研究的理论分析框架。首先，阐述研究的理论基础；其次，对农户绿肥种植行为进行理论解构，探究行为发生过程；之后，基于外部性理论，从政府和市场两个角度探讨农户绿肥种植行为激励机制的具体制度安排。最后，在以上理论分析的基础上，建构研究框架，为下文提供支撑。

2.1 理论基础

2.1.1 农户行为理论

传统西方经济学理论对农户行为的阐释大体可总结为三种观点。一是建立在新古典经济学基础上的"理性经济人"假说，即认为农户做出的所有农业生产经营活动都是理性的，其最终目的都是追求最大利益；二是"有限理性"假说，即农户实施某种行为会受到外部因素，如风险、不确定性和信息不对称等的影响，近而使得其收益目标总是偏离于理想状态；三是近年来发展较快的行为经济学，通过把心理学因素引入农户行为分析框架，提高了农户行为预测的精度，推动了农户行为理论的发展演变。

2.1.1.1 理性农户与农户的有限理性

Schultz（1964）指出，农户在做出生产决策时总是以逐利为最终目标，其做出的所有生产活动都是"理性"的，其决策结果也都将导致生产要素的完美配置。这一观点符合经典经济学理论的分析逻辑，这一假说被称为"理性经济人"假说。"追求经济收益最大化"是经典经济学中理性农户分析框架的基础假设。在该分析框架下，农户是不存在任何情感的、完全理性的独立经济人，他们行为的本质依据在于农户是信息充分的，完全依靠自身所掌握的信息来进行投入和产出配置，并根据不同投入产出下的利益权衡，选择能给其带来最大经济利益的帕累托最优方案。事实上，农户的生产决策面临着风险和不确定性，而理性农户假设并没有考虑这一点，因此无法准确揭示有关信息。对此，Simon（1972）在其《有限理性理论》一文中对经典经济学分析框架进行了部分修正，提出风险、不确定性和信息不完全性下，个体决策不是以追求最大利益为最终目标，而是在备择方案中选取满意解。可见，"有限理性"对基于经典经济学的"理性经济人"假设的相关条件进行了一定程度的放松，但其本质上却并没有对"理性经济人"假设进行否定。尽管如此，现实中农户生产决策目标并非只为逐利。可见，与"理性经济人"假设相比，"有限理性"假设更贴近现实。

2.1.1.1.2 行为经济学

在传统分析逻辑下，无论是理性农户行为假设还是有限理性假设，都把心理学因素排除在系统分析框架之外，导致很多现实的农户行为难以得到有效的理论解释（Chetty et al., 2015）。相比之下，行为经济学认可了心理学在个体行为决策中的重要作用，更加契合农户现实决策过程，这也是行为经济学近年来发展较快的原因。行为经济学并不是对经典经济学的彻底颠覆，而是将心理学因素引入传统经济学分析范畴之内，是对传统经济学的补充和完善。按照经典经济学的观点，当农户从事某项农业生产活动的成本大于收益时，农户必然会做出"无行为"的决策；然而，在现实中，即使收益很低甚至没有收益，农户在特定情况下仍然愿意发生行为，传统经济学理论无法对此做出合理解释。Rabin（1998）认为，个体的行为不仅仅追求经济利益，也会关注其他目标。这一观点与"经济人"假设背离之处就要求对经典经济学效用的假设做适当修正，行为经济学正是这一背景下发展的产物。

2.1.2 计划行为理论

TPB 是由 Ajzen et al.（1977）在研究个体行为与意愿之间的关系时被提出。他认为，个体行为并非完全由个人能力、机会、资源等外在条件所限制（感知行为控制），同样也会受到心理因素（行为态度）以及自己对于他人意见保持一致的水平等决定（主观规范）的影响。据此可知，TPB 包括行为态度（Behavioral Attitude，BA）、主观规范（Subjective Norm，SN）、感知行为控制（Perceived Behavioral Control，PBC）、行为意愿（Behavioral Intention，BI）和实际行为（Actual Behavior，AB）五个要素。其中，行为态度源与行为信念（对结果的好坏评价）、主观规范源于规范信念（来自他人或社会机构的社会力量）、感知行为控制与控制信念（促进或阻碍行为的内部因素）密切相关（Icek et al., 1992）。行为意愿被定义为对行动的预期，由农户的行为态度、主观规范、感知行为控制共同决定。根据 TPB，特定的实际行为来源于特定的行为意愿，并直接受到感知行为控制的影响（Mceachan et al., 2011）。需要指出，计划行为理论是一种不断演进的行为分析理论。学者们在实际应用该理论进行个体行为预测或揭示时往往会基于自己研究的内容进行适当调整和拓展，从而使其具有更强的适用性。

2.1.3 消费行为理论

消费行为理论是效用理论的一个重要分支。经济学中的效用与感知满足程度密切相关，因此，在对效用进行测度时往往用消费者所感受到的满足程度进行反映。一般而言，效应有两种测度标准，一种是基数效用，即基于同类商品无差别的前提，认为消费者在消费某种商品时所感受到的满足程度是可数的，即可以用具体的数字来衡量，数值越大，说明效用水平越高；另一种是序数效用，即认为消费者所感受到的满足程度不可数，不能用具体的数字来衡量，而只能用序数来反映（张文静，2017）。本书研究的绿肥产品和普通产品相比既存在差异性又具有可比性，此时，无论是用基数效用还是序数效用，在衡量消费者的满足程度时都变得不再完全适用，指数效用成为测度比较好的选择。

指数效用是指消费者消费两种不同质量商品的效用之比。根据这一定义可知，指数效用与消费偏好密切相关，消费效用建立在其商品偏好的基础上，在不考虑商品实际购买力的情况下，偏好可作为度量效用水平的主要方法。消费者对某种商品的溢价支付意愿与消费者的偏好紧密相关，溢价意愿越高，说明偏好越强。从这一点看，消费者对商品的溢价支付意愿也可以用来测算消费者效用。假设消费者消费普通产品的价格为 p_1，q_1 为该价格水平下的消费需求量，则 $W_1 = p_1 \times q_1$ 为消费者消费普通产品的支付意愿；假设消费者消费绿肥产品的价格为 p_2，q_2 为该价格水平下的消费需求量，则 $W_2 = p_2 \times q_2$ 为消费者消费绿肥产品的支付意愿。如此，绿肥产品相对于普通产品的支付意愿用指数函数可表示为 $W_{21} = W_2/W_1 = p_2 q_2/(p_1 q_1)$。若以 n 表示消费者为绿肥产品支付的溢价比，m 表示此溢价比下的绿肥产品购买比例，则消费者对绿肥产品的溢价支付意愿为 $W_{21} = p_1(1+n)m/p_1 = (1+n)m$。通过运用指数效用计算消费者的绿肥产品溢价支付意愿可知，消费者对绿肥产品的溢价支付意愿既能反映消费者购买绿肥产品的偏好，又能度量消费者消费绿肥产品的满意程度。

2.2 农户绿肥种植行为解构

2.2.1 农户绿肥种植行为解构的总体逻辑

2.2.1.1 农户绿肥种植行为的发生过程

农户的决策行为发生是一个具有严密逻辑结构的系统过程。针对绿肥种植行为，目前存在着三种情形，一是"无意愿"的情形，二是"有意愿而无行为"的情形，三是"有行为"的情形。其中，第三种情形是农户行为研究所追求的目标状态，而对于前两种情形（图 2-1），由于农户都没有付诸实践，因此无法直接贡献于农业环境政策。论文的第一个核心问题"农户绿肥种植行为发生机制"的基本要义即对这两种非理想情形进行治理,引导这些"无行为"的农户向"有行为"转化。针对非理想情形一"无意愿"状态的治理,首先需要引导农户绿肥种植意愿产生,紧接着,需要促进农户绿肥种植行为发生,这两个过程应具有系统性和承接性,不能相互隔离,否则即使意愿被激发也可能陷入"悖离困境"之中,具体的治理路径如图2-2所示。针对非理想情形二"有意愿,无行为"状态(意愿与行为悖离状态)的治理,应对存在的意愿与行为悖离的现象进行调控,具体的治理路径如图2-3所示。简言之,探讨农户绿肥种植行为发生机制,一要探讨影响绿肥种植意愿产生及其向行为转化的因素,二要对农户意愿与行为悖离的发生过程进行探索。由此可见,农户绿肥种植行为可根据以往的分析逻辑解构成两个更为细化的过程。通过研究这两个问题,便可以解决农户绿肥种植行为产生的问题。

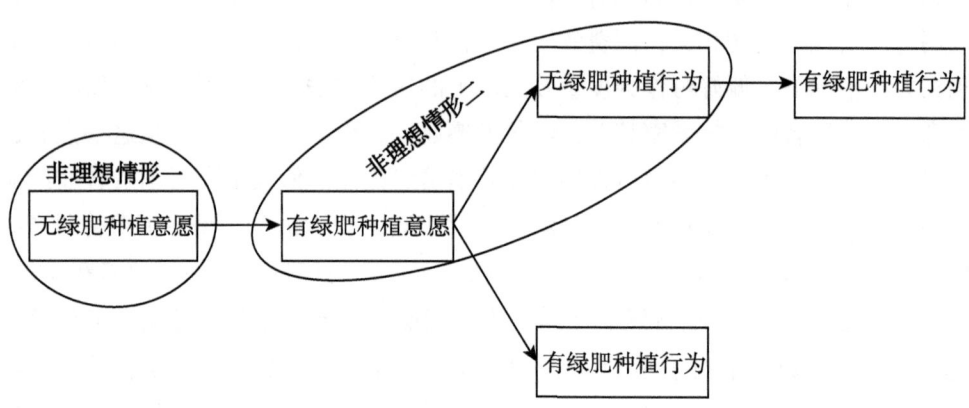

图 2-1　绿肥种植行为的两种非理想情形

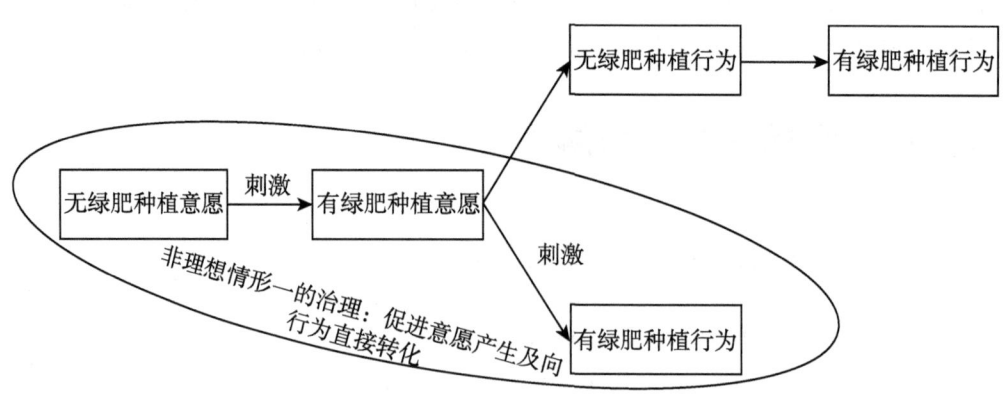

图 2-2　非理想情形一的治理路径

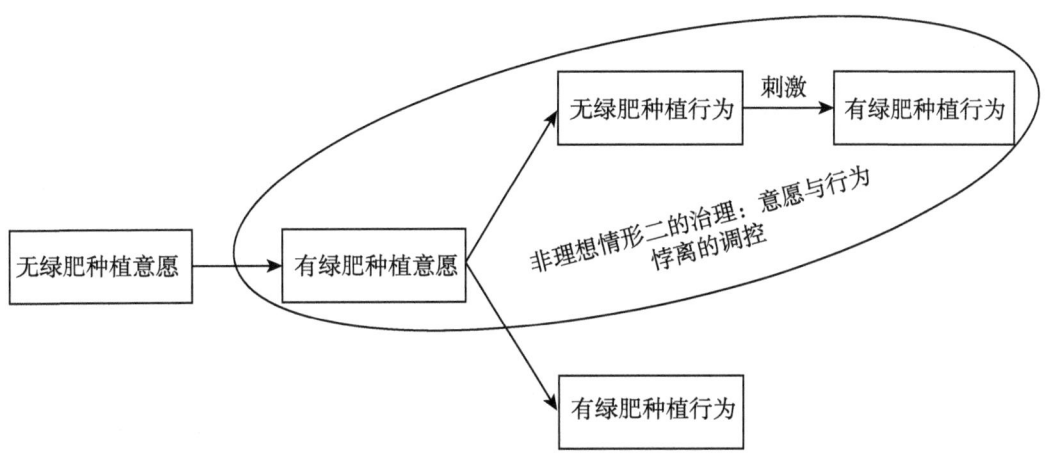

图 2-3　非理想情形二的治理路径

2.2.1.2　农户绿肥种植行为的激励机制

目前，在农业环境保护领域，最常见的政府激励措施为生态补偿，生态补偿政策也是目前很多地方绿肥推广的重要激励措施之一。生态补偿政策最显著的特点即激励效果的即时性，由于生态补偿政策具有制度优势，因此一旦实施，可以迅速对农户行为产生激励作用。在农户行为发生的初期，生态补偿对强化和维持农户行为具有不可忽视的积极作用。然而，生态补偿本质上是一种政府财政转移支付行为，受政府财政收入波动的影响很大，这决定生态补偿政策本身就缺乏稳定性。同时，生态补偿政策一般都具有周期性，一旦补偿期结束，农户便不再能够获得补偿收益，这对可持续地激励农户行为带来不利影响。因此，若要实现对农户行为的长期激励，需要寻求其他更稳定的政策工具。

长期内政府机制失灵使得我们必须寻求可持续的行为激励机制。经济学理论认为，农民作为有限理性的个体，其所有农业生产活动的目的都是为了追逐最大利润。因此，利益导向的市场激励可能会成为可持续促进农户行为的长效机制。农户种植绿肥除了用于改善耕地质量、实现生态效益，还可以生产安全、优质的绿肥产品。如果引导消费者为这种绿肥产品进行溢价支付并培育稳定的消费偏好，那么农户便可以从自己的绿肥种植行为中可持续地获得额外收益。若这种收益增量可以弥补农户种植绿肥的成本，那么就初步具备依靠市场机制可持续激励农户绿肥种植行为的理论基础；若农户的这种收益增量能够达到农户绿肥种植受偿意愿的水平，那么就具备依靠市场机制可持续激励农户绿肥种植行为的现实基础。那么，农户的这种收益增量到底可以达到一种什么样的水平，又能否有效激励农户可持续的行为呢？要回答这一问题，关键在于弄清市场消费者对绿肥产品的溢价支付水平。总结而言，把消费者对绿肥产品的溢价支付作为可持续激励农户行为的市场化机制，探讨消费者对绿肥产品的溢价支付行为便成为本部分的重点。

通过生态补偿和消费者溢价支付两个政策工具，整合政府和市场力量，共同促进农户绿肥种植行为长期存续。

2.2.2 农户绿肥种植行为解构过程

2.2.2.1 SES 框架下的农户绿肥种植意愿

SES 框架包含的变量与本研究实际问题存在着一定的差距，直接应用此框架并不完全合适，因此在使用该框架时需要在对各组成部分进行关联分析的基础上加以适当调整。借鉴参考相关文献，对 SES 框架进行局部应用，即选择 SES 框架的资源单位、治理系统、行动者和互动等基本组件的部分因子来探讨影响农户绿肥种植意愿的因素（表 2-1）。

表 2-1 SES 框架下的农户绿肥种植意愿结构性变量体系

SES 要素	一级变量	二级变量
治理系统	因变量 意愿	是否愿意种植绿肥
资源系统	自变量 农户禀赋	性别、年龄、受教育程度、健康状况、家庭农业劳动力、耕地面积、家庭农业收入、耕地性质、是否兼业经营、是否有村干部、是否有党员、土地细碎化、地貌类型、地区变量
行动者、交互	微观环境	政府形象评价、政府信息公开评价、政府监管情况评价
行动者、交互	宏观规则	生态补偿标准满意度、生态补偿方式满意度、是否参加技术培训

（1）作为因变量的绿肥种植意愿

农户是绿肥种植决策的主体，在绿肥推广政策实施的背景下，社会系统中特定的治理系统发生变化，由此引发农户绿肥种植行为发生，农户行为可以对社会—生态系统造成较大影响。意愿是行为产生的前提，同时也是行为发生最基础的要素，因此，在研究农户绿肥种植行为之前，首先对其种植意愿进行探讨非常必要。基于此，本研究将农户绿肥种植意愿作为因变量来重点研究。

（2）作为自变量的农户禀赋

SES 框架认为，必须对个体所具备的资源和能力进行深度了解，才能准确分析、预测利益主体在特定情境中可能做出的行为决策。从个体资源来讲，在决策过程中，行动者会力求选择依靠自身资源禀赋可以实现的选项。如果农户禀赋可以达到种植绿肥的客观要求，那么农户就可能形成积极的种植偏好，长期内持续稳定的偏好最终可能会转化为一种比较强烈的种植意愿。在能力方面，种植绿肥需要具备相关的知识和能力，若农户具备，其行为发生所面临的系统运作摩擦会较少，种植的意愿就可能越强。

然而在具体研究中，农户的资源和能力难以直接测量，因此不能将其直接用作自变量，需要选择可以直接调查的农户属性进行反映。已有研究对此探讨较多，这些文献主要用包括农户的个人禀赋、家庭禀赋、经营禀赋、社会禀赋和自然禀赋等在内的农户禀赋来衡量其资源与能力特征（俞振宁等，2017）。农户决策是其参照家庭禀赋条件对自身行为能力做出综合评判的结果。因此，农户的禀赋特征会对其绿肥种植意愿产生显著影响。具体在选择指标时，个人禀赋可选择受访者的性别、年龄、受教育程度、身体健康状况等，家庭禀赋可选择农户家庭的农业劳动力数量、家庭收入、耕地面积等，经营禀赋可选择耕地性质、兼业情况等，社会禀赋可选择农户家庭是否有村干部或党员身份，自然禀赋可选择村庄位置、耕地细碎化特征、耕地地形等。

（3）作为自变量的微观环境

SES 框架下的微观环境重点有两个层次的内涵，一是个体间互动、协商，与村集体间协调，以及受社会公共组织、政府的影响；二是行动者对外部环境及信息的掌握程度。为促进农户的绿肥种植意愿，有必要从上述两个层次的内涵中挖掘出微观环境中会对农户意愿产生影响的因素。Ostrom（2009）提出了 9 个微观环境变量对治理行动具有影响，但结合农户绿肥种植的情况，在现实中并不能找到所有与之相对应的变量。鉴于此，仅选择其中部分变量，如潜在的伙伴声誉且已知良好（对应设计"政府形象评价"指标）、全部参与主体交流是可行的与信息可获得性（对应设计"政府信息公开评价"指标）和监督与惩罚能力（对应设计"政府监管情况评价"）共 3 个变量表示微观环境。

当政府形象良好时，农户信任政府所推介的绿肥种植项目可以为其带来利益，农户参与的积极性会显著增强。政府信息公开评价指农户基于可获得与绿肥相关信息的多少、难易而对政府信息公开程度所做出的自我评判，政府信息公开评价越高，农户对绿肥种植的相关信息了解越多、越准确，就越可能认识到绿肥的好处，从而种植意愿就越强。在目前的绿肥种植过程中，政府对农户行为的监管必不可少，如果政府能够开展适度而有效的监管，将在一定程度上提高农户的绿肥种植水平和绿肥政策效果，这反过来又会激励农户继续种植的意愿水平。

（4）作为自变量的宏观规则

本书所研究的农户行为主要集中于操作规则层面，SES 框架的二级自变量治理系统中的宪政规则等层面变量离农户绿肥种植行为的空间距离太远。因此，研究只对绿肥政策进行具体考察。在我国的主要绿肥种植区，一些绿肥政策已经被制定并实施，那么该如何提取规则变量进行研究值得思考。生态补偿和技术培训规则是外部变量中最容易更改并促进行动者行为的自变量。据此，选择提取绿肥生态补偿政策和技术培训来探讨规则对农户绿肥种植意愿的影响。

2.2.2.2 TPB框架下农户意愿产生及其向行为的转化

TPB框架下,农户绿肥种植意愿由行为态度、主观规范和感知行为控制三方面因素决定。其中,行为态度主要是农户对绿肥种植行为所保持积极或消极态度,可通过对种植绿肥所产生的预期效益来解释;主观规范指农户对外界的影响或干扰对自身采取某项特定行为的影响认知;感知行为控制指农户过去的经验和预期对采取某项特定行为的影响,主要包括控制信念和感知强度的认知。

TPB在研究农户绿肥种植行为时,可以把影响意愿产生的因素、意愿与行为纳入统一研究框架,保证了农户意愿产生过程与行为转化过程的直接耦合,避免二者割裂研究时可能造成的有效信息损失,提高结果精度。图2-4给出了TPB框架下的农户绿肥种植意愿产生及其向行为转化的具体过程。

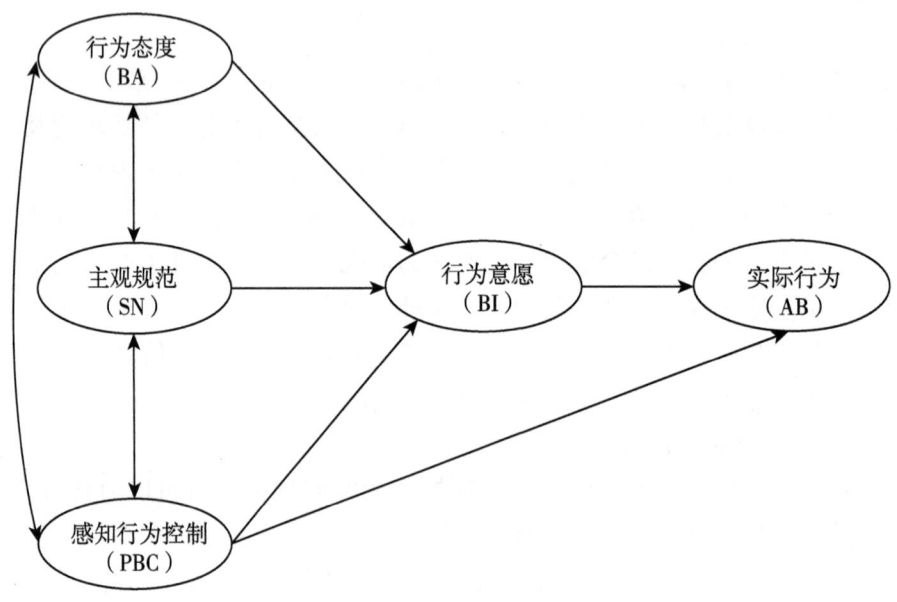

图2-4 TPB理论框架

2.2.2.3 生态补偿对农户绿肥种植行为的激励效应

根据福利经济学的外部性理论,农户的绿肥种植行为理论上将产生正外部性效应,需要对农户进行生态补偿。政府对绿肥种植进行生态补偿,可以显化绿肥种植的生态效益,从而有效激发农户种植的积极性。当前,生态补偿已经成为激励农户做出绿肥种植决策的最重要、最有效的手段之一。

绿肥种植生态补偿是指在农户绿肥种植过程中,因生态效益和社会效益的外部性存在,绿肥种植的主体即农户却未能以货币的形式获得相应的经济补偿,从而导致绿肥种植投资力度降低,并最终使得农户丧失绿肥种植的动力。政府把农户种植绿肥产生的外部社会收益货币化补贴给农户，构建绿肥种植生态补偿机制，达到长期激励农户绿肥种植行为的重要途径。

绿肥种植生态补偿机制的构建有两个要点：一是确定生态补偿的标准。科学的补偿标准的确定是构建有效的生态补偿政策的核心，若补偿标准过高，则政府财政负担过重，造成补偿政策难以长期维持；若补偿标准过低，则无法对农户的绿肥种植行为起到激励作用。如何确定合理的补偿标准已经成为当前学术界关注的科学问题之一。另一个要点是评估农户对补偿方式的选择偏好。绿肥种植生态补偿模式主要包括"实物补偿"和"现金补偿"两种，作为农业生产经营的主体，只有农户最清楚自身的需求，因此，只有让农户选择最适合自己的补偿模式才能最大限度地激励农户的绿肥种植行为。论文的逻辑是：政府通常会把农户的受偿意愿作为制定补偿标准的重要参考，结合农户对补偿模式的选择偏好，制定或优化绿肥种植的生态补偿政策，以达到对农户持续激励的目的（图2-5）。

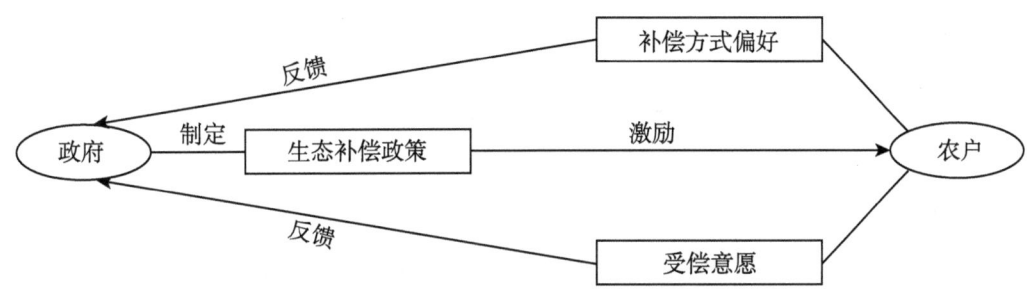

图2-5　生态补偿激励农户种植绿肥的过程

2.2.2.4　消费者溢价对农户绿肥持续种植行为的激励效应

（1）市场机制激励效应的机理

种植绿肥可以显著改善农产品质量，存在消费者为这种高质量的绿肥产品溢价支付的可能。如果政府引导消费者为绿肥产品溢价支付，可以有效激发农户种植的积极性，进而提高农户对绿肥的采纳度。当前，消费者溢价支付的市场化机制对农户绿肥种植决策行为的激励作用越来越受到学术界和政府部门的重视。

假设农户种植绿肥生产优质绿肥产品。在图2-6中，P、Q分别为绿肥产品的市场价格和总产量，q为单个农户产量，PMR和PMC分别表示单个农户的边际收益和边际成本；SMR和SMC则分别表示社会的边际收益和边际成本；ER为农户种植绿肥产生的外部社会收益。根据$PMR=PMC$的原则，农户会把绿肥产品的产量定为q_0，但根据$SMR=SMC$的原则，农户的最优产量应为q_1。此时，若消费者不愿意为绿肥产品溢价支付，农户缺乏把生产规模由q_0扩大到q_1的动力。当消费者支付一定溢价时（ER），绿肥产品的产量可由q_0增加到q_1，单个农户产量的增加引致整个绿肥产品市场供给的增加。这样，供给曲线由AS_0移动到AS_1，均衡价格由P_0下

降到 P_1，均衡产量由 Q_0 增加到 Q_1。由此可见，消费者溢价支付可刺激农户大规模生产绿肥产品。

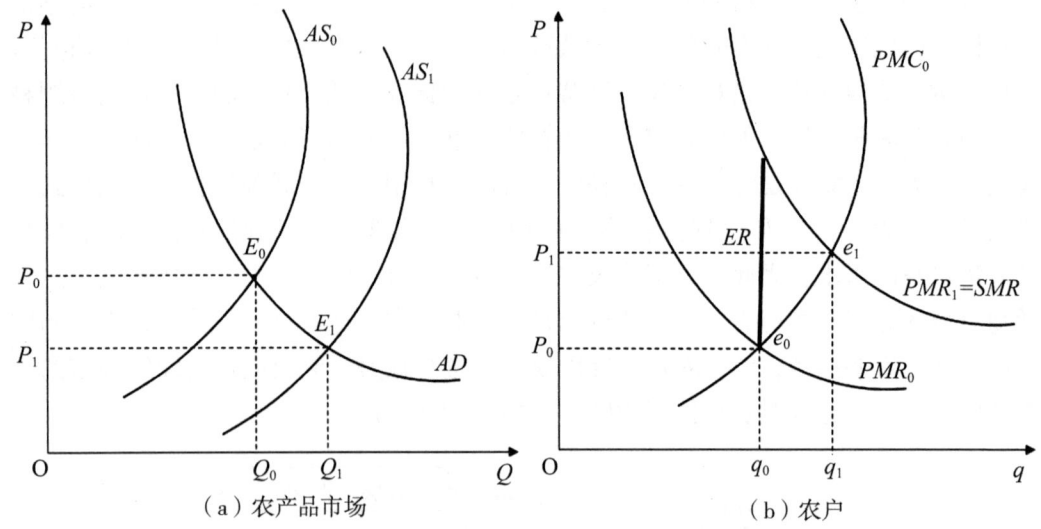

图 2-6　市场机制激励的机理

(2) 市场机制激励农户绿肥种植行为的过程

绿肥产品生产规模不断扩大的过程即农户绿肥种植可持续推进的过程。市场机制可持续地拉动农户绿肥种植的逻辑可表述为：种植绿肥在减少化肥使用量的同时，生产更优质的绿肥产品，消费者基于对安全和营养的消费需求一般愿意为这种绿肥产品支付溢价。这样，农户作为绿肥产品的市场提供者，便具备了从中获取额外收益的可能性。农民作为理性经济人，或有限理性的群体，其农业生产活动目的就是为获取利润，且利润的可获得性将直接影响其农业生产决策。农户在绿肥产品生产中的收益增长契合"经济人"本质，这是消费者付费的市场机制发挥作用的理论基础。识别消费者对绿肥产品的溢价支付意愿并确定意愿支付水平是构建农户绿肥种植市场激励机制的核心（图2-7）。若消费者对绿肥产品的溢价支付水平过低，则很难保证这种溢价机制能够有效激励农户的绿肥种植行为。基于这种考量，调查并测度消费者的支付意愿，并探讨这种溢价机制的有效性将是一个研究重点。

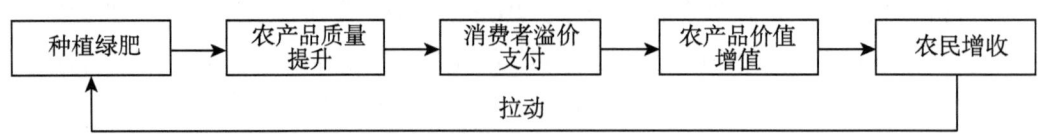

图 2-7　市场机制激励农户种植绿肥的过程

2.3 农户绿肥种植行为发生机制的建构

2.3.1 农户绿肥种植行为发生机制的初步建构

上一节从行为发生过程和政府与市场协同激励两个层面系统解构农户绿肥种植行为，建立起绿肥种植意愿产生体系、绿肥种植意愿向行为的转化体系、意愿与行为悖离的治理体系、生态补偿视角下农户绿肥持续种植行为政府激励体系，以及消费者溢价支付视角下的农户绿肥种植行为市场激励体系五大重点研究系统。建构农户绿肥种植行为机制的核心要义即把这五大研究系统有机链接起来，形成一个完整的、闭合的研究链条。需要特别指出的是，各系统的链接并非简单组合各学科的分析框架、理论和模型，而是通过各学科范式的共通点建立起不同变量之间的关系纽带。初步建构的农户绿肥种植行为发生机制如图2-8所示。

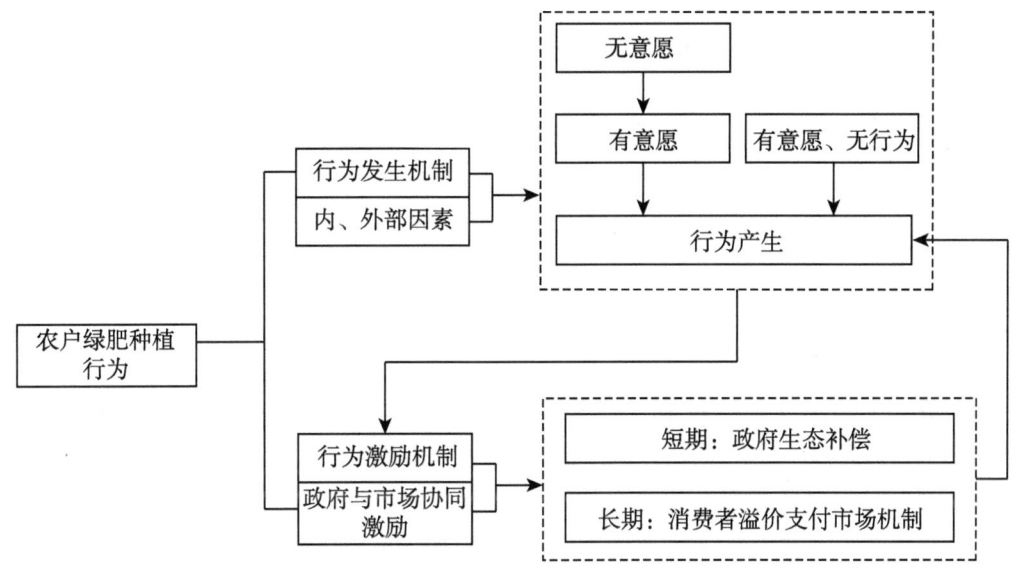

图 2-8 农户绿肥种植行为发生机制初步建构

2.3.2 农户绿肥种植行为发生机制的概念模型

为了更系统地剖析农户绿肥种植行为，需要进一步对以上建立的基础框架进行细化。建立农户行为分析框架需要充分考虑研究对象的特点，针对性提炼核心变量，在不违背各学科理论的核心内涵前提下，建立起彼此之间的有机链接。论文所考察的农户绿肥种植行为的研究过程涉及不同学科范畴的内生和外生变量，因此，需要建立多种不同的研究框架来进行系统性分析。

针对农户绿肥种植意愿的产生，建立起 SES 框架进行分析。在这一研究框架下，以农户绿肥种植意愿为因变量，以农户禀赋、微观环境和宏观规则为自变量，构建二元 Logit 模型探讨农户绿肥种植意愿的影响因素。针对"无意愿"的农户，建立起扩展的 TPB 框架进行分析。实际上，关于意愿—行为转化的研究已经有很多，但这些研究大多立足于经典的社会学变量，如人口统计学信息、社会经济特征和各种利益预期等来回归分析（Malawska et al., 2014），但这些社会学指标对农民行为决策的解释力通常不足。在此背景下，基于社会心理学的农民行为研究范式日益受到关注，计划行为理论（TPB）就是这样一个理论框架。这也是选择 TPB 进行农户绿肥种植行为研究的原因。基于 TPB，构建起农户绿肥种植的行为态度、主观规范、感知行为控制、行为意愿和实际行为之间的解构方程模型（SEM），探讨农户意愿与行为之间的因果关系。针对"有意愿、无行为"的农户，构建解释结构模型（ISM）来揭示意愿与行为悖论产生的原因。针对生态补偿视角下的农户绿肥种植行为政府激励，基于生态补偿政策的核心属性，重点关注补偿标准和农户补偿方式选择两个方面，一是通过 CVM 方法估计了农户对种植绿肥的受偿意愿（WTA），并利用双栏模型（Double-Hurdle model，D-H model）探讨影响农户 WTA 的因素；二是采用 MLR 模型分析农户对不同补偿模式的选择偏好。最后，针对消费者溢价支付视角下的农户绿肥种植行为市场激励，利用 CVM 和 Heckman 两阶段模型分别探讨消费者对绿肥产品的溢价支付意愿、支付水平及其影响因素。据此，建构起农户绿肥种植行为发生机制的总体概念模型，如图 2-9 所示。

2.4 本章小结

本章的主要任务是解构农户行为发生过程，系统建构行为发生机制。具体而言，SES 框架为揭示农户绿肥种植意愿的客观因素提供依据，拓展的 TPB 则被应用于揭示农户绿肥种植意愿产生的主观因素及意愿向行为转化的内在机制，ISM 模型被用于解析农户意愿与行为悖离的过程，以上研究的组合系统解决农户绿肥种植行为产生的问题。政府生态补偿以及市场机制能够实现外部力量对农户行为的激励。最后，运用系统论思想对以上研究过程进行整合，建构起本书的研究框架。主要结论如下。

第一，农户的决策行为发生是一个具有严密逻辑结构的系统过程。针对绿肥种植行为，目前存在着三种情形，一是"无意愿"的情形，二是"有意愿、无行为"的情形，三是"有行为"的情形。其中，第三种情形是农户行为研究所追求的目标状态，研究目的即对前两种非理想情形进行治理，引导这些"无行为"的农户向"有行为"转化。据此，设计了"无意愿—有意愿—有行为"与"有意愿，无行为—有意愿，有行为"相结合的系统研究逻辑，分别探讨影响绿肥种植意愿产生及

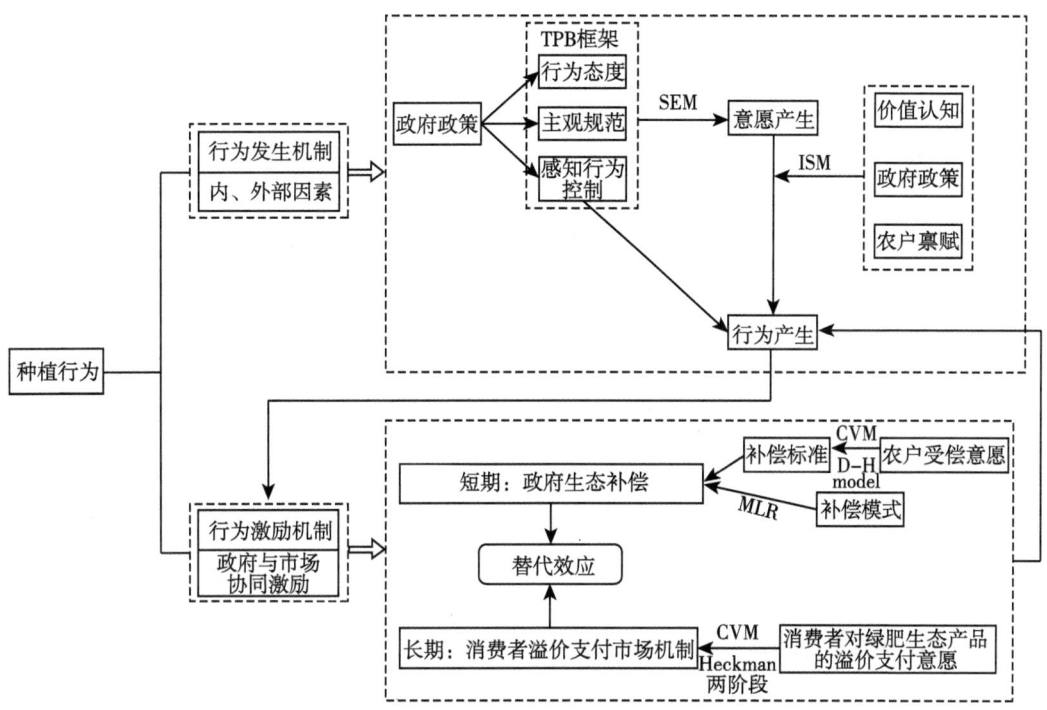

图 2-9 农户绿肥种植行为发生机制总体概念模型

其向行为转化的因素，以及对农户意愿与行为悖离的发生过程进行探索。因此，农户绿肥种植行为的研究便把以往的分析逻辑解构为两个更为细化的过程。

第二，政府生态补偿政策在一定期限内对维持农户绿肥种植行为效果明显，但长期内政府激励机制存在失灵的可能，有必要寻求更为稳定的行为激励机制。消费者为绿肥产品溢价支付的市场机制能够可持续地提高农民收益，这种利益诱导机制对于激励农户绿肥种植行为在理论上长期内有效。因此，把消费者对绿肥产品的溢价支付作为可持续激励农户行为的市场化机制，探讨消费者对绿肥产品的溢价支付行为便成为研究的重点之一。

第三，基于以上分析，构建驱动农户绿肥种植行为发生的制度体系，包含绿肥种植意愿产生体系、绿肥种植意愿向行为的转化体系、意愿与行为悖离的治理体系、生态补偿视角下农户绿肥持续种植行为政府激励体系、消费者溢价支付视角下的农户绿肥持续种植行为市场激励体系五大重点研究系统，并在提炼各系统核心变量的基础上，以二元 Logit 回归模型、解析结构模型（ISM）、解构方程模型（SEM）、条件价值评估法（CVM）、MLR 模型、Double-hurdle 模型、Heckman 两阶段模型等的构建为纽带，建立起各部分之间的有机链接，构建一个较完整的研究系统。

第 3 章

研究区域与数据来源

费孝通（2001）指出，"社会科学研究者有必要把调查限定在一个小的社会单位内来进行，调查者必须容易接近被调查者，以便能够亲自进行密切的观察。但是，被研究的社会单位也不宜太小，它应能提供人们社会生活的较完整的切片"。基于这种考虑，本章结合对我国绿肥发展情况的总体把握，科学选定研究区域，并设计详细的调查方案进行研究数据的搜集，为下文实证分析奠定基础。

3.1 研究区域选择

3.1.1 研究区域选择的依据

南方稻区是指秦岭—淮河一线南侧、青藏高原东侧的广袤地区，包括长江中下游地区、华南地区和西南地区这三大区域。具体而言，南方稻区包括华东的江苏、安徽、江西、浙江、福建和上海，华中的河南（信阳市）、湖南、湖北，华南的广东、广西和海南以及西南的重庆、四川、贵州和云南共 16 个省（区、市），总面积达 247 万 km^2，约占国土面积的 25%；耕地面积为 0.58 亿 hm^2，约占全国总耕地面积的 42.8%。该区域在我国粮食生产中具有特殊的战略地位。长期以来，因其水稻高产稳产，被誉为"九州粮仓"和"鱼米之乡"。2018 年，南方稻区的水稻种植面积占全国水稻总面积的比重为 81.2%，水稻产量占全国总产量的 79.8%（中国统计年鉴，2019），南方稻区已经成为我国名副其实的水稻生产中心。

过去几十年，南方稻区为保障国家粮食安全作出突出贡献。然而，长期高强度的农业耕作使得该区域已经成为我国农田退化比较严重、农业环境迅速恶化的地区之一。2014 年发布的《全国耕地质量等级情况公报》显示，南方稻区现有耕地中，中低产田占比超过 70%，耕地退化面积占比在 40% 以上，退化的耕地会导致土壤理化性状变差，影响作物生长发育，降低耕地生态功能和生产能力；同时，土壤酸化、重金属污染问题日益突出，耕地土壤点位污染超标率达到 19.4%，目前受污染的耕地约有 0.1 亿 hm^2；耕地污染会造成有毒物质在土壤中积累、在作物中残留，影响农产品质量安全。化肥等农用化学品的高强度施用在一定程度上造成或加剧了上述问题（丛晓男等，2019）。因此，如何合理减施化肥，在提升产量的同时，促进农业以更清洁、更绿色的方式进行生产成为保障粮食安全的关键。

事实上，相关部门已经注意到化肥过量施用给南方稻区农业环境和农产品安全带来的潜在风险，并相继实施一系列耕地质量保护与提升行动。在历史上，南方各省就有利用绿肥养护耕地的传统，只是近年来在化肥产业的冲击下，绿肥发展得到较大抑制。快速恢复和发展绿肥种植，发挥绿肥资源的传统优势，利用绿肥的生态服务功能改善土壤并生产优质农产品已经成为当前南方稻区推进农业高质量发展最普遍的措施之一。从当前形势来看，南方稻区将是未来一段时间绿肥推广的重点区域，南方稻区的绿肥推广实践可为其他地区绿肥发展政策的制定提供参考。基于此，选定南方稻区作为研究目标区域，并在此区域开展相关实验数据的测定和农户数据的调查。

3.1.2 样本省份绿肥种植概况

南方稻区范围广阔，涉及省份众多，因此在实际研究中需要进行样本点的筛选。在选取样本省份时，遵循"强代表性"和"有条件的随机化"的原则。所谓强代表性，是指所选择的样本省份能够代表该区域内农业系统的普遍特征和绿肥发展的一般趋势；有条件的随机化，则指在限定绿肥适种条件并考虑绿肥种植传统优势的前提下进行随机抽样。基于这两个原则，最终选择湖南、江西、广西、安徽和河南省作为调研区域。

样本省份选取的合理性可以从以下三个方面进行论述：一是从绿肥种植历史来看，上述五省均是我国传统绿肥种植区，具有悠久的绿肥文化，具备快速恢复绿肥种植的基础，在这些省份开展的调查能够为研究提供更全面、准确的信息。二是从绿肥种植规模来看，近十年来上述五省农田绿肥种植面积占南方稻区农田绿肥面积的比重均在60%以上（图3-1），上述五省是南方稻区内农田绿肥的重点栽培区，绿肥政策相对完善，具有开展高质量研究的潜在基础。三是从农户的角度来看，上述省份的农民对绿肥具有相对较高的认知度，能够清楚地表达自己对绿肥的态度和对政府绿肥政策的看法，这是开展调查研究的现实基础。

3.2 调研过程介绍

为深入研究农户绿肥种植行为，需要应用调研数据进行实证分析。为保证农户调查质量，采取了以下措施：一是组织设计问卷，其中核心成员为研究员和博士研究生；二是开展预调研，并综合相关专家、农技人员和农户的意见与建议，对问卷进行修改；三是对调研员进行系统培训，包括调研问卷的结构和逻辑、相关问题的内涵与边界以及沟通能力和调研技巧，并随机分组进行模拟调研；四是实地调研

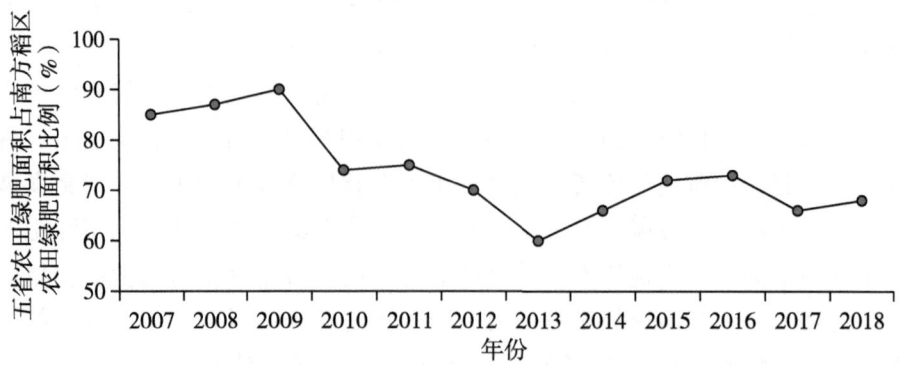

图 3-1 样本省份绿肥种植面积占比

数据来源：国家绿肥产业技术体系产业经济研究室、湖南绿肥栽培与土肥研究室、江西南昌绿肥综合实验站、广西南宁绿肥综合实验站、安徽皖江绿肥综合实验站以及河南信阳绿肥综合实验站。

中，及时组织成员整理调研问卷、比对信息，对遗漏、错误的调研项目进行核实、交叉检查，保证调查内容真实可靠。

3.2.1 调查问卷设计

我国绿肥品种繁多，由于本研究以南方稻区为研究区域，考虑到该地区农田绿肥 90% 以上为紫云英（*Astragalus sinicus* L.），种植模式为水稻—紫云英轮作，因此，本研究主要考察农户对种植该种绿肥的行为反应，调查问卷中相关问题亦围绕这一绿肥品种设计。最初版本的调查问卷于 2018 年 7 月初由 1 位研究员、1 位博士后以及 4 位博士生共同设计完成。这一版本的调查问卷在设计时力求全面，将与农户绿肥种植行为相关的问题尽可能都纳入问卷之中，以便更多地获取有用信息。具体而言，最初版本的调查问卷由农户基本信息、农户家庭生产经营信息、农户绿肥种植情况、农户对外部环境与绿肥价值的认知、农户对政府绿肥政策的响应五大模块构成。对于农户绿肥种植情况，问卷中设计绿肥种植意愿、行为及其影响因素，家庭绿肥种植历史、种植特征、成本收益、绿肥利用等各个方面；农户认知情况包含对农业外部环境的认知、对绿肥功能与价值的认知、对自身参与绿肥种植的禀赋和能力的认知等；农户对政府绿肥政策的响应则主要包含农户对政府宣传培训政策、生态补偿政策的认知和接受度等。为测试问卷的可行性，2018 年 8 年 24—28 日，课题组在广西南宁市西乡塘区随机抽取 10 个村庄进行预调查，获取了 256 份问卷。

在预调查中，课题组成员发现有些问题农民难以理解，有些问题与南方稻区绿肥种植的实际情况不符，此外，对绿肥政策的考察也缺乏精准性。通过对 256 份问卷进行初步分析，发现部分所设计的问题具有诱导性答案，使得农户数据出现选择性偏差。针对上述问题，课题组于2018年9月通过删除无关变量、增补关键信息、修正逻辑漏洞、优化问题表述，对初始问卷进行较大幅度的调整，得到正式调查问卷。正式问卷仍旧保留了初始问卷中的五大模块，但对各模块中的问题和细节进行了完善。

3.2.2 调查过程

2018年10月到2019年4月之间共开展三次农户调查。其中，第一次农户调查开展时间为2018年10月2—16日，为期15天；第二次调查开展时间为2018年11月5日—12月16日，为期42天；第三次调查开展时间为2019年3月22日—4月17日，为期27天。调查地点如表3-1所示。三次调查都以三种形式开展：一是农户访谈，获取农户数据，农户访谈的对象均为实际从事农业劳动和全程参与农业生产决策的家庭成员；二是焦点访谈，通过与当地农业农村局绿肥主管部门工作人员和受访村庄村干部进行交流，获取有用信息；三是资料和案例材料收集，包括各地的绿肥政策、绿肥发展规划等。由于各地人口规模和绿肥推广情况不同，上述农户调查均采用不成比例的随机抽样方式开展。需要指出的是，农户调查时间的选择受绿肥种植与生长周期的影响。一般而言，南方稻区水稻—紫云英轮作模式下，绿肥会在每年的9月底或10月初播种，下一年3月底或4月初在紫云英盛花期刈割、翻压还田。因此，2018年10月至2019年4月所开展的调查，实际上调查的是2018年绿肥的种植情况。此外，三次农户调查时间实际上也正对应着绿肥生长周期中的播种—生长管理—翻压还田三个阶段，便于课题组深入现场、更为直观地观察和收集一手信息。

表3-1 农户调查样本分布

省份	县（市、区）	有效样本数（份）	比例（%）
广西	南宁市西乡塘区	101	8.30
	桂林市雁山区	103	8.46
	桂林市灌阳县	132	10.85
	小　计	336	27.61
湖南	株洲市醴陵市	150	12.33
	长沙市长沙县	129	10.60
	益阳市赫山区	138	11.34
	小　计	417	34.27
江西	南昌市南昌县	85	6.98
	宜春市丰城市	70	5.76
	宜春市高安市	30	2.46
	小　计	185	15.20
河南	信阳市光山县	80	6.57
	小　计	80	6.57

(续表)

省份	县（市、区）	有效样本数（份）	比例（%）
	芜湖市南陵县	53	4.35
安徽	芜湖市繁昌县	83	6.83
	马鞍山市当涂县	63	5.17
	小　计	199	16.35
	总　计	1 217	100.00

3.2.2.1　首次实地调研：2018年10月2—12日

在南宁市和桂林市的传统绿肥种植县（市、区）中随机选择西乡塘、雁山和灌阳共3个县（区）进行实地调查。每个县（区）随机抽取3个乡镇，每个乡镇随机抽取3个村，在每个村随机抽取10~15个实际从事粮食生产经营的农户。调查采用入户调查的方式，调查对象主要是农户户主或者实际从事农业生产劳动的家庭成员。调查员首先会从绿肥推广的相关背景介绍介入，就设计的访谈问卷中的问题与农户沟通交流，最终由访谈员根据农户回答完成访谈问卷。本次调查共获得问卷368份，剔除填写不完整、答案前后矛盾等的无效问卷32份，最终获得有效问卷336份。

在农户调查的间隙，课题组先后赴广西农业科学院南宁绿肥综合实验站绿肥推广基地、桂林农业科学院绿肥示范基地，直观感受绿肥种植现场，并走访当地绿肥种植大户、乡镇土肥站绿肥推广工作人员及基地管理人员。之后，邀请广西农业科学院和桂林农业科学院相关专家、受访3县农业农村局主管领导进行交流，开展焦点访谈。在访谈中，课题组记录了从政府、科研单位、基层工作人员等各个方面反映的目前绿肥推广中存在的问题和对促进绿肥发展的建议等信息。针对课题组的研究主题，获得了能够直接帮助问卷调查的重要信息。通过与地方各相关部门密切沟通，课题组搜集到以下基础资料：①广西绿肥总览；②广西壮族自治区种植翻压绿肥后主要农作物稳产保产养分管理手册（2018）；③自治区农业厅《关于印发2018—2020年全区绿肥生产指导意见的通知》；④南宁市绿肥推广情况明细（2017、2018），包括农户姓名、所在村组、绿肥种植面积、联系方式等；⑤南宁市和桂林市及其下辖部分县（市、区）绿肥推广相关配套经费使用情况（2018）；⑥南宁市和桂林市及其下辖部分县（市、区）农户绿肥种植奖补情况（2018）等。

3.2.2.2　第二次实地调研：2018年11月5日—12月16日

本次调研时间久、任务重、涉及地域广，因此，除课题组2位博士生外，还在湖南和江西当地高校招聘4位农业经济管理专业的硕士研究生参与调研，本地学生的加入加强了课题组与当地农户的沟通能力，有助于提高有用信息的获取效率。11

月 5 日—12 月 2 日课题组在湖南省长沙市长沙县、益阳市赫山区及株洲市醴陵市开展调查，其中，在每个县（市、区）随机选择 4 个乡镇，每个乡镇随机选择 3 个村，在每个村随机抽取 10~15 个实际从事粮食生产经营的农户进行入户访谈。在湖南省共获得问卷 472 份，剔除无效问卷 55 份，共获得有效问卷 417 份。12 月 4—16 日课题组在江西省南昌市南昌县、宜春市丰城市及宜春市高安市开展调查，其中，在南昌县和丰城市各随机选择 3 个乡镇，每个乡镇随机选择 2 个村，在每个村随机抽取 10~15 个实际从事粮食生产经营的农户进行入户访谈；而在高安市，随机选择 1 个乡镇，在该乡镇随机选择 2 个村，每个村 15 户农户。这样，在江西省共获得问卷 197 份，其中剔除无效问卷 12 份，最终获得有效问卷 185 份。

在本次调研期间，课题组成员在国家绿肥产业技术体系的协调下专门联系并组织湖南省农业科学院土壤肥料研究所、江西省农业科学院土壤肥料与资源环境研究所绿肥专家，长沙市、益阳市、株洲市、南昌市和宜春市及其部分下辖县级农业部门绿肥分管工作人员进行座谈，了解当地绿肥发展现状、存在的问题及现实的政策需求。此外，座谈的另一个重要目的即收集当地与本研究相关的数据、技术和政策资料。湖南省和江西省是我国的传统绿肥种植优势区，绿肥推广历史久，因此课题组搜集了丰富的基础性资料。在湖南省收集的资料包括：①湖南省人民政府办公厅关于恢复发展绿肥生产的意见（2012）；②湖南省绿肥高产栽培技术（2017）；③湖南省绿肥生产调研报告（2017、2018）；④长沙、益阳、株洲部分县（市、区）绿肥生产实施方案（2018）；⑤部分县（市、区）绿肥种植计划表（2018）；⑥部分县（市、区）绿肥现场测产报告；⑦部分县（市、区）绿肥生产情况汇报（2017、2018）；⑧部分县（市、区）农户绿肥种植奖补情况（2018）等。在江西省收集的资料包括：①江西省关于开展冬种油菜、绿肥生产调查和技术指导的通知；②江西省财政厅关于下达 2018 年耕地地力保护补贴实施方案的通知（内含绿肥补贴条款）；③南昌、宜春部分县（市）绿肥生产实施方案（2018）；④部分县（市）绿肥种植计划表（2018）；⑤部分县（市）绿肥工作汇报（2018）。

3.2.2.3　第三次实地调研：2019 年 3 月 22 日—4 月 17 日

2019 年 3 月 20—21 日，课题组赴河南省信阳市参加绿肥观摩会，直观感受绿肥现场，了解当地绿肥发展情况。3 月 22—28 日，课题组在信阳市光山县开展调研，在该县随机选择了 3 个乡镇，每个乡镇选择 2 个村，在每个村随机抽取 10~15 个农户进行入户访谈，获得问卷 85 份，剔除无效问卷 5 份，共获得有效问卷 80 份。3 月 30 日—4 月 17 日，课题组赴安徽省芜湖市南陵市和繁昌县、马鞍山市当涂县开展调查，在每个县（市、区）随机选择 3 个乡镇，每个乡镇随机选择 3 个村，在每个村随机抽取 8~15 个农户进行入户访谈。本次调查在安徽省共收集 213 份问卷，其中有效问卷 199 份。

与前两次实地调查类似，本次调研过程中，课题组同样组织河南省农业科学院土壤肥料研究所、信阳市农业科学院、安徽省农业科学院土壤肥料研究所相关专家、调研县市绿肥主管部门工作人员等进行焦点访谈，调查科研人员及基层工作者对绿肥推广的看法、意见及政策建议。在信阳市收集的资料包括：①河南省信阳市2018年耕地保护与质量提升补贴项目（内含绿肥补贴条款）；②信阳市人民政府关于进一步落实最严格耕地保护制度的实施意见（内含绿肥条款）（2017）；③信阳市绿肥作物种植产业基地项目建设方案（2017）；④信阳市绿肥生产实施方案（2018）。在安徽省收集的资料包括：①关于印发"南陵大米"产业发展项目实施方案的通知（内含绿肥生态米条款）（2018）；②芜湖市、马鞍山市部分县市支持现代农业发展政策操作规程（内含绿肥条款）（2018）；③部分县市关于开展绿肥基地技术指导服务及绩效评价的通知（2018）；④部分县市绿肥种植项目奖补操作规程的通知（2017、2018）。

在上述调研中，为确保农户回答的真实性，调研员向农户强调本调研仅作为研究之用，不对政策产生影响，请农户据实回答。此外，为避免受其他农户的影响，调研过程全程采取一对一的访谈，确保农户之间不产生相互干扰，同时为了使农户能够尽量配合调研员，课题组为每位参加调研的农户提供一份小礼品。调研最终获得的农户问卷，经数据处理后，无论是有效样本量，还是响应率均符合赵军等（2006）基于 NOAA 委员会建议修订的标准。

3.3　小结

选择具有代表性的研究区进行切实有效的调查，获取研究所需的数据及其他相关资料，是本章的一个主要任务。通过对南方稻区各省进行综合考察，最终选定湖南、江西、广西、安徽和河南五省作为调研样本省份。之后，课题组分三个阶段对上述省份的样本县（市、区）的农户进行了随机抽样调查，收集到可用于本研究实证分析的基础数据。此外，本章还评估了南方稻区绿肥的经济与生态价值，为下文关于农户行为的研究提供支撑。主要结论如下。

一是南方稻区具有悠久的绿肥种植历史，形成了传统的绿肥文化，具有快速恢复绿肥种植的基础，在该地区开展调查能够为本研究提供更全面、更准确的信息。从绿肥种植规模来看，近十年来湖南、江西、广西、安徽和河南省五省农田绿肥种植面积占南方稻区农田绿肥面积的比重一直都较高，具有开展研究的潜在基础，因此，最终选择上述省份的县（市、区）作为样本点，开展相关实地调查。

二是农户调查共分为三个阶段。第一阶段农户调查开展时间为2018年10月2—16日，第二阶段调查开展时间为2018年11月5日—12月16日，第三阶段调查开展时间为2019年3月22日—4月17日。三次农户调查时间与绿肥生长周期中的播种—生长管理—翻压还田三个阶段相对应，以便于课题组深入现场、更为直观地观察和收集一手信息。农户调查以三种形式开展：①农户访谈，获取农户数据；②焦点访谈，通过与当地农业农村局绿肥主管部门工作人员和受访村庄村干部进行交流，获取有用信息；③资料和案例材料收集，包括各地的绿肥政策、绿肥发展规划等。最终，共获得有效农户问卷 1 217 份，其中，广西 336 份、湖南省 417 份、江西 185 份、河南 80 份、安徽 199 份。这些农户数据将为本文第 4~15 章的实证研究提供支撑。

意愿研究篇

第4章

农户绿肥种植的多元动机研究

动机是影响农户意愿和行为最基础的因素,任何外部冲击都必须通过调节个体的心理动机才能对意愿和最终的行为决策产生影响。从这一点来看,探明农户绿肥种植的心理动机,对引导农户种植绿肥至关重要。本章将探究农户绿肥种植行为发生的动机及其驱动因子。具体而言,将重点探讨两个问题:农户种植绿肥源于什么动机?禀赋异质性农户种植绿肥的动机是否存在差异?相关结果对于明确农户绿肥种植行为的底层制约因子并据此制定意愿强化与行为引导策略具有重要的应用价值。

4.1 理论分析框架

4.1.1 农户行为动机的类型

学术界对动机类型划分最普遍和被广泛接受的观点是包括内部动机(Intrinsic Motivation)和外部动机(Extrinsic Motivation)两种(Oudeyer et al., 2007)。内部动机主要源自个体内心的实际需求,包括个体对行为活动预期所得的期望、对行为结果的愉悦感以及出于自身的行为责任感等,而外部动机主要来自外界因素的刺激,它对行为结果的追求不是源于个体的心理需求,而是由外界激励、引导、强迫所致(Martin et al., 2010;Pak et al., 2019),二者对于保障行为发生的持续性相辅相成。依据动机的引发机制,本研究将农户绿肥种植行为动机分为内部动机和外部动机。

内部动机来源于内在需求,农户的内在需要可划分为内在经济需求和内在非经济需求两类,据此可将农户绿肥种植行为的内部动机区分为内部经济动机和内部非经济动机。内部经济动机包括三个方面:一是化肥减施的需要,即农户通过种植绿肥来减少农业生产中的化肥施用,降低生产成本,进而提高农业收益;二是提高农产品产量的需要,即农户通过种植绿肥来提升耕地质量,进而稳定产量;三是提高农产品质量的需要,即农户通过种植绿肥来生产安全、优质、绿色稻米,提升稻米质量和效益。内部非经济动机包括两个方面:一是家庭土地传承责任感,即农户种植绿肥来促进耕地质量提升是基于对家庭土地传承的历史使命负责的态度；二是土地保护社会责任感，即农户种植绿肥来促进耕地质量提升是基于对集体土地保护的社会责任。

外部动机是由于外部环境的刺激而产生的行为动力，是一种被动驱动力量，具有明显的诱导性特征。农户绿肥种植行为的外部动机可从外部激励、社会关系两个维度来衡量。外部激励是指农户由于受到政府部门的经济激励、政策引导而被动参与，社会关系则是指农户受周围群众态度、行为的影响而被迫与他们保持一致的行为。农户绿肥种植的行为动机的具体分类如表4-1所示。

表4-1　农户的绿肥种植动机

第一层	第二层		诠释
	分类	反映指标	
内部动机	经济动机	收益期望	化肥减施的需要
			提高农产品产量的需要
			提高农产品质量的需要
	非经济动机	历史责任感	家庭土地传承责任感
		社会责任感	土地保护社会责任感
外部动机	激励引导	补偿激励	绿肥种植补贴
	社会关系	亲戚认同	亲戚参与的影响
		邻居认同	邻居参与的影响
		政府认同	政府宣传的影响

4.1.2　农户禀赋影响行为动机的理论模型

农户禀赋包括个体禀赋、家庭禀赋、经营禀赋、社会禀赋和自然禀赋五个方面。个体禀赋通过影响农户对新技术的认知进而决定采纳动机（张云华等，2004）。Benyishay et al.（2013）认为，女性因自身对外界事物的敏感性和农村女性化社会中彼此农事交流的广泛性而更可能持有社会关系动机。俞振宁等（2018）指出，年龄较大的农民更倾向于持有技术采纳的内部非经济动机。史雨星等（2019）研究发现，受教育程度越高的农民越倾向于持有技术采纳的内部非经济动机，而身体健康状况良好的农民倾向于持有内部经济动机。

在家庭禀赋方面，有学者认为，在目前中国小农户"半工半农"经营特征显著的情况下，农户对农业的依赖程度直接决定其行为动机（赵旭强等，2012）。白丽等（2015）研究发现，农业在农户家庭经济中的地位越高，其行为决策的动机越倾向于追求农业收入。农业劳动力越多、农业收入比重越高、土地经营规模越大的农户一般兼业化程度较低，家庭生计对农业的依赖程度较高，越倾向于持有技术采纳的内部经济动机。在经营禀赋方面，俞振宁等（2019）研究指出，土地经营条件越差的农户经营成本相对较高，一般缺乏改变现状的内在主动性，除非外部补偿激励加以引导。因此，土地细碎化程度越高的农户越倾向于持有外部补偿激励动机。罗必良等（2012）指出，经营承包地的农户一般不具有耕地质量提升的内在主动性，他们进行耕地保护在很大程度上是因为政府补偿激励的作用，即他们的行为更多的是基于外部补偿激励动机。张云华等（2004）分析了兼业化农户技术采纳的动机问题，认为他们对依靠耕地获取收益的需求较少，他们的行为主要是基于对保有高质量土地的历史或社会责任感。在社会禀赋方面，已有研究表明，拥有村干部、党员等社会身份的农民更容易受到政府政策的影响，因此更倾向于持有技术采纳的外部社会关系动机。关于自然禀赋对农户行为动机的影响，汪冲（2019）研究表明，农户的耕地自然条件越良好，则越具有维持这种良好经营状态以持续追求经济收益的内在主动性。据此，预期村庄经济越发达、据当地农技局的距离越近、靠近绿肥示范基地和平原地区的农户更倾向于持有绿肥种植的内部经济动机。总体研究思路见图4-1。

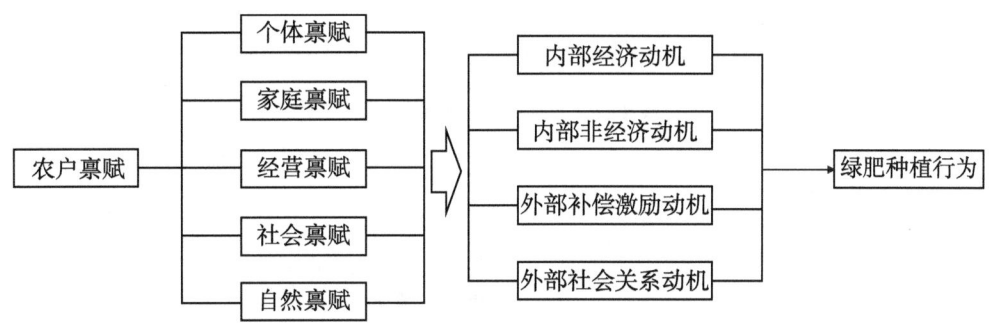

图 4-1　第 4 章总体研究思路

4.2　研究方法

本研究被解释变量是二分类变量，可选用二元 Logit 模型进行分析。二分类 Logit 模型为：

$$Y = \ln(\frac{P_i}{1-P_i}) = \beta_0 + \sum_{k=1}^{n}\beta_k x_i + \mu \qquad (4-1)$$

其中，x_i 为模型的自变量；β_0 是模型的截距项；β_k 是系数，表示在其他解释变量保持不变的情况下，某一解释变量每增加 1 个单位，Logit P 相应地增加或减少的系数。

采用 HL（Hosmer-Lemeshow）方法进行模型的拟合优度检验，其公式如下：

$$HL = \sum_{j=1}^{J} \frac{(Y_j = N_j P_J)}{N_j P_j (1 - P_j)} \quad (4-2)$$

式中，J 为分组数，$J \leqslant 10$；J_j 为第 j 组事件的观测数量；N_j 为第 j 组中的案例数，P_j 为第 j 组预测事件概率；$N_j P_j$ 为预测数。

4.3 变量定义及描述性统计

4.3.1 农户绿肥种植行为动机描述

本部分的考察对象是已经种植了绿肥的样本农户。为了解具体的行为动机，调查时询问其做出决策的原因。根据表 4-2，总样本中因内部动机而种植绿肥的农户比例超 70%，因外部动机而种植的不到 30%。在内部动机样本中，有 53.19% 的农户持单一内部动机；在外部动机样本中，有 47.80% 的农户仅持有外部动机。可见，农户种植绿肥既受到由内部需要诱发的内部动机的作用，也受由外界因素激发产生的外部动机的影响，并且以内部动机影响为主；另一方面，农户动机具有典型的多重复合性特征，即大多数农户不会只存在一种动机；最后，不同农民存在不同的动机，但整个农民群体绿肥种植动机具有高度一致性，即以内部经济动机为主。

表 4-2 农民采纳动机情况描述

序号	动机类型		动机特征	
	分类	比例（%）	描述	比例（%）
1	内部动机	70.61	持单一内部动机	43.19
			持多重动机，但以内部动机为主	56.81
2	外部动机	29.39	持单一外部动机	47.80
			持多重动机，但以外部动机为主	52.20
3	经济动机	65.71	持单一经济动机	27.49
			持多重动机，但以经济动机为主	72.51
4	非经济动机	34.29	持单一非经济动机	41.98
			持多重动机，但以非经济动机为主	58.02
5	补偿激励	55.35	—	—
6	社会关系	44.65	—	—

4.3.2 变量定义

本研究的被解释变量为动机类型，选取农民的个体禀赋、家庭禀赋、经营禀赋、社会禀赋以及自然禀赋作为家庭资本禀赋的解释变量。各变量定义及说明如表 4-3 所示。

表 4-3 变量定义与说明

类型	变量名称	变量定义	均值	标准差	最小值	最大值
行为动机	动机 y_1	内部动机=1；外部动机=0	0.29	0.46	0	1
	动机 y_2	经济动机=1；非经济动机=0	0.34	0.48	0	1
	动机 y_3	社会关系=1；补偿激励=0	0.45	0.50	0	1
个体禀赋	性别	女=1；男=0	0.25	0.44	0	1
	年龄	实际数值（岁）	53.95	11.93	21	83
	受教育程度	文盲=1；小学=2；初中=3；高中或中专=4；大专及以上=5	2.67	1.04	1	5
	健康状况	很差=1；较差=2；一般=3；较健康=4；很健康=5	3.88	0.83	1	5
家庭禀赋	家庭农业劳动力	实际数值（人）	3.39	1.66	1	13
	农业收入比重	农业收入占家庭总收入比例（%）	28.60	2.38	2.5	100
经营禀赋	耕地面积	5亩以下=1；5~10亩=2；10~15亩=3；15~20亩=4；20亩及以上=5	1.72	1.33	1	5
	耕地性质	全部自有=1；其他=0	0.38	0.85	0	1
	土地细碎化	1~2块=1；3~4块=2；5~6块=3；7~8块=4；8块以上=5	2.06	0.63	1	5
	是否兼业经营	是=1；否=0	0.50	0.50	0	1
社会禀赋	家庭成员是否有村干部	是=1；否=0	0.12	0.38	0	1
	家庭成员是否有党员	是=1；否=0	0.18	0.38	0	1
	是否毗邻绿肥示范基地	是=1；否=0	0.47	0.34	0	1
自然禀赋	地貌类型	平原=1；其他=0	0.65	0.59	0	1
		丘陵=1；其他=0	0.21	0.34	0	1
		山地=1；其他=0	0.14	0.27	0	1

4.4 模型估计结果及分析

4.4.1 内部与外部动机模型估计结果

表 4-4 表明，解释变量之间不存在明显的多重共线性。由表 4-5 可见，有 8 个变量对农户绿肥种植动机有显著的影响，具体分析如下。

在农民个体禀赋维度，农民的受教育程度在10%的水平上通过显著性检验，方向为正，说明受教育程度越高的农民越倾向于持有绿肥种植的内部动机。农民的农业生产决策与其知识水平密切相关，受教育程度越高的农户对农业技术的内在价值认知越清楚，相对更具有绿肥种植的内在主动性。在家庭禀赋维度，农业收入比重对农民绿肥种植动机正向影响显著，说明家庭农业收入越高的农户种植绿肥主要源于自身的内在需求，更倾向于持内部动机。在经营禀赋维度，农户是否兼业经营农业对其种植动机负向影响显著，且在10%的水平上通过了显著性检验，说明兼业经营农户绿肥种植行为并不是源于自身实际需要，更多是因为受到了外部因素的影响，也就是说兼业农户更倾向于持外部动机，非兼业农户更倾向于持内部动机。农业收入比重越高的农户和非兼业农户以农业为主业，家庭收入主要来源于农业生产，迫切需要改善耕地质量，稳固农业生产条件，提升农业生产的稳定性和可持续性，进而提高家庭收入水平。土地细碎化对农民种植动机负向影响显著，且在5%的水平上通过了显著性检验，说明土地细碎化程度越高的农户种植绿肥主要源于外部因素的影响，更倾向于持外部的采纳动机。土地细碎化提高了农民的参与成本，降低了参与效率，农民基于参与成本与效益的比较便失去了参与的内部动力，在没有外部激励因素影响的情况下，农民很可能不会参与（史恒通等，2018）。在社会禀赋维度，村干部身份在10%的水平上通过显著性检验，方向为负，说明村干部种植绿肥更倾向于持外部动机，这是因为村干部作为农业政策在基层的主要落实者，一般会被相关部门赋予联系、组织、协调农民群众参与的责任，他们的行为更可能是受到来自政府和群众因素（政府政策、群众意见等）的影响（徐志刚等，2018）。在自然禀赋维度，平原地貌类型对农民动机负向影响显著，说明平原地区的农户更倾向于持有内在动机，更愿意积极主动地种植绿肥。绿肥发展在一定程度上会受到当地自然生产条件的影响，平原地区农地自然生产条件较好，农业基础设施相对完备，农民具备种植的内在条件，因此更具有参与的内部主动性；而丘陵、山地地区农地自然生产条件较差，农业基础设施不完善，农民种植绿肥的成本相对更高，农户行为的发生更多是因为受到了外部激励的影响。

表4-4 变量多重共线性诊断

变量	VIF值	CI指数	变量	VIF值	CI指数
性别	1.10	1.33	农业收入比重	1.43	2.15
年龄	1.48	2.06	耕地面积	2.00	1.86
受教育程度	1.47	1.72	耕地性质	1.86	1.19
健康状况	1.22	1.44	土地细碎化	1.25	1.32
是否有村干部	1.48	2.25	是否兼业经营	1.08	2.73
是否有党员	1.56	2.57	是否毗邻绿肥示范基地	1.04	1.65
家庭农业劳动力	1.12	1.64			

表 4-5　内部与外部动机模型估计结果

自变量		回归系数	标准差	z
个体禀赋	性别	0.643	0.279	2.30
	年龄	0.002	0.012	0.15
	受教育程度	0.170*	0.163	1.04
	健康状况	-0.332	0.141	-2.35
家庭禀赋	家庭劳动力	0.051	0.071	0.72
	农业收入比重	0.005**	0.004	1.19
	耕地面积	-0.095	0.113	-0.84
经营禀赋	耕地性质	-0.180	0.184	-0.98
	土地细碎化	-0.235**	0.197	-0.61
	是否兼业经营	-0.382*	0.230	-1.66
社会禀赋	是否有村干部	-0.535*	0.377	-1.42
	是否有党员	0.320	0.342	0.94
	是否毗邻绿肥示范基地	-0.318	0.287	-1.11
自然禀赋	平原	0.659***	0.227	2.90
	丘陵	0.207	0.323	0.74
地区变量	广西	-0.215**	0.351	-0.61
	湖南	0.299**	0.311	0.96
	河南	0.706	0.446	1.58
	安徽	-0.522	0.327	-0.85
常数		1.349	1.278	1.06
Log likelihood		-244.806		
Hosmer and Lemeshow Test		0.876		
Modle（$Sig.$）		<0.001		

注：*、**、***分别表示在10%、5%、1%的水平上通过显著性检验。

4.4.2 模型估计结果

分别以持有内部动机的农户数据和持有外部动机的农户数据为基础，对农户绿肥种植的内部经济与非经济动机模型以及外部补偿激励与社会关系动机模型进行估计，结果见表4-6。在内部经济与非经济动机模型中，HL中$P=0.907>0.05$，模型拟合效果较好；在外部补偿激励与社会关系动机模型中，HL中$P=0.885>0.05$，模型拟合数据的效果良好。

表 4-6 模型估计结果

自变量		内部经济与非经济动机模型			外部补偿激励与社会关系动机模型		
		回归系数	标准差	z	回归系数	标准差	z
个体禀赋	性别	0.443	0.401	1.11	0.766**	0.481	1.59
	年龄	-0.018**	0.150	-1.20	0.040	0.023	1.70
	受教育程度	0.442	0.205	2.16	0.770	0.341	2.26
	健康状况	0.025	0.195	0.13	0.166	0.262	0.63
家庭禀赋	家庭劳动力	0.301***	0.105	2.87	0.032	0.124	0.26
	农业收入比重	0.022***	0.007	3.35	0.001	0.007	0.09
经营禀赋	耕地面积	-0.123	0.149	-0.83	-0.593**	0.247	-2.40
	耕地性质	-0.375	0.269	-1.39	0.697***	0.351	1.99
	土地细碎化	0.019	0.134	1.25	0.075	0.346	0.87
	是否兼业经营	-0.254**	0.135	-1.37	-1.187	0.450	-2.64
社会禀赋	是否有村干部	-1.120*	0.639	-1.75	0.290	0.767	0.38
	是否有党员	-0.130*	0.474	-0.27	-0.480	0.630	-0.76
	周围是否有绿肥基地	0.103*	0.403	0.26	0.592	0.502	1.18
自然禀赋	平原	-0.161	0.311	-0.52	-0.601	0.407	-1.48
	丘陵	-0.087	0.216	-0.47	-0.455	0.298	-1.25
地区变量	广西	-0.371	0.575	-0.65	0.379	0.592	0.64
	湖南	-0.417	0.523	-0.80	-1.123**	0.520	-2.16
	河南	-1.091	0.858	-1.27	-0.202	0.778	-0.26
	安徽	-0.875	0.324	-0.91	-0.516	0.429	-0.64
常数		-4.422**	1.829	-2.42	-3.100	2.426	-1.28
Log likelihood		-145.726			-79.417		
Hosmer and Lemeshow Test		0.907			0.885		
Modle（Sig.）		<0.001			<0.001		

注：*、**、*** 分别表示在 10%、5%、1% 的水平上通过显著性检验。

在农民个体禀赋维度，农民年龄对绿肥种植的内部经济与非经济动机的影响在 5%的水平上通过显著性检验，方向均为负，这意味着年龄较大的农民更倾向于持有非经济动机。我们的调查也验证了这一点。在农村，一些年长的老农民种植绿肥的热情明显较高，特殊的历史经历使得他们对土地更具情感，对耕地保护的社会责任和土地传承的家庭责任感更强。同时，有相当数量的老农民基于家庭责任希望能够继续贡献自己长期积累的乡土知识以在人生的最后阶段实现自我价值的进一步提升。农民性别变量对其绿肥种植的外部补偿激励与社会关系动机正向影响显著，说明女性农民更倾向于持有绿肥种植的社会关系动机。在农村集体内部存在着由亲情关系、友情关系、邻里关系、组织关系等组成的错综复杂而又联系紧密的社会关系网络，农民作为"社会人"，就不可避免地会受到这些关系传导的外部行为结果的影响，进而做出一致性的行为响应。尤其是女性农民，在当前中国农村社会女性化态势助推下，她们对社会关系网络影响的行为响应度明显高于男性农民。其主要原因可能有两个方面，一是女性化社会决定了在农业生产中与社会关系人打交道的主要是女性，她们受社会关系网络影响的渠道明显多于男性；二是由女性普遍的性格特征所决定，大多数女性心思缜密，她们的思想和行为更容易受到身边人行为的影响（杨向阳等，2018）。

在家庭禀赋维度，农业劳动力、农业收入比重两个变量对农民绿肥种植的经济与非经济动机正向影响显著，说明家庭农业劳动力越多、农业收入比重越大的农户更可能持有内部经济动机，也就是说其种植绿肥是为了从中谋求更多的经济效益。家庭中从事农业生产的劳动力越多、农业收入比重越大，意味着农业在家庭生计中的地位越高，农户当然会更关注各种农业决策的经济影响。具体来说，包括化肥减施以降低生产成本的诉求、提高农产品产量与质量以增加收益的诉求、农田养护以降低农业生态退化产生的后续治理成本和维持农产品产出稳定性的诉求。耕地面积对农户绿肥种植的补偿激励与社会关系动机负向影响显著，且在5%的水平上通过了显著性检验，说明农户家庭所拥有的耕地面积越大，就越倾向于持有绿肥种植的补偿激励动机。以农业生产为主的规模经营户实施绿肥养地是政府扶持的重点对象，同时，和普通小农相比规模经营户一般更具经济理性，也就是说他们的行为决策目标主要还是追求经济效益，以耕地面积为单元的农业补偿对他们来说是一笔可观的收入，因此持补偿激励动机的农户经营面积相比持有社会关系动机的农民会更大一些。

在经营禀赋维度，农户是否兼业经营农业对农民绿肥种植的经济与非经济动机负向影响显著，且在5%的水平上通过了显著性检验，说明兼业农户更倾向于持有非经济动机。兼业农户农业生产不是主业，其绿肥种植也不是为了获得经济收益，而是源于提升自身综合能力的需要或土地传承或保护的责任感。耕地性质对其参与的补偿激励与社会关系动机正向影响显著，说明经营承包地的农户更倾向于持有绿肥种植的社会关系动机。这与调查过程中农民反映的情况相一致。在调查中，一些承包户反映"用地不养地""掠夺性的开度使用土地"会遭受土地发包方和周围群众的谴责，这种社会压力成为农户种植绿肥的重要动机。

在社会禀赋维度，村干部和党员身份对农民内部经济与非经济动机的影响都在10%的水平上通过显著性检验，方向均为负，这意味着拥有政治身份的农民更倾向于持有绿肥种植的非经济动机。村干部是村集体的领导和农村事业发展的"带头人",一般会被相关部门赋予联系、组织、协调农民群众参与公共事务的责任,他们的行为更容易受到政府政策的影响。农村中的党员一般有两类,一是村干部,二是曾经担任过村干部或者有革命经历老年人。曾经担任过村干部或者有革命经历老年人社会责任意识普遍较强,这种责任意识会驱使他们更多地关注农村可持续发展事务,包括对耕地进行保护。因此,党员身份会促使农户持有绿肥种植的内部非经济动机。

在自然禀赋维度,是否毗邻绿肥示范基地对农户绿肥种植的经济与非经济动机正向影响显著,且在10%的水平上通过了显著性检验,说明越靠近绿肥基地的农户越倾向于持有经济动机。绿肥基地是目前绿肥项目实施的主要载体,是展示绿肥生态与经济功能的重要窗口,也是提高农村经济规模效益和农民收入的有效途径。如果农户家庭周围存在绿肥基地,则会对绿肥的效益有更加直观的认知,这种激励会潜移默化地影响到他们的绿肥种植意愿。同时,绿肥基地的存在,可以使农民"免费搭便车"或以较低的成本使用基地的基础设施和机械等物质资本,在降低参与风险的同时,提高经济收入。因此,毗邻绿肥示范基地的农户绿肥种植的经济动机更加强烈。

此外,地区虚拟变量中的湖南省对农户的补偿激励与社会关系动机负向影响显著,且在5%的水平上通过显著性检验,说明与江西相比,湖南的农户在绿肥种植中更倾向于持有补偿激励动机。湖南是我国绿肥养地实施最早、涵盖面积最大、成效最为显著的省份,同时也是绿肥补贴政策执行最深入的省份,农户从该项目的参与中得到了切实的经济收益,因此,和其他省份相比,湖南省的农户更倾向于持有补偿激励动机。

4.5 结论与政策启示

利用南方稻区五省的农户调查数据,探究农户绿肥种植动机的影响因子,得到以下主要结论。

第一,现阶段农户异质性凸显,农户绿肥种植动机也因此呈现出差异化特征。表现为:农户绿肥种植既受由内部需要诱发的内部动机的作用,也会受由外界因素激发产生的外部动机的影响,且以内部动机影响为主;同一农户的种植动机具有多重复合性特征,即同时存在多种动机;不同农民存在不同的动机,但整个农民群体的动机具有高度一致性,即以内部经济动机为主。

第二,农户禀赋对其绿肥种植动机的差异化形成具有显著性影响。体现为:①与持外部动机的农户相比,持有内部动机的农户大多受教育程度较高,家庭经济条件和农业生产的自然条件都相对较好。换言之,拥有丰富人力资本、经济资本和自然资本的农户更可能持有绿肥种植的内部动机,而家庭土地细碎化程度较高等经营和自然禀赋较差的农户更倾向于持有外部动机。②与持非经济动机的农民相比，持有经济动机的农民相对年轻，家庭农业劳动力偏多、农业收入比重偏高，而兼业经营农业的农户更倾向于持有非经济动机。③与持社会关系动机的农民相比，持有补偿激励动机的农民大多是男性，家庭经营耕地面积较大，而拥有承包地的农户更倾向于持有社会关系动机。

根据上述研究结论，得出以下政策启示：在今后绿肥推广中，要理性分析农民的需求，全面地认识农户的多重动机，根据农户禀赋差异分类制定异质性的激励措施，提高政策的针对性和有效性。具体来说，对于女性农民及受教育程度较高、家庭农业收入比重较高、非兼业经营和农业土地经营条件较好的农户，应更加关注其绿肥种植的内部动机，从强化收益期望认知和加强耕地保护责任感的角度提升其参与强度；对于男性农民及大规模经营承包地的农户，则应该更多关注其绿肥种植的外部动机，即通过加强补贴和政府引导相结合的方式强化行为动机，进而为农户可持续种植绿肥创造有利的条件。

第 5 章

农户绿肥种植意愿研究

本章将在上一章农户绿肥种植动机研究的基础上,继续探讨农户种植意愿。农户绿肥种植行为的产生存在"无意愿—有意愿—有行为"的转化链条,即意愿产生是行为发生的基础。然而,受多种因素的制约,当前农户绿肥种植的意愿并不强。探索制约农户绿肥种植意愿的因素、破解限制农户实施绿肥种植实践的障碍因子,推动意愿产生,对于保障以绿肥种植为基础的农业可持续发展目标的实现具有重要的意义。本章将以社会生态系统(SES)和知识扩散两个框架为基础全面解析影响农户绿肥种植意愿的关键因素及其影响机理。

5.1 基于 SES 视角的农户绿肥种植意愿分析

5.1.1 理论分析框架

根据上文对农户禀赋的阐述,构建基于 SES 的研究框架。

5.1.1.1 农户禀赋

种植绿肥需要农户投入一定的人力、物力和财力,但由于异质性农户拥有差异化的资本禀赋,因此,农户在进行农业生产决策时,往往会面临某种或某几种禀赋条件的约束,禀赋限制会影响农户的决策意愿,甚至改变决策结果。禀赋作为家庭成员及整个家庭所拥有的包括天然和后天所获得的资源和能力,对于主体行为选择的影响不可忽视(张翠娥等,2016;黄晓慧等,2019)。

(1)以受访者性别、年龄、受教育程度、身体健康状况为代表的个体禀赋。和女性相比,年轻的男性农民更具冒险精神,他们更易于接受新事物(张云华等,2004),因此,预期男性、年龄较小的农民更愿意种植绿肥。随着农户受教育水平达到一定程度,农民对耕地质量提升和农业环境保护的意识会明显增强(杨志海等,2015),他们种植绿肥的意愿可能会随之增强。种植绿肥提高了农民的劳动强度,如果农民缺乏良好的身体条件,就无法胜任技术实施对相对繁重劳动的要求,因此,可预期的是,身体越健康的农民可能更倾向于种植绿肥。

(2) 以家庭农业劳动力数量、家庭收入、耕地面积为代表的家庭禀赋。家庭禀赋是指农户的家庭成员及整个家庭所拥有的资源和能力，包括农户的家庭劳动力、收入状况和土地经营规模等。家庭禀赋通过影响农户对技术的态度进而决定采纳行为（尚燕，2018）。在目前我国农户"半工半农"经营现状下，农户对农业的依赖程度直接决定其对新技术的采纳意愿和行为（郑适等，2018）。白丽等（2015）研究发现，农业在农户家庭经济中的地位越高，其行为决策的动机越倾向于追求农业收入。农业家庭本位制的典型特征就是家庭经营耕地面积大、农业劳动投入多、农业收入比重高（朱利群等，2018）。因此，预期家庭禀赋越丰富的农户越倾向于种植绿肥。

(3) 以耕地性质、兼业情况为代表的经营禀赋。经营资本禀赋即农户家庭经营特征，包括资源特征以及农户对农业资源的利用方式，涉及土地性质和是否兼业经营两个方面等。土地性质会影响农户耕地保护与质量提升技术采纳与否的决策行为，如果农户经营承包地，那么一般不具有耕地质量提升的自主性（臧俊梅等，2007）。如果农户兼业经营农业，农业收入在农户家庭收入中的比重一般相对较低，农户对农业的依赖性较小，在外出务工机会成本较高的情况下，农户一般不具有进行耕地保护与质量提升的内在动力，也就减弱了种植绿肥的意愿（王学婷等，2018）。

(4) 以村干部身份、党员身份为代表的社会禀赋。党员、村干部作为村集体的"带头人"，是政府政策在村集体层面的具体实施者和推动者，其思想认识相对较高，自觉接受新事物、采纳农业新技术和新模式的意愿较强（丁彬，2010）。因此，可预期若家庭成员拥有政治身份，那么这种社会禀赋会通过影响家庭农业决策者的行为最终对农户绿肥种植的可能性产生潜在影响。

(5) 以土地细碎化、地貌类型为代表的自然禀赋。土地自然条件和耕地所处地貌类型是农业生产过程中重要的自然资本禀赋，土地细碎化程度、地貌类型显然会影响农户的经营成本，进而影响他们的行为。土地细碎化程度越高，机械化作业和进行技术集中应用的难度越大，农户进行生产经营的成本也会相对较高，尤其是对于一些正在推广的、尚未成熟的农业新技术的应用，除了会产生较高的应用成本，还可能面临潜在风险成本的不利影响（杨唯一等，2014；侯晓康等，2019）。汪冲（2019）研究表明，农户耕地越平整，则越具有维持这种良好经营状态以追求经济收益的内在主动性。因此，自然禀赋条件同样也会影响农户的绿肥种植意愿。

5.1.1.2 微观环境

SES 框架下影响农户绿肥种植意愿的微观环境包括政府形象评价、政府信息公开评价和政府监管情况评价共 3 个变量。

(1) 政府形象评价。政府形象评价是指农户对政府行为表现、精神风貌和施政业绩等的综合认知和评价,它是农户对政府满意度的一个重要的测度指标。一般来说,农户对政府形象评价越高,预示着其对政府实施的相关绿肥推广政策的信任程度越高,就越可能积极地参与绿肥种植;反之,若农户对政府形象评价较低,其并不会轻易信任政府政策对自身是有利的,这种怀疑态度会对农户绿肥种植意愿产生消极影响。

(2) 政府信息公开评价。政府信息公开指地方政府公开公示与绿肥相关的政策信息以使广大农户可获取。政府信息公开评价反映了农户对政府信息公开和自身获得政策信息难易的感知程度。政府信息公开评价程度越高,说明政府在绿肥政策实施、特别是农业财政资金的配给和使用方面越透明,农户对政策的理解和信任水平就越高,其种植绿肥的意愿也会越强。反之,农户与政府之间信息不对称,农户很难了解自身所需绿肥政策信息,其绿肥种植意愿可能会降低。

(3) 政府监管情况评价。监管指政府利用行政手段对农户绿肥种植技术流程、农事农艺操作等进行规范和控制,用农户对政府监管程度评价来衡量。农户的生态活动离不开政府监管,恰到好处的监管有助于提升绿肥种植质量和效益,促使已经种植绿肥的农户有较大概率会继续愿意种植,而未种植绿肥的农户种植意愿也可能会提高。但若存在过度监管的情况,农户往往会因为接受监管的成本过高而降低对政府的评价,已经种植绿肥的农户可能会选择退出,而未种植绿肥的农户则会强化不种植的意愿,后续选择种植绿肥的意愿也可能进一步降低。

5.1.1.3 宏观规则

生态补偿和技术培训是政府激励农户农业生产行为的两个重要的政策工具。针对生态补偿的影响,邓祥宏等(2011)研究指出,政府的农业技术补贴政策可以强化农户采纳环保型技术和资源节约型技术的意愿;李玉新(2014)研究发现,以草原生态补偿为主体的完善的政策体系,能够显著提升牧民参与草原生态保护的积极性;胡振通等(2015)在研究草原生态补偿政策对牧户减畜意愿的影响时,指出合理的补偿标准可以激发牧农的减畜行为。针对技术培训的影响,关桓达等(2012)探索了技术培训对农户安全用药意愿与行为的影响,指出是否参加技术培训对农户在配药及施药时是否采取防护措施具有显著影响;应瑞瑶等(2015)则研究了农业技术培训方式对农户农业化学投入品使用的影响,得出了技术培训可以显著降低化学品投入的结论。种植绿肥对农户来说需要一定投资,但见效较慢,作为理性决策者,农户缺乏参与的积极性,因此需要政府进行激励。当前,对农户进行生态补偿和技术培训已经成为激励农户绿肥种植意愿可持续性最有效的措施之一。基于以上分析,构建如图5-1的研究框架。

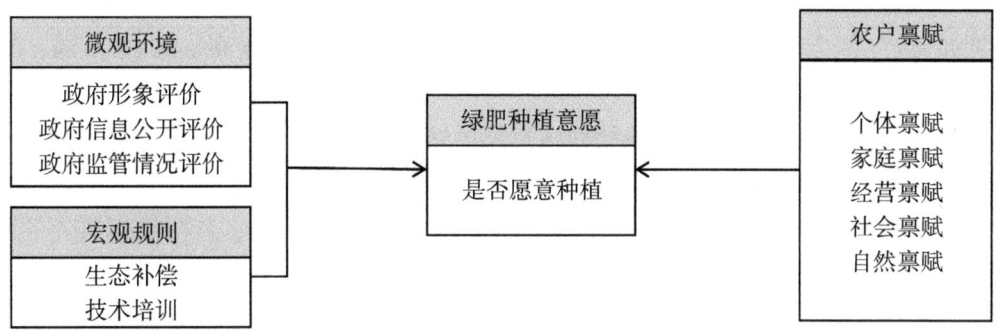

图 5-1 理论研究框架

5.1.2 研究假设的提出

针对农户绿肥种植意愿,给出以下研究假设。

H1:农户对政府形象评价正向显著影响其绿肥种植意愿。

H2:农户对政府信息公开评价正向显著影响其绿肥种植意愿。

H3:农户对政府监管情况评价正向显著影响其绿肥种植意愿。

H4:农户对生态补偿标准和补偿方式越满意,则其绿肥种植意愿越强。

H5:农户参与绿肥技术培训能够显著提升其绿肥种植意愿。

H6:农户禀赋异质性影响其绿肥种植意愿。

H6-1:年轻男性、身体越健康、受教育程度越高、拥有政治身份的农民绿肥种植意愿越强。

H6-2:劳动力数量越多、家庭收入越高、土地规模越大的农户越倾向于种植绿肥。

H6-3:耕地自有化程度越高的农户和非兼业农户更倾向于种植绿肥。

H6-4:土地细碎化程度低、耕地地形越平整的农户绿肥种植的意愿越强。

5.1.3 变量定义及描述性统计

5.1.3.1 因变量

根据研究目的,设置因变量为"是否愿意种植绿肥",采用二元赋值法,农户如果愿意种植则赋值为 1,否则赋值为 0。

5.1.3.2 自变量

为分析农户禀赋、微观环境及宏观规则对其绿肥种植意愿的影响,首先要对农户禀赋、微观环境及宏观规则的内涵和外延进行界定。对于微观环境,本研究在调查中要求农户对自己心目中的"当地政府形象"进行打分,并为之设置"1=差;2=一般;3=好"的选项;针对"政府信息公开"和"政府监管情况",则分别设置"当地政府对绿肥政策信息的公开程度如何?""当地政府对绿肥种植过程的监管力度如何?"两个问题,并为之分别设置"1=低;2=一般;3=高"和"1=弱;2=一般;3=强"的答项。

生态补偿政策是影响农户绿肥种植意愿的情境因素,借鉴张郁等(2015)对生态补偿政策变量测度指标,选取农户对生态补偿标准的满意度、农户对生态补偿方式的满意度两个方面代表。通过询问农户"您对当前的绿肥生态补偿标准是否满意?"和"您对当前的绿肥生态补偿方式是否满意?"(对应选项为"很不满意=1;不满意=2;一般=3;比较满意=4;非常满意=5")来测度农户对生态补偿政策的满意度。

各变量的具体定义与说明见表5-1。

表5-1 变量说明与描述性统计

变量	指标类型	指标名称	变量说明	最大值	最小值	平均值	标准差
因变量		是否愿意种植绿肥	否=0;是=1	1	0	0.702	0.458
农户禀赋	个体禀赋	性别	是否为女性;否=0;是=1	1	0	0.248	0.432
		年龄	实际年龄(岁)	83	20	54.276	11.438
		受教育程度	文盲=1;小学=2;初中=3;高中或中专=4;大专及以上=5	5	1	2.562	1.017
		健康状况	很差=1;较差=2;一般=3;较健康=4;很健康=5	5	1	3.574	1.103
	家庭禀赋	家庭农业劳动力	家庭劳动力数量(人)	13	1	3.460	1.626
		耕地面积	5亩以下=1;5~10亩=2;10~15亩=3;15~20亩=4;20亩及以上=5	5	1	1.583	1.181
		家庭收入	家庭收入(万元)	450	0.2	6.527	15.158
	经营禀赋	耕地性质:全部自有	否=0;是=1	1	0	0.777	0.416
		以自有地为主	否=0;是=1	1	0	0.046	0.208
		以承包地为主	否=0;是=1	1	0	0.177	0.382
		是否兼业经营	否=0;是=1	1	0	0.552	0.497
	社会禀赋	是否有村干部	否=0;是=1	1	0	0.171	0.398
		是否有党员	否=0;是=1	1	0	0.146	0.387

(续表)

变量	指标类型	指标名称	变量说明	最大值	最小值	平均值	标准差
农户禀赋	自然禀赋	土地细碎化	耕地块数：1~2块=1；3~4块=2；5~6块=3；7~8块=4；8块以上=5	5	1	2.015	0.257
		地貌类型：					
		平原	耕地所处地形是否为平原：否=0；是=1	1	0	0.375	0.414
		丘陵	耕地所处地形是否为丘陵：否=0；是=1	1	0	0.516	0.343
		山地	耕地所处地形是否为山地：否=0；是=1	1	0	0.109	0.490
微观环境		政府形象评价	当地政府形象：1=差；2=一般；3=好	3	1	2.748	0.524
		政府信息公开评价	当地政府对绿肥政策信息的公开程度如何：1=低；2=一般；3=高	3	1	2.250	0.495
		政府监管情况评价	当地政府对绿肥种植过程的监管力度如何：1=弱；2=一般；3=强	3	1	1.764	0.404
宏观规则	生态补偿	生态补偿标准满意度	对目前的绿肥生态补偿标准是否满意？很不满意=1；不满意=2；一般=3；比较满意=4；非常满意=5	5	1	2.519	1.182
		生态补偿方式满意度	对目前的绿肥生态补偿方式是否满意？很不满意=1；不满意=2；一般=3；比较满意=4；非常满意=5	5	1	3.199	1.065
		技术培训	是否参加绿肥技术培训：否=0；是=1	1	0	0.262	0.440

注：耕地性质可根据其来源划分为全部自有、以自有地为主、以承包地为主和全部承包四种，由于全部经营承包地的农户比例仅占总样本的0.33%，故在实际研究时将这一分组合并到了以承包地为主的样本中。下文研究中使用到耕地性质这一变量时也做相同处理。

5.1.4 研究方法的选择

因变量农户绿肥种植意愿是0、1二分类形式，据此选择二元Logit模型进行实证分析。在第4章4.2研究方法部分已经详细介绍该方法，这里不再赘述。

为了理解农户绿肥种植意愿模型中的回归参数的含义，需要对优势（Odds）和优势比（Odds Ratios）做出说明。

$$\frac{P(Y=1)}{1-P(Y=1)} = \exp(\beta_0 + \beta_1 x_1 + \cdots\cdots + \beta_k x_i) \quad (5-1)$$

在其他自变量固定不变的情况下，令任一变量改变一个单位，如 x_1 从 n 增加到 n+1，则有：

$$\frac{\exp(\beta_0 + \beta_1(n+1) + \cdots\cdots + \beta_k x_i)}{\exp(\beta_0 + \beta_1 n + \cdots\cdots \beta_k x_i)} = \exp(\beta_1) \quad (5-2)$$

式（5-2）表明，变量 x_1 每改变 1 个单位，农户的绿肥种植意愿的优势与改变前的优势比值为 $\exp(\beta_1)$。因此，Logit 模型中的参数并不是直接解释概率 P，而是用来解释优势比，即在其他变量不变的情况下，某一变量改变 1 个单位，因变量对应的优势比平均改变 $\exp(\beta_1)$ 个单位。

从优势比含义也可以看出，无序多项分类变量无法直接作为自变量，否则无法解释其回归参数的含义，因此本研究中的耕地性质和地貌类型都必须进行虚拟变量处理，以满足 Logit 模型的回归条件。

5.1.5 实证分析

5.1.5.1 多重共线性检验

表 5-2 给出了对自变量进行多重共线性检验的结果。可见，VIF 值和 CI 值均小于 10，说明所选变量之间不存在多重共线性，也就是说不会影响模型的拟合效果，可以用这些变量进行模型估计。

表 5-2 自变量多重共线性诊断

变量	VIF 值	CI 指数	变量	VIF 值	CI 指数
性别	1.11	1.22	是否兼业经营	1.11	1.52
ln 年龄	1.24	3.87	土地细碎化程度	1.42	1.33
受教育程度	1.66	2.50	平原	1.13	1.86
健康状况	1.24	3.51	丘陵	2.07	2.46
是否有村干部	1.21	1.15	政府形象评价	1.76	3.22
是否有党员	1.31	1.12	政府信息公开评价	1.69	3.34
家庭劳动力	1.16	3.36	政府监管情况评价	1.55	2.29
耕地面积	1.75	1.51	生态补偿标准满意度	1.45	1.76
ln 家庭收入	1.11	2.67	生态补偿方式满意度	1.31	2.03
全部自有	2.03	1.36	技术培训	1.26	1.88
以自有地为主	1.34	2.15			

5.1.5.2 模型总体检验

表 5-3 给出了运用极大似然估计法和 SPSS 软件的 "Enter" 进入策略将全部自变量一次性强行纳入方程计算得到的模型总体检验结果。在 Logit 模型中，采用似然比（Likelihood Ratio）检验，似然比统计量是两个模型的最大对数似然值之差的 -2 倍。数据显示，农户绿肥种植意愿模型通过了似然比检验，表明模型中至少有一个自变量与农户绿肥种植意愿显著相关。

在 Logit 模型分析中，一般采用 Cox & Snell R^2 统计量和 Nagelkerke R^2 统计量进行模型的拟合优度检验，主要考察回归方程能够解释因变量变差的程度。其中，Cox & Snell R^2 统计量的取值范围不易确定，Nagelkerke R^2 是修正的 Cox & Snell R^2 统计量，其值越接近 1，说明方程的拟合优度越高；本研究中，模型的 Nagelkerke R^2 等于 0.813。Hosmer-Lemeshow 检验则是通过对回归方程计算出的预测值与实际值之间的差异检验，进行拟合优度判断；Hosmer-Lemeshow 统计量越小，表明拟合效果较好。表 5-3 中统计量数据表明，农户绿肥种植意愿模型拟合效果较好。

表 5-3 模型总体检验结果（Enter 策略）

项目	指标	值	判断
回归方程显著性检验	Log likelihood	302.886	通过
	-2 倍的对数似然值	177.253	
回归方程拟合优度检验	Cox & Snell R^2	0.521	通过
	Nagelkerke R^2	0.813	
	Hosmer and Lemeshow Test	0.489	

5.1.5.3 模型估计结果

（1）样本农户及受访者的基本特征

表 5-4 给出了 1 217 户样本农户及受访者的基本特征。从性别来看，受访者中男性居多；从年龄来看，50 岁及以上年龄段的中老年农民占比超过 70%；从受教育程度来看，初中及以下文化水平的受访者占总样本的比例约为 85%，而接受过高等教育的受访者占比非常低；从健康状况来看，82.97% 的受访者身体健康或比较健康；从家庭农业劳动力来看，3~4 人规模的家庭占总样本量的比例近 50%，其次为 1~2 人规模的家庭，占比为 31.14%，而 7 人及以上的大规模家庭较少；从家庭收入来看，超过 70% 的农户家庭年收入都在 6 万元以下，其中 34.76% 的农户家庭年收入不足 3 万元。

表 5-4　样本农户及受访者的基本特征

指标	选项	样本数	比例（%）	指标	选项	样本数	比例（%）
性别	男	915	75.18	健康状况	差	207	17.03
	女	302	24.82		一般	320	26.32
年龄	30 岁以下	30	2.47		好	689	56.65
	30~39 岁	97	7.97	家庭农业劳动力	1~2 人	379	31.14
	40~49 岁	223	18.32		3~4 人	601	49.38
	50~59 岁	439	36.07		5~6 人	188	15.45
	60 岁及以上	428	35.17		7 人及以上	49	4.03
受教育程度	文盲	230	18.90	家庭收入	3 万元以下	423	34.76
	小学	298	24.49		3 万~6 万元	431	35.41
	初中	488	40.10		6 万~9 万元	133	10.93
	高中或中专	177	14.54		9 万~12 万元	142	11.67
	大专及以上	24	1.97		12 万元及以上	88	7.23

（2）回归结果

采用 SPSS 19.0 软件对模型进行估计，得到的结果包括 B、SE、$Wald$、Sig 和 $\exp(B)$ 等。其中，B 为回归系数，SE 是标准差，$Wald$ 表示模型中每个变量的相对权重，Sig 表示各变量的显著性水平，$\exp(B)$ 为回归系数的指数，代表假设发生的概率。模型估计结果如表 5-5 所示。

由表 5-5 可知，在不考虑常数项的情况下，受教育程度、健康状况、家庭农业劳动力、是否兼业经营、是否有村干部、政府形象评价、政府监管情况评价、生态补偿标准满意度、生态补偿方式满意度、技术培训共 10 个变量通过了显著性检验。但是，还有一些变量，如农户禀赋方面的性别、年龄、耕地面积、家庭农业收入、耕地性质、是否有党员、土地细碎化、地形、微观环境方面的政府信息公开评价没有通过显著性检验，有待进一步讨论。

表 5-5　模型估计结果（Enter 策略）

指标类型	指标名称	回归系数	Wald	$\exp(B)$
农户禀赋	性别	0.142 (0.175)	0.656	1.152
	ln 年龄	0.334 (0.350)	0.911	1.397
	受教育程度	0.291*** (0.095)	9.377	1.338

（续表）

指标类型	指标名称	回归系数	Wald	exp（B）
农户禀赋	健康状况	0.270*** (0.069)	15.250	1.310
	家庭农业劳动力	-0.083* (0.046)	3.243	0.920
	耕地面积	0.096 (0.087)	1.238	1.101
	ln 家庭农业收入	0.053 (0.095)	0.304	1.054
	全部自有	-0.115 (0.249)	0.212	0.892
	以自有地为主	0.311 (0.430)	0.524	1.365
	是否兼业经营	-0.417*** (0.152)	7.557	0.659
	是否有村干部	0.712*** (0.242)	8.622	2.037
	是否有党员	0.025 (0.256)	0.009	1.025
	土地细碎化	-0.355 (0.174)	1.173	0.898
	平原	0.173 (0.219)	9.60	1.332
	丘陵	0.135 (0.304)	1.33	1.735
微观环境	政府形象评价	0.758*** (0.144)	27.807	2.134
	政府信息公开评价	0.212 (0.158)	1.791	1.236
	政府监管情况评价	-0.403** (0.195)	4.298	1.497
宏观规则	生态补偿标准满意度	0.507*** (0.077)	43.731	1.660
	生态补偿方式满意度	0.299*** (0.078)	14.806	1.349
	技术培训	0.326** (0.115)	5.559	1.208
农户禀赋	湖南	-0.215 (0.351)	2.051	0.61
	江西	0.299 (0.311)	1.311	0.96

（续表）

指标类型	指标名称	回归系数	Wald	exp（B）
农户禀赋	广西	0.706 (0.446)	1.446	1.58
	安徽	-0.522 (0.327)	1.327	0.85
常数		-8.098*** (1.693)	22.871	0.000

注：***、**、*分别表示1%、5%、10%的显著性水平。

由上述结果可以看出，Enter策略下有12个变量虽然被强行纳入方程中，但它们对农户绿肥种植意愿并没有显著影响，因此从理论上讲不该保留在方程中，为进一步提高模型估计的精度，应该重新建模。基于此，本研究采用基于最大似然估计的向后逐步筛选策略（向后：LR）对模型做进一步分析，结果如表5-6所示。

运用LR：向后策略的模型进行了10个步骤的筛选过程，最后一个步骤的似然比检验卡方值为294.377，-2倍的对数似然值为185.762，通过了显著性检验；Cox & Snell R^2 统计量值为0.215，Nagelkerke R^2 统计量值为0.806，Hosmer-Lemeshow统计量值为0.162，模型拟合效果较好。

表5-6的结果表明，受教育程度每提高1个单位，农户种植绿肥的可能性提高30.1%；健康状况每提高1个单位，农户种植绿肥的可能性提高31%；非兼业经营农业的农户种植绿肥的可能性是兼业经营农业农户的0.635倍；村干部种植绿肥的可能性是非村干部的2.101倍；对政府形象评价每提高1个单位，农户种植绿肥的可能性提高115.6%；然而，对政府监管情况评价每提高1个单位，农户种植绿肥的可能性降低63%；对生态补偿标准和方式的满意度每提高1个单位，农户种植绿肥的可能性分别提高67.2%和36.2%；接受技术培训的农户比未接受培训的农户拥有绿肥种植意愿的可能性高43.5%。

表5-6 模型估计结果（向后：LR策略）

指标类型	指标名称	回归系数	Wald	exp（B）
农户禀赋	受教育程度	0.263*** (0.080)	10.762	1.301
	健康状况	0.270*** (0.068)	15.709	1.310
	是否兼业经营	-0.454*** (0.149)	9.353	0.635
	是否有村干部	0.742*** (0.233)	10.167	2.101

(续表)

指标类型	指标名称	回归系数	Wald	exp（B）
微观环境	政府形象评价	0.768*** (0.141)	29.772	2.156
	政府监管情况评价	-0.489*** (0.184)	7.081	1.630
宏观规则	生态补偿标准满意度	0.514*** (0.075)	46.355	1.672
	生态补偿方式满意度	0.309*** (0.076)	16.618	1.362
	技术培训	0.412*** (0.054)	6.004	1.435
常数		-6.177*** (0.656)	88.613	0.002

注：***、**、* 分别表示1%、5%、10%的显著性水平。

(3) 结果讨论

①农户禀赋对其绿肥种植意愿的影响。在农户禀赋中，受教育程度、健康状况、是否有村干部三个变量对农户绿肥种植意愿在1%的水平上具有正向显著影响，而是否兼业经营对农户意愿在1%的水平上具有负向显著影响。这验证了H6-1、H6-3中的相关假设。这表明，受教育程度越高、身体健康状况越良好、拥有村干部身份、非兼业的农户更倾向于种植绿肥。受教育程度高的农户对外部事物的感知能力更强，对绿肥的价值认知更清楚；另一方面，受教育程度高的农户更易掌握绿肥种植管理技术，降低参与成本，因此也更倾向于种植绿肥。高质量的农业劳动对农民身体素质都有一定要求，绿肥的种植过程需经历开沟、翻压等多道高强度体力劳动工序，在当前绿肥专用机械缺乏的情况下，这就对农民的身体素质和劳动能力提出了更高的要求，因此身体健康的农民更可能种植绿肥。村干部是村集体的"带头人"，是政府政策在村集体层面的具体实施者和推动者，一般会被相关部门赋予联系、组织、协调农民群众参与公共事务的责任，思想认识觉悟或水平相对较高，自觉种植绿肥的意愿较强。兼业经营的农户，务农时间投入较少，其耕地更倾向于进行冬闲处置，种植绿肥的可能性较低，反之，若农户生计以农业为主，其对土地的依赖性明显强于兼业农户，投入到农业生产经营管理的时间较多，更加倾向于种植绿肥来提升耕地质量以增强农业生产的可持续性。

②微观环境对农户绿肥种植意愿的影响。在微观环境中，政府形象评价对农户绿肥种植意愿在1%的水平上具有显著正向影响，而政府监管情况评价则在1%的显著性水平上负向影响农户的种植意愿，因此，H1得到验证，而H3没有通过检验。良好的政府形象能够显著提高农户的绿肥种植意愿。农户对政府形象评价越高，表明其越信任政府的绿肥推广政策，这种信任感会转化为农户对政府行动切实的行为

支持。陈璐等（2017）研究发现政府形象显著提升农户的农地转出满意度；俞振宁等（2018）则指出良好的政府形象对农户的休耕满意度具有显著的正向作用。这些研究成果都印证了上述研究结果。

研究还发现，过度的政府监管不利于强化农户的绿肥种植意愿。一方面，过度监管会降低农户按照自身需求分配生产要素和进行差异化田间管理的自由度。农户在绿肥种植过程中需要在恰当的时机投入绿肥作物生长所需的恰当的生产要素并进行恰当的田间管理，但由于农户生产和经济条件异质性的存在，立足于全体农户而制定的绿肥种植监管政策并不一定完全适合单个农户，这种未考虑农户差异化需求的政策必然会对某些农户的利益造成损害。从这一点来看，合理的政府监管措施应当允许农户在保障绿肥种植质量的情况下充分尊重其自由安排生产过程的权利。另一方面，过度监管会提高农户绿肥种植的成本。当前，各地政府一般都会根据当地总体农业生产条件制定绿肥种植规范，如对绿肥种子用量等做出指导性限制，政府监管越严格，农户为达到政府要求必然会提高生产要素的投入，这增加了农户的经济负担，从长期来看不利于其绿肥种植意愿的持续强化。

③宏观规则对农户绿肥种植意愿的影响。生态补偿标准满意度和生态补偿方式满意度均对农户绿肥种植意愿具有显著的正向作用，且都在1%的水平上通过显著性检验，说明农户对绿肥种植生态补偿标准和方式越满意，就越可能种植。这验证了假设H4。农户种植绿肥需要一定的成本，而生态补偿政策能够帮助农户降低种植成本、减轻经济负担。农户对生态补偿标准的满意度反映了其对生态补偿弥补成本损失和收益期望的综合认知，对生态补偿标准越满意，农户越可以感受到生态补偿给自身福利带来的积极变化，就越愿意种植绿肥。而对于补偿方式，异质性农户对补偿方式的需求不同，只有最适合农户自身的方式才会最大限度地提升其感知价值和收益预期，才会对农户带来最大程度的激励（胡振通等，2016）。技术培训在1%的水平上通过显著性检验，说明接受绿肥技术培训的农户，越可能种植绿肥，假设H5得到了验证。技术培训能够消除农户的绿肥种植障碍、提升绿肥种植管理水平，还可以增强农户对绿肥价值的认知，因此，接受过技术培训的农户更可能拥有绿肥种植的意愿。

5.1.6 政策启示

基于以上研究，本研究认为破除农户禀赋约束、树立政府良好形象、建立适度的政府监管制度、推进生态补偿是促进农户绿肥种植意愿产生的关键。具体来讲，有以下几点启示。

第一，不断提升农村居民的人力资本，增强其绿肥价值认知和行为能力。一方面，让农户更多地认识到绿肥的价值是促进其绿肥种植意愿产生的有效措施，因此，通过加强有关绿肥知识的宣传教育，完善绿肥种植专业培训机制，不断增强农户的知识水平，提升其认知能力和认知水平；在开展农户绿肥技术、政策专业培训时，应明确重点培训对象，充分发挥村干部的带动作用，依靠其在村集体内部的社会网络和人际影响力带动普通农户参与。另一方面，通过加强农村居民健康投资，改善农民的身体健康水平，积极引导具有特定行为能力和学习能力的农民加入绿肥培训中来。

第二，以进行农业专业化生产的农户或组织为重点推广对象。本研究发现兼业不利于农户绿肥种植意愿的产生。因此，在选择绿肥推广目标时，首先要考虑那些以农业生产为主业的农户，特别是那些种粮大户、家庭农场、农业合作社或者农业企业等新型农业经营组织为重点对象。通过向他们宣传绿肥的好处，增强其种植意愿。

第三，完善绿肥种植监管体制，继续提升政府形象。过度监管不利于农户绿肥种植意愿的产生，只有充分尊重农户的意愿才能最大可能地引导其参与。通过深入调查不同农户的不同需求，制定差异化的监管措施，在监管中更多地进行引导和激励，结果导向、允许农户根据自己的情况合理安排绿肥种植过程，提高农户的行为自由度。另一方面，继续加强政府公信力建设，提升农户对政府工作的满意度，通过维持农户对政府的信任增强农户采纳政府推广的绿肥的可能性。

第四，生态补偿和技术培训是促进农户种植绿肥的有效手段，应尽快研究确定区域统一的绿肥种植生态补偿标准，制定机动、灵活的生态补偿政策；同时，创新绿肥技术培训制度、增强对广大农村居民的培训力度，提升其专业技术素养和绿肥种植管理能力。

5.2 基于知识扩散的农户绿肥种植意愿分析

随着农业科技的快速发展，绿肥栽培技术已经实现了从播种、田间管理，到刈割、翻压还田的全过程轻简化、机械化、高效化改造，形成了一套完备的现代化、标准化技术规程，而由于农民技术素养和技术掌握程度普遍较低，限制了其新形势下的绿肥种植决策。因此，若通过知识扩散对农户进行必要的认知和技术强化，很可能对其绿肥种植意愿产生积极影响。

已有研究从社会经济视角对绿肥扩散机理进行了比较系统的探究，特别是针对经济与生态效益、外部补偿激励等因素对农户层面绿肥扩散过程的影响进行深入研究。然而，针对知识扩散对绿肥扩散机理的影响目前却缺乏必要的探索。鉴于此，为充分揭示知识扩散的作用，本部分拟以农户绿肥种植意愿为研究对象，探究以下3个问题：农业宣传培训带来的知识扩散对改善农户绿肥种植意愿否有效？知识扩散对农户绿肥种植意愿的影响程度如何？知识扩散通过何种机制发挥作用？本研究旨在破解因信息不对称而带来的绿肥扩散困境，以期为治理因化学品过量施用造成的耕地生态退化问题提供政策参考。

5.2.1 理论分析与研究假说

随着对农户行为理解的深入,越来越多的研究者提出感知、信任等方面的心理因素是影响农户决策的基础层因素(王兆林等,2021)。外部风险感知、价值感知、障碍感知等感知因素是农户对事物的内在主观认识和评价,在引导微观主体行为决策中扮演重要角色(李立朋等,2022)。信任是一种稳定的信念,是依赖关系的表现,信任程度越高,采用行动的意愿则越强(孔凡斌等,2016)。从心理学视角探究农户行为机制,不仅可以考察个体与情境因素的交互作用,还能通过"追本溯源"提高对农户行为产生过程理解的科学性和深入性(严奉枭等,2020)。而知识扩散作为一种知识经由介质传播给需求者的过程(康鑫等,2018),会通过改善农户的环境素养、认知能力进而对农户心理和行为意愿产生积极影响。

5.2.1.1 知识扩散对农户绿肥种植意愿的影响

以宣传培训为手段的农业知识扩散是目前我国农业推广形式的主要部分,在引导农户决策中发挥着至关重要的作用(崔民等,2021)。其中,宣传是技术扩散的重要方式,它不仅可以促进信息传播,还能发挥显著的社会引导功能(盖豪等,2021);培训教育则可以通过强化农户的人力资本从而全面提升知识素养和认知能力(王学婷等,2021)。知识扩散有助于提升农户的绿色生产意愿或改善生产行为(郑阳阳等,2020;杨兴杰等,2020)。种植绿肥本质上是一种绿色生产模式。通过开展宣传培训、强化与绿肥相关的知识扩散,农户有关绿肥的知识素养将在很大程度上得以改善,在心理动机的进一步催化下,其绿肥种植意愿很可能会有明显改善。基于上述分析,提出如下假设:

H1:知识扩散对农户绿肥种植意愿具有显著积极的影响。

5.2.1.2 组织信任在外部风险感知、生态服务价值认知影响绿肥种植意愿过程中发挥的作用

外部风险感知是个体对某事物,依据知觉做出的评判,如农户对过度使用化肥带来环境影响的认知程度;而组织信任是一种社会网络关系,新型经营主体和政府等产业组织在农户与市场之间具有有机衔接作用。作为产业系统中的组成部分,农户对外部风险的感知会影响其对组织的信任程度。环境风险感知程度越高,越有提高自身对组织的信任(王昀,2017),进而作用于农户的农业环境保护行为(李昊,2020)。而价值感知作为一种主观认识,是个体对某产品或服务体会进行利弊衡量之后做出的整体评价(Zeithaml,1988),也会增加组织信任,进而提高农户意愿。如时运涛等(2021)指出功能价值感知会直接正向影响信任倾向和持续参与意愿。信任可以提高彼此之间的关系承诺、降低信息不对称性、加强合作,进而提高采纳

意愿（杨云松等，2010）。基于上述分析，提出如下假设：

H2：组织信任在外部风险感知、生态服务价值认知与绿肥种植意愿之间发挥中介作用。

5.2.1.3 外部风险感知与组织信任、生态服务价值认知与组织信任在知识扩散影响绿肥种植意愿过程中发挥的作用

个体感知或认知受知识素养的影响，良好的知识素养意味着较强的感知或认知能力（王三秀等，2022）。前期研究发现，知识扩散是提升个体知识素养的有效途径（Dasgupta，2012）。农户在培训等知识扩散中获取的有用信息，经知觉、表象、想象、记忆、加工等思维活动，最终转化形成相关感知或认知（张康洁等，2021）。例如，参与培训会有助于农户构建生态农业知识体系，以显著提高农户的生态认知（崔民等，2021）。特别是在农业领域，以农业宣传、培训为手段的知识扩散通常能够在很大程度上改善农户的人力资本，进而促进农户感知或认知能力的提升（闫迪等，2021）。在本研究中，农户通过参与宣传培训，增进了对外部环境风险的感知和对绿肥生态系统服务的了解。同时，考虑到上文外部风险感知、生态服务价值认知与组织信任以及农户种植意愿之间的关系，可提出如下2个假设：

H3：外部风险感知、组织信任在知识扩散对绿肥种植意愿的影响中存在链式中介作用。

H4：生态服务价值认知、组织信任在知识扩散对绿肥种植意愿的影响中存在链式中介作用。

5.2.1.4 障碍感知在知识扩散影响绿肥种植意愿过程中发挥的作用

知识扩散通过影响农户自身的障碍感知，进而作用于行为意愿（赵晓颖等，2021）。障碍感知是农户自我效能的主要体现，其本质是农户对自身健康状况、时间保障、家庭务农劳动力和资金投入等控制和使用能力的主观认识（Li et al.，2021）。若农户认为自身和家庭禀赋充足，即感知障碍越低，其采纳某种行为的意愿越强；反之，采纳意愿则越低。绿肥种植的农艺农事操作相对复杂，包括绿肥种植标准化开沟、种子机械化撒播、轻简化栽培、翻压还田等在内的一系列技术都会对农户的知识能力和家庭禀赋提出更高的要求。知识扩散能够发挥信息共享作用，使农户可以更加系统、科学地了解绿肥种植的技术规程，更加清晰地识别自身参与其中的优势和障碍，进而促使农户开展内在预估，最终对绿肥种植意愿产生影响。据此，提出如下假设：

H5：障碍感知在知识扩散与绿肥种植意愿之间发挥中介作用。

据此，建立如图5-2所示的知识扩散影响农户绿肥种植意愿的概念模型。可见，知识扩散既可以直接作用于农户的绿肥种植意愿，也可以通过作用于外部风险感知、生态系统服务认知、障碍感知和组织信任间接影响意愿。

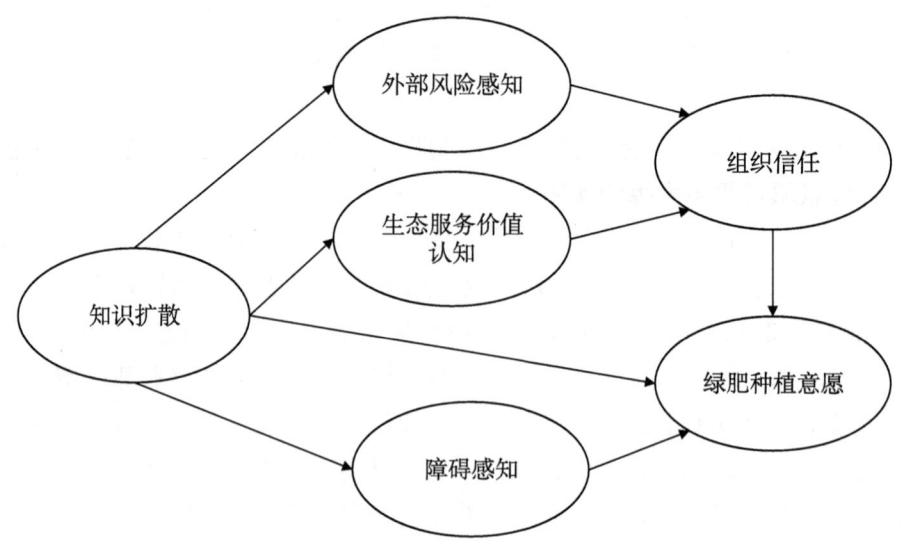

图 5-2　知识扩散影响农户绿肥种植意愿的理论模型

5.2.2　研究方法与变量设计

5.2.2.1　PLS-SEM 模型

采用 Smart PLS 3.0 软件进行 PLS-SEM 模型建模和结果分析。PLS-SEM 模型对数据样本量、模型识别问题和分布状态要求不高，同时还能有效处理变量间的共线性问题。PLS-SEM 模型包括结构模型和测量模型两部分。结构模型主要定义了潜在自变量与潜在因变量之间的线性关系。测量模型阐明了潜变量和可观测变量之间的线性关系（Hair et al.，2012；Anderson et al.，1988）。结构模型可定义为：

$$\eta = \gamma\xi + \beta\eta + \zeta \tag{5-3}$$

其中，ξ 和 η 分别表示标准化的外生潜变量和内生潜变量；β 和 γ 为待估参数，分别表示内生外生潜变量和内生潜变量相互作用的效应系数；ζ 为 η 的残差项。

在测量模型中，可观测变量是潜变量的测量指标是通过量表、问卷等测量工具获得的数据。测量模型可以定义为：

$$Y = \lambda y \cdot \eta + \varepsilon \tag{5-4}$$

$$X = \lambda x \cdot \xi + \delta \tag{5-5}$$

式（5-4）和式（5-5）分别为内生（因变量）和外生（自变量）变量的测量方程。Y 和 X 分别表示内生和外生的可观测变量；λy 表示内生潜变量与可观测变量之间的关系，λx 表示外生的潜变量与可观测变量之间的关系，ε 和 δ 都为测量模型的残差矩阵。

5.2.2.2　变量设计

参考王学婷等（2021）的研究，用是否参与专业培训学习班和推广宣讲活动来测度知识扩散。对于外部风险感知的测度，借鉴代首寒等（2021）的研究，以农户对过量施用化肥对耕地质量、农业水环境、农村空气质量和农产品质量安全危害的评价来表征。参考牛善栋等（2021）、李坦等（2021）的研究，并结合现实情况，主要以农户对绿肥的供给服务和支持服务功能的感知来测度生态服务价值认知，其中，供给服务价值包括种植绿肥对后茬水稻产量和品质带来的变化。对于障碍感知的测量，考虑到农户绿肥种植会受到自身健康状况、时间和家庭劳动力、资金等因素的束缚，参考王淇韬等（2021）研究，选择了4个可观测变量。在组织信任方面，主要从农户对关系网络中的新型经营主体和政府的信任两个层面进行测度。对于农户意愿的测量，主要参考李福夺等（2022）的研究。具体变量名称和测量题项见表5-7。

表5-7 变量名称及测量题项

潜变量	缩写	测量题项
知识扩散	KNDIF1	您是否参加过有关绿肥的专业培训学习班？（0=否；1=是）
	KNDIF2	您是否参加过相关部门开展的绿肥推广宣讲活动？（0=否；1=是）
外部风险感知	ERP1	过量施用化肥会危害农田耕地质量（1=非常不同意；2=比较不同意；3=不清楚；4=比较同意；5=非常同意）
	ERP2	过度施用化肥会危害农业水环境（1=非常不同意；2=比较不同意；3=不清楚；4=比较同意；5=非常同意）
	ERP3	过度施用化肥会危害农村空气质量（1=非常不同意；2=比较不同意；3=不清楚；4=比较同意；5=非常同意）
	ERP4	过度施用化肥会危害农产品质量安全（1=非常不同意；2=比较不同意；3=不清楚；4=比较同意；5=非常同意）
生态服务价值感知	ESVP1	您认为种植绿肥后水稻产量变化程度（1=没有提高；2=稍微提高；3=一般；4=提高较大；5=提高很大）
	ESVP2	您认为种植绿肥后水稻品质变化程度（1=没有提高；2=稍微提高；3=一般；4=提高较大；5=提高很大）
	ESVP3	您认为种植绿肥后农田质量的变化程度（1=没有提高；2=稍微提高；3=一般；4=提高较大；5=提高很大）
障碍感知	OBP1	您认为自身身体健康状况是否允许您种植绿肥（1=很不好；2=较不好；3=一般；4=较好；5=非常好）
	OBP2	您是否有足够的时间种植绿肥（1=严重短缺；2=较短缺；3=一般；4=较充足；5=非常充足）
	OBP3	您家是否有充足的劳动力种植绿肥（1=严重短缺；2=较短缺；3=一般；4=较充足；5=非常充足）
	OBP4	您家是否有充足的资金来支撑种植绿肥（1=严重短缺；2=较短缺；3=一般；4=较充足；5=非常充足）

(续表)

潜变量	缩写	测量题项
组织信任	ORT1	如果种植大户、合作社、农业企业等新型经营主体欲带领您种植绿肥,您是否愿意尝试(1=很不愿意;2=较不愿意;3=一般;4=较愿意;5=很愿意)
	ORT2	如果政府建议您种植绿肥,您是否愿意尝试(1=很不愿意;2=较不愿意;3=一般;4=较愿意;5=很愿意)
种植意愿	PWILL	您今后是否愿意种植绿肥(1=很不愿意;2=较不愿意;3=一般;4=较愿意;5=很愿意)

5.2.3 实证结果与分析

5.2.3.1 测量模型检验

(1) 信度检验。信度是指测量结果的稳定性。测量误差越小,表明结果稳定性越高(Ajzen, 2002)。以往研究常采用 Cronbach's α 和 CR 来衡量问卷结果的信度。一般将 0.6 作为这 2 个指标的阈值极限,数值越高,代表信度越高(Chaudhuri, 2008)。不同之处在于,一般采用 Cronbach's α 来检验潜变量和观察变量之间的内部一致性,而 CR 的应用范围更广(Wang et al., 2021)。利用 PLS-SEM 软件计算得到 Cronbach's α 和 CR 结果,如表 5-8 所示。可见,本研究中全部潜变量的 Cronbach's α 值均在 0.6 以上,而全部 CR 值均大于 0.8,均符合相应的约束条件,表明问卷调查所获取的数据在反映实际情况方面足够可靠,可以用于实证分析。

表 5-8 信度检验

题项	平均值	标准差	载荷系数	Cronbach's α	CR	AVE
ERP1	3.894	1.054	0.863			
ERP2	3.716	1.090	0.886	0.885	0.920	0.743
ERP3	3.593	1.114	0.863			
ERP4	3.880	1.007	0.874			
ESVP1	3.310	0.985	0.892			
ESVP2	3.342	0.988	0.903	0.863	0.916	0.784
ESVP3	3.460	0.978	0.861			
OBP1	3.619	1.010	0.762			
OBP2	3.595	1.002	0.842	0.831	0.888	0.665
OBP3	3.375	1.062	0.855			
OBP4	3.330	1.022	0.800			

(续表)

题项	平均值	标准差	载荷系数	Cronbach's α	CR	AVE
ORT1	3.835	1.079	0.949	0.896	0.951	0.906
ORT2	4.060	1.040	0.955			
KNDIF1	0.453	0.498	0.739	0.655	0.837	0.723
KNDIF2	0.540	0.499	0.948			
PWILL	0.702	0.645	1.000	1.000	1.000	1.000

（2）效度检验。效度可分为收敛效度和区别效度。收敛效度用于检验潜变量之间的相关性。平均方差提取（AVE）和因子载荷是评价收敛效度的常用指标；当 AVE 和因子载荷均大于 0.5 时，可认定模型具有足够的收敛效度（Wang et al., 2021）。根据表 5-8，各指标值均在 0.5 以上，表明模型具有良好的收敛效度。区别效度检验潜变量之间的差异。衡量区别效度的方法主要有三种，即变量交叉载荷法、弗奈尔—拉克准则和 HTMT 比率。利用 PLS-SEM 软件计算得到弗奈尔—拉克准则和 HTMT 比率结果，如表 5-9 和表 5-10 所示。可见，对于弗奈尔—拉克准则，每个维度的 $\sqrt{AVE}$ 都大于与其他维度的相关系数；而对于 HTMT 比率，各维度之间的值均小于 0.85。因此，测量模型具有良好的区别效度。

表 5-9 基于弗奈尔—拉克准则的潜在构面区别效度检验结果

题项	ERP	KNDIF	ESVP	ORT	AWILL	OBP
ERP	**0.862**					
KNDIF	0.127	**0.850**				
ESVP	0.189	0.136	**0.886**			
ORT	0.322	0.155	0.274	**0.952**		
AWILL	0.139	0.171	0.230	0.588	**1.000**	
OBP	0.226	0.113	0.205	0.401	0.397	**0.816**

注：对角值粗体是 AVE 的平方根。

表 5-10 基于 HTMT 比率的潜在构面区别效度检验结果

题项	ERP	KNDIF	ESVP	ORT	PWILL	OBP
ERP						
KNDIF	0.166					
ESVP	0.213	0.190				

(续表)

题项	ERP	KNDIF	ESVP	ORT	PWILL	OBP
ORT	0.355	0.181	0.311			
PWILL	0.142	0.184	0.257	0.621		
OBP	0.258	0.170	0.241	0.464	0.435	

5.2.3.2 结构模型结果与分析

(1) 结构模型结果

为了检验农户外部风险感知与组织信任、生态服务价值认知与组织信任、障碍感知是否在知识扩散与农户绿肥种植意愿之间具有完全中介效应，依据姚战琪（2021）的研究，基于 PLS 参数估计方法的 SEM 模型，在原结构模型基础上，去除了知识扩散与农户绿肥种植意愿之间的直接路径（图 5-3、表 5-11）。基于 PLS-SEM 模型分析，发现知识扩散对农户外部风险感知、生态服务价值认知和障碍感知具有显著正向作用，对此做出的解释是，知识扩散作为一种知识传播给需求者的过程，可通过改善农户的环境素养进而对农户心理产生积极影响，而根据心理归因理论，外部风险感知、价值感知、障碍感知等感知因素是个体对事物的内在主观认识和评价，属于心理意识的范畴，换言之，知识扩散在塑造和改善农户感知能力方面能够发挥重要作用。外部风险感知和生态服务价值认知均可对组织信任产生显著积极影响，表明主体越能感知和认同事物价值时，信任则越强烈。可能的原因是，信任是一种稳定的信念，是依赖关系的表现；感知认知水平提高，自身认同感增强，行为主体更愿意相信组织（翟坤等，2021）。此外，组织信任对农户绿肥种植意愿具有积极影响，其原因是，信任可以提高彼此之间的关系承诺、降低信息不对称性、加强合作，进而提高种植意愿（田红宇等，2022）。

研究还发现，障碍感知对农户绿肥种植意愿产生了正向影响。这是因为，障碍感知是农户自我效能的体现，其本质是农户对自身健康状况、时间保障、家庭务农劳动力和资金投入等控制和使用能力的主观认识；若农户认识到自己在上述方面不存在任何障碍或者障碍较低，则其感知到的采纳特定亲环境行为的能力越强，从而意愿也越强（畅倩等，2021）。

根据原结构模型，知识扩散不仅通过外部风险感知与组织信任、生态服务价值认知与组织信任、障碍感知间接影响农户绿肥种植意愿，还可能对意愿产生直接影响。由图 5-4 可知，知识扩散与农户绿肥种植意愿具有正向弱相关关系，验证了知识扩散对农户绿肥种植意愿具有显著积极的影响这一假设。这表明，知识扩散会在一定程度上提升农户绿肥种植意愿，即知识扩散水平越高，对农户意愿的强化作用越强。这一点已被前期研究所证实（郑阳阳等，2020）。其给出的解释是，农户在参加知识扩散活动时,与他人交流心得和生产经验等成为一种常态,在这种交互过程中往往会产生"从众效应",即态度和意愿会相互影响、彼此强化,进而对农户决策产生影响(石洪景,2014)。

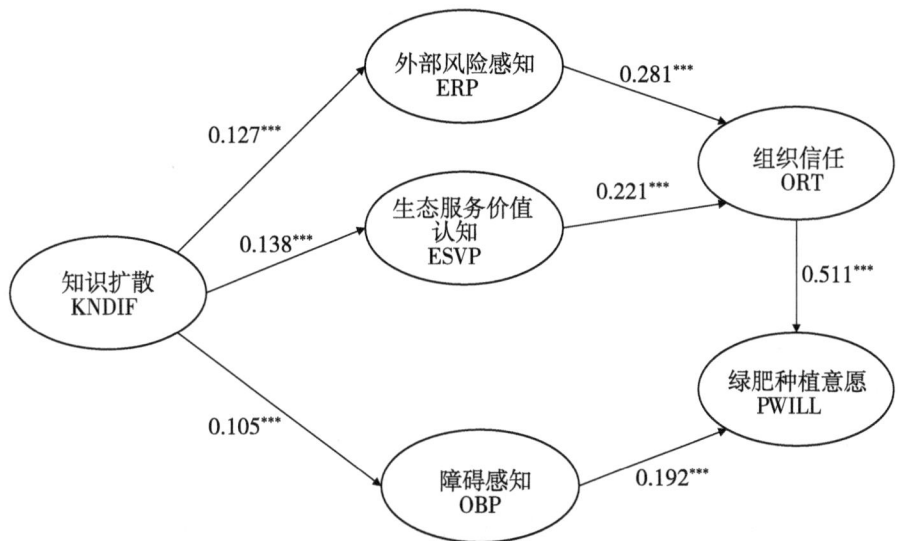

图 5-3　知识扩散影响农户绿肥种植意愿的完全中介效应结构模型结果

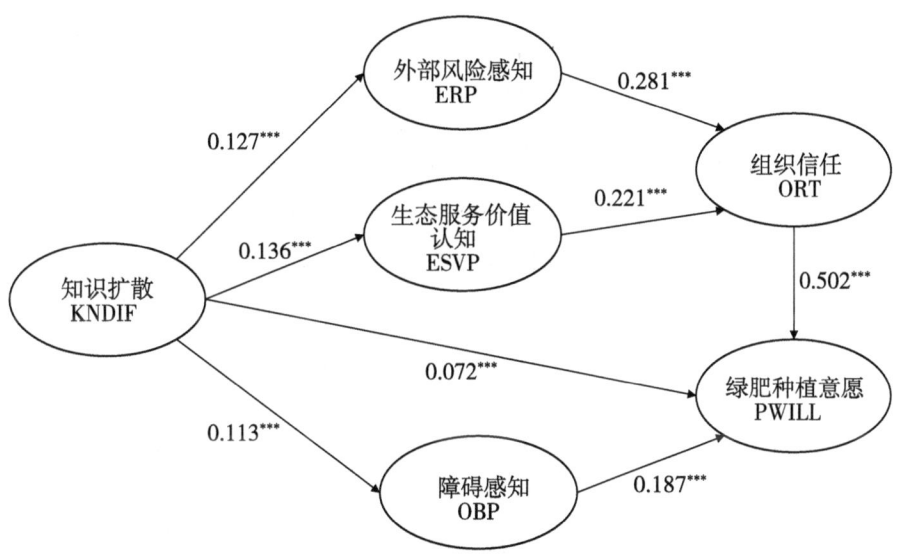

图 5-4　知识扩散影响农户绿肥种植意愿的部分中介效应结构模型结果

表 5-11　知识扩散影响农户绿肥种植意愿的路径系数结果

作用路径	路径系数	标准差	T 统计量	P
ERP→ORT	0.281	0.031	9.129	0

（续表）

作用路径	路径系数	标准差	T统计量	P
KNDIF→ERP	0.127	0.033	3.882	0
KNDIF→ESVP	0.136	0.036	3.761	0
KNDIF→PWILL	0.072	0.025	2.862	0.004
KNDIF→OBP	0.113	0.036	3.134	0.002
ESVP→ORT	0.221	0.031	7.117	0
ORT→PWILL	0.502	0.035	14.335	0
OBP→PWILL	0.187	0.030	6.155	0

（2）知识扩散影响的路径分析

本研究采用Bootstrap方法进行中介效应检验。运用Bootstrap生成的偏差校正置信区间和百分位置信区间方法，取效应参数分布第2.5百分位数与第97.5百分位数数值为上下界，检查95% CI是否包含0；若区间不包含0，表明中介效应显著，否则不显著。表5-12是知识扩散影响农户绿肥种植意愿的三条路径分析结果。可见，外部风险感知→组织信任→种植意愿，95%置信区间从0.106到0.170和生态价值感知→组织信任→种植意愿，95%置信区间从0.082到0.155的间接效应显著均为正，验证了组织信任在外部风险感知、生态服务价值认知与绿肥种植意愿之间发挥中介作用这一假设。知识扩散→外部风险感知→组织信任→种植意愿的间接效应显著为正，因此，知识扩散对农户绿肥种植意愿的作用可以通过提高外部风险感知水平和增加组织信任进行传导，验证了外部风险感知、组织信任在知识扩散对绿肥种植意愿的影响中存在链式中介作用这一假设。其内在逻辑可表述为，知识扩散会使农户获取更多系统性的技术知识等信息，有助于提高农户对过度施用化肥会带来一系列危害的认识水平，进而增强农户对周围合作社、农业企业等产业组织和政府推广绿肥的信任程度，激励农户绿肥种植意向。知识扩散→生态价值感知→组织信任→种植意愿的间接效应显著为正，即知识扩散通过提高生态价值感知和组织信任显著促进农户意愿，验证了生态服务价值认知、组织信任在知识扩散对绿肥种植意愿的影响中存在链式中介作用这一假设。其内在逻辑为，知识扩散可以打破农户信息壁垒，获取更多有关绿肥种植、经营管理等方面的知识技术信息，以增强农户对绿肥生态服务价值感知水平，增加农户认同感，进而提高对新型经营主体和政府的信任水平，促进农户绿肥种植积极性。知识扩散→障碍感知→种植意愿的间接效应显著为正，说明知识扩散通过强化农户障碍感知显著促进农户绿肥种植意愿，验证了障碍感知在知识扩散与绿肥种植意愿之间发挥中介作用这一假设。可能的解释是，知识扩散可以加快信息共享，使农户可以更清晰地评估自身及家庭种植绿肥，当农户感知约束能力较弱时其意愿越强。

表 5-12 知识扩散影响农户意愿的直接效应、间接效应和总效应

作用路径	效应值	Boot SE	T	P	偏倚修正（95% CI）		百分比（95% CI）	
					低	高	低	高
特定间接效应：								
ERP→ORT→PWILL	0.140	0.016	8.568	0.000	0.106	0.170	0.108	0.173
ESVP→ORT→PWILL	0.110	0.018	6.318	0.000	0.082	0.155	0.080	0.157
KNDIF→ERP→ORT→PWILL	0.018	0.005	3.581	0.000	0.009	0.028	0.008	0.027
KNDIF→ESVP→ORT→PWILL	0.015	0.004	3.374	0.001	0.008	0.025	0.006	0.025
KNDIF→OBP→PWILL	0.021	0.008	2.779	0.006	0.008	0.038	0.008	0.038
总间接效应：KNDIF→PWILL	0.054	0.011	4.916	0.000	0.035	0.078	0.033	0.078
直接效应：KNDIF→PWILL	0.072	0.026	2.765	0.006	0.022	0.124	0.018	0.125
总效应：KNDIF→PWILL	0.126	0.027	4.646	0.000	0.072	0.177	0.072	0.177

5.2.3.3 进一步从农户禀赋视角挖掘知识扩散的驱动因素

前文研究表明，知识扩散既可以直接促进农户绿肥种植意愿，又能通过多条路径间接地对农户意愿产生显著正向影响。可见，强化知识扩散是持续提高农户绿肥种植意愿的有效措施。那么，农户参与知识扩散活动会受到哪些因素的影响？本部分将进一步分析异质性农户禀赋对知识扩散的影响。借鉴黄晓慧等（2020）、汪文雄等（2020）研究，选取健康状况、受教育程度和兼业情况为人力资本禀赋，是否加入合作社、是否为共产党员为社会资本禀赋，农户经营规模、耕地细碎化程度为自然资本禀赋，家庭农用机械数量为物质资本禀赋，家庭收入水平为经济资本禀赋。

由表 5-13 可知，农户参加专业合作社在 1% 水平上对知识扩散产生正向影响。从边际效应来看，在其他因素不变的情况下，参与合作社会显著降低农户不参与知识扩散活动的概率，而使参与两种知识扩散活动的概率提高 10.23%。这在一定程度上反映出农户作为合作社社员享有合作社提供的制度安排服务，可以获取更多参与绿肥技术培训和宣传的机会。务农经验在 5% 水平上对知识扩散产生正向影响，表明农户务农经验越丰富，越可能参与绿肥相关的知识扩散活动。根据边际效应，务农经验提升 1%，会使农户不参与知识扩散活动的概率降低 3.17%，使参与两种知识扩散活动的概率提高 3.14%。可能的解释是，务农年限较长，意味着农户更加专注于农业生产。同时，也更加了解绿肥文化和熟悉绿肥在减肥增效和促进增收方面的价值，因此在有条件的情况下更愿意参与绿肥知识扩散活动。教育程度在 1%

水平上对知识扩散具有正向显著影响，表明农户受教育程度越高，越可能参与知识扩散。受教育程度每提升1%，农户不参与知识扩散活动的概率降低8.98%，参与两种知识扩散活动的概率提高8.90%。这是由于农户受教育程度越高，学习能力越强，对农业培训宣传重要性的认识会更深刻，因而参加农业知识扩散活动的可能性也越大（马艳艳等，2018）。家庭收入在10%水平上对知识扩散产生正向显著影响；家庭收入每提高1%，农户不参与知识扩散活动的概率降低3.65%，参与两种知识扩散活动的概率提高3.61%。主要原因是，家庭收入是农户经济资本的重要体现，反映了农户对农业生产投入的能力，只有以经济资本作为保障，农户才具备绿肥种植的基础动机，进而可能参加知识素养强化活动。耕地面积对知识扩散产生显著的"U"形作用，原因在于，小规模农户通过"搭便车"享受到合作社、企业等新型经营主体技术外溢效应的福利，但随着种植规模的扩大，其承担更多的成本投入风险，为稳定产出和收益，会对存在风险的农作制度变迁持更加审慎的态度，这会抑制农户参与相关知识扩散活动。然而，伴随种植面积的进一步增加，意味着种植绿肥的更可能是种植大户等新型经营主体，他们通常会得到政府农业推广政策的支持（杨程方等，2021）。此外，身体状况在1%水平上对农户知识扩散产生正向影响，表明农户身体状况越好，越可能有自主能力和精力投入参与知识扩散。

表 5-13 回归结果及其边际效应

变量	系数	知识扩散程度（边际效应）		
		未参与	参与1种	参与2种
水稻种植意愿	0.021 5 (0.068 6)	−0.004 5 (0.014 4)	0.000 04 (0.000 2)	0.004 5 (0.014 2)
参加合作社	0.492 3*** (0.176 3)	−0.103 2*** (0.036 7)	0.000 9 (0.002 9)	0.102 3*** (0.036 1)
农用生产性机械数量	0.129 0 (0.096 7)	−0.027 0 (0.020 2)	0.000 2 (0.000 8)	0.026 8 (0.020 0)
使用智能手机	0.164 5 (0.185 9)	−0.034 5 (0.038 9)	0.000 3 (0.001 0)	0.034 2 (0.038 6)
兼业情况	0.178 8 (0.136 4)	−0.037 5 (0.028 5)	0.000 3 (0.001 1)	0.037 1 (0.028 3)
党员	0.184 4 (0.180 8)	−0.038 7 (0.037 9)	0.000 3 (0.001 1)	0.038 3 (0.037 4)
务农经验	0.151 3** (0.071 7)	−0.031 7** (0.015 0)	0.000 3 (0.000 9)	0.031 4** (0.014 8)
受教育程度	0.428 2*** (0.089 1)	−0.089 8*** (0.018 1)	0.000 8 (0.002 5)	0.089 0*** (0.018 0)
家庭收入水平	0.173 9* (0.095 6)	−0.036 5* (0.019 9)	0.000 3 (0.001 0)	0.036 1* (0.019 8)

(续表)

变量	系数	知识扩散程度（边际效应）		
		未参与	参与1种	参与2种
耕地面积	-0.002 5** (0.001 2)	0.000 5** (0.000 3)	-4.65E-06 (0.000 01)	-0.000 5** (0.000 2)
耕地面积平方	2.75E-06** (1.34E-06)	-5.77E-07** (2.80E-07)	5.11E-09 (1.63E-08)	5.72E-07** (2.76E-07)
土地细碎化程度	0.001 7 (0.001 0)	-0.000 3 (0.000 2)	3.06E-06 (9.81E-06)	0.000 3 (0.000 2)
身体状况	0.252 7*** (0.072 4)	-0.053 0*** (0.014 9)	0.000 5 (0.001 5)	0.052 5*** (0.014 9)
年龄	-0.004 4 (0.009 3)	0.000 9 (0.001 9)	-8.08E-06 (0.000 03)	-0.000 9 (0.001 9)

注：土地细碎化程度即平均地块面积是由种植面积与块数之比来测度，下同。***、**、*分别表示1%、5%、10%的显著性水平。

5.2.3.4 稳健性检验

为了验证结果的稳健性，将样本农户年龄大于65岁的样本量删除，再次进行实证分析，结果见图5-5和表5-14。结果表明，知识扩散对农户绿肥种植意愿具有显著正向影响，农户外部风险感知与组织信任、生态服务价值感知与组织信任均在知识扩散与农户绿肥种植意愿中具有链式中介作用，知识扩散对农户绿肥种植意愿的影响也通过农户障碍感知进行传导。此外，农户参加合作社、务农经验、受教育程度、身体健康状况等因素均对农户知识扩散具有显著正向影响，且能够降低农户不参与知识扩散的概率，提高参与两种知识扩散的概率，见表5-15。此结果与以上实证结果较一致，由此表明，本研究结果具有良好的稳健性。

表5-14 作用路径的稳健性检验

作用路径	效应值	Boot SE	T	P	偏倚修正（95% CI）		百分比（95% CI）	
					低	高	低	高
特定间接效应：								
ERP→ORT→PWILL	0.126	0.016	7.803	0.000	0.093	0.155	0.098	0.166
ESVP→ORT→PWILL	0.100	0.018	5.445	0.000	0.070	0.141	0.063	0.135
KNDIF→ERP→ORT→PWILL	0.016	0.005	3.155	0.002	0.007	0.027	0.006	0.026
KNDIF→ESVP→ORT→PWILL	0.014	0.005	3.040	0.002	0.006	0.024	0.007	0.025
KNDIF→OBP→PWILL	0.021	0.010	2.041	0.042	0.001	0.042	0.002	0.043

(续表)

作用路径	效应值	Boot SE	T	P	偏倚修正（95% CI）		百分比（95% CI）	
					低	高	低	高
总间接效应：KNDIF→PWILL	0.051	0.012	4.112	0.000	0.022	0.074	0.028	0.077
直接效应：KNDIF→PWILL	0.078	0.030	2.554	0.011	0.025	0.139	0.022	0.137
总效应：KNDIF→PWILL	0.051	0.012	4.112	0.000	0.022	0.074	0.028	0.077

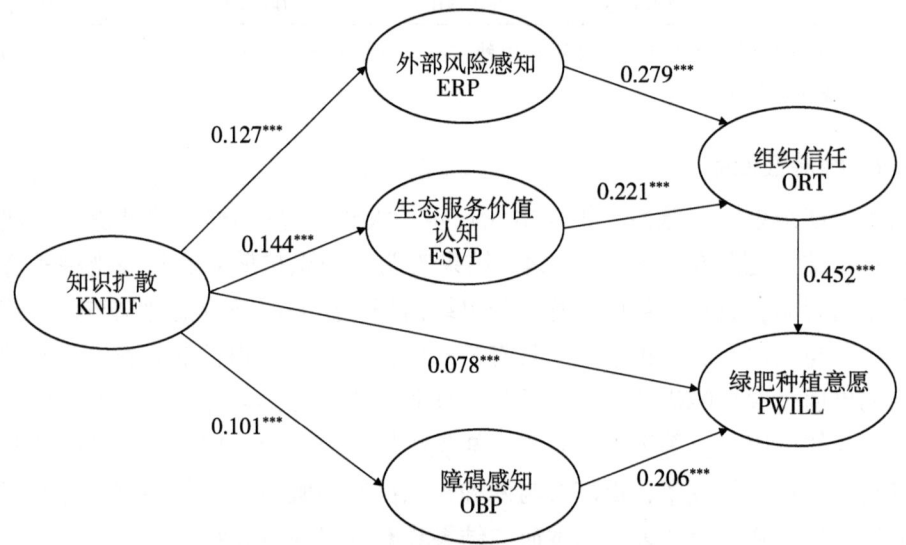

图 5-5 结构方程模型的稳健性检验

表 5-15 回归结果及其边际效应的稳健性

变量	系数	知识扩散程度（边际效应）		
		未参与	参与一种	参与两种
水稻种植意愿	0.020 7 (0.074 8)	-0.004 2 (0.015 3)	-0.000 03 (0.000 9)	0.004 5 (0.016 2)
参加合作社	0.502 3*** (0.186 4)	-0.102 9*** (0.037 9)	-0.006 1 (0.003 8)	0.109 0*** (0.039 8)
农用生产性机械数量	0.141 8 (0.104 3)	-0.029 0 (0.021 3)	-0.001 7 (0.001 6)	0.030 8 (0.022 6)
使用智能手机	0.119 3 (0.211 1)	-0.024 4 (0.043 2)	-0.001 5 (0.002 7)	0.025 9 (0.045 8)

(续表)

变量	系数	知识扩散程度（边际效应）		
		未参与	参与一种	参与两种
兼业情况	0.099 0 (0.143 2)	-0.020 3 (0.029 3)	-0.001 2 (0.001 9)	0.021 5 (0.031 0)
党员	0.177 3 (0.195 8)	-0.036 3 (0.040 1)	-0.002 2 (0.002 6)	0.038 5 (0.042 4)
务农经验	0.172 9** (0.075 4)	-0.035 4** (0.015 3)	-0.002 1 (0.001 4)	0.037 5** (0.016 2)
受教育程度	0.374 3*** (0.097 2)	-0.076 7*** (0.019 4)	-0.004 6* (0.002 7)	0.081 2*** (0.020 6)
家庭收入水平	0.233 4** (0.108 5)	-0.047 8** (0.022 0)	-0.002 8 (0.002 0)	0.050 7** (0.023 4)
耕地面积	-0.002 7** (0.001 2)	0.000 5** (0.000 3)	0.000 03 (0.000 02)	-0.000 6** (0.000 3)
耕地面积平方	2.75E-06** (1.36E-06)	-5.63E-07** (2.77E-07)	-3.35E-08 (2.34E-08)	5.97E-07** (2.93E-07)
土地细碎化程度	0.001 9* (0.001 1)	-0.000 4* (0.000 2)	-0.000 02 (0.000 02)	0.000 4* (0.000 2)
身体状况	0.279 0*** (0.080 1)	-0.057 1*** (0.016 0)	-0.003 4 (0.002 1)	0.060 5*** (0.017 1)
年龄	-0.003 2 (0.011 4)	0.000 7 (0.002 3)	0.000 04 (0.000 1)	-0.000 7 (0.002 5)

5.2.4 结论与建议

本研究探讨了知识扩散对农户绿肥种植意愿的影响及作用路径，并进一步从农户禀赋视角分析影响知识扩散的主要因素。结果表明：知识扩散对农户绿肥种植意愿具有显著正向的直接影响；农户外部风险感知积极影响组织信任，外部风险感知和组织信任在知识扩散与农户绿肥种植意愿中发挥链式中介作用；农户生态服务价值感知对组织信任具有积极影响，生态服务价值感知和组织信任在知识扩散与农户绿肥种植意愿中亦发挥链式中介作用；农户障碍感知在知识扩散与农户绿肥种植意愿中具有中介作用。此外，参加合作社、务农经验、受教育程度、家庭收入、身体健康状况均对农户参加知识扩散活动具有显著的正向影响。

基于以上研究结论，提出以下三点政策建议。

一是开展系统性宣讲培训活动，增强农户绿肥种植意愿。应健全基层技术推广体系,通过建立农技推广服务工作站、科技服务工作站、院士工作站、示范基地等,不断创新知识扩散渠道,做好农业科技推广"最后一公里"工作。尤其针对新冠疫情常态化防控新形势,可实行线上线下多元化宣讲和培训活动。例如,开展"绿肥"农技服务下乡活动、绿肥推广示范相关政策解读、绿肥生产现场观摩会,以及依托"快手""抖音"等智能终端 APP 媒介进行绿肥技术宣传,增强农户对绿肥品种、功效、用途及政策支持等的系统化了解,提高农户外部风险感知和绿肥生态价值认知。

二是提高农户组织信任,发挥新型经营主体引领作用。从生产投入要素、农产品产销方式等方面不断创新利益联结模式,提高农户组织化程度,发挥合作社、企业等新型经营主体的绿肥种植示范带动作用;进一步推动农户与新型经营主体有机衔接,通过加入合作社或与合作社、农业企业签订生产、服务、销售订单等协作方式,增加双方在播种前、经营管理和后茬管理等农业全产业链环节交流合作,强化农户对产业组织的信任水平,以更好地发挥产业组织在绿肥推广中的引领作用。

三是改善农户禀赋条件,增强知识扩散活动参与积极性。立足农户受教育程度、务农经验和家庭收入水平等情况的差异性,结合各自的现实需求和主要瓶颈,分层瞄准不同类型农户,制定差异化、个性化知识扩散方案,提供更具针对性、精准化的宣传和培训内容。优先引导家庭农业收入占比较大的农户参与绿肥宣传培训,合理制定促进农户参与知识扩散活动的经济激励方案,如为参与的农户发放误工补贴等。

5.3 结论

本章重点关注的问题是哪些因素制约了农户绿肥种植意愿的产生,主要是以社会生态系统(SES)和知识扩散两个解析框架为基础进行农户绿肥种植意愿影响因素和影响机理的揭示。主要结论如下。

第一,农户禀赋方面的受教育程度、健康状况、是否是村干部,微观环境方面的政府形象评价以及宏观规则方面的生态补偿标准满意度、生态补偿方式满意度和技术培训均对农户绿肥种植意愿具有显著的正向作用;而农户禀赋方面的兼业经营和微观环境方面的政府监管情况评价两个变量对农户绿肥种植意愿具有负向显著影响。因此,破除农户禀赋约束、树立政府良好形象、建立适度的政府监管制度、推进生态补偿是促进农户绿肥种植意愿产生的关键。

第二,知识扩散对农户绿肥种植意愿具有显著正向的直接影响;农户外部风险感知积极影响组织信任,外部风险感知和组织信任在知识扩散与农户绿肥种植意愿中发挥链式中介作用;农户生态服务价值感知对组织信任具有积极影响,生态服务价值感知和组织信任在知识扩散与农户绿肥种植意愿中亦发挥链式中介作用；农户障碍感知在知识扩散与农户绿肥种植意愿中具有中介作用。因此，应该积极开展系统性绿肥宣讲培训活动，同时注重提高农户组织信任，削弱农户感知障碍，提升农户生态认知、风险认知，进而增强农户绿肥种植意愿。

第 6 章

农户绿肥种植意愿向行为的转化研究

本章将在上一章农户意愿研究的基础上，继续探讨农户意愿产生后如何进一步转化为实际行为的问题。意愿—行为转化有赖于对行为主体—农户的原始行为动机进行挖掘。已有研究关注了内部经济动机范畴的家庭效用水平（双琰等，2019）、收益期望（张海霞等，2020），内部非经济动机范畴的自我效能和反应效能（张娇等，2019），外部经济动机范畴的政府激励因素（贺京同等，2007）以及外部非经济动机范畴的社会规范（马凤才等，2012）等因素对个体行为持久性的影响，并都在一定程度上揭示了意愿—行为转化机制。但这些研究也存在以下两点不足，一是多数研究仅关注到个体行为动力的某一主要方面，忽视了意愿—行为转化机制的整体性和系统性，即没有统筹兼顾多因素的影响；二是普遍存在把属于不同层次、不同理论范畴的因素强制纳入统一研究框架的问题，导致研究过程割裂、研究结论可信度低。

随着农户行为研究的深入，近年来越来越多的学者开始关注农户心理因素在意愿—行为转化中的重要作用。例如，De Leeuw et al.（2015）发现农民的社会心理因素能够更有效地解释其亲环境意愿与行为的关系；Ghanian et al.（2020）探究了农民心理因素对促进气候适应意愿向行为转化的影响过程；Hyland et al.（2018）则通过建立基于心理学模型揭示了农民最佳管理放牧方式采纳意愿向实际行为的转化机制。国内方面，侯英等（2014）研究了心理因素对农户金融合作意愿与行为关系的影响；而侯博等（2015）则从心理学的角度探索了分散农户低碳生产意愿与行为决策的关系。基于心理学的 TPB 框架是目前分析农户意愿—行为关系及其转化问题最常用、最有效的研究范式之一（Greaves et al.，2013）。TPB 框架有三个优点：一是将农户态度、主观规范和感知行为控制等方面的因素纳入统一的心理学框架进行分析，克服了以往研究在指标层次方面的不足；二是 TPB 框架基础构件少，利用结构方程易于运算；三是相比其他研究范式，TPB 对农户意愿—行为关系及其转化逻辑具有更强的可预测性和更高的预测精度。基于以上考虑，最终决定采用 TPB 框架对农户绿肥种植的意愿与行为及其转化过程进行研究。

6.1 理论分析框架

根据 TPB 的原理，农户绿肥种植意愿越强烈，就越可能转化为实际行为。行为意愿受到行为态度、主观规范和感知行为控制的直接影响，而实际行为又受到行为意愿的直接影响。

行为态度是行为主体对执行某一特定行为所保持的积极或消极的态度。农户对种植绿肥的态度可以通过对种植绿肥所产生的预期效益来解释。这种预期效益既包括经济方面的效益，也包括生态效益。具体而言，应考虑提高农业收入的稳定性、改善食物生产的可持续性以及减少农业生产对环境的不利影响等方面。当农户预期种植绿肥的效益越高，农户越可能持有积极的态度，否则就会持消极态度。

主观规范指主体对外部社会压力对自身采取某项特定行为的影响认知。作为社会人，农户的行为决策会不可避免地受到外界的影响或干扰，这种影响或干扰可能来自亲朋邻里、村委会、地方政府等方面。在绿肥推广中，村集体内部农户间的绿肥种植决策彼此影响，农户的行为也往往会和政府政策保持一致。因此，在研究农户绿肥种植的主管规范时，至少应考虑农户与亲朋好友以及政府之间的行为一致性。理论上，农户感受到外界压力越高，其种植绿肥的意愿也会越强。

感知行为控制指主体过去的经验和预期对采取某项特定行为的影响，主要包括控制信念和感知强度两个方面的认知。一般来说，控制信念是指个体对自身能力约束的认知，而感知强度则主要指对预期结果控制的认知。在本研究中，对农户绿肥种植的感知行为控制，应考虑农户对自身务农经验、文化水平、身体条件、家庭劳动力和家庭资金充裕度以及种植绿肥预期效果的认知等。理论上，农户对种植绿肥的感知行为控制越强，其意愿和实际行动中的积极程度也越高。

随着近年来行为经济学的发展，计划行为理论在解释"非理性"行为的不足逐渐得到较多学者的重视（Conner et al., 1998），对其进一步深化和拓宽已成为理论发展的必然趋势。大量研究表明，政府政策因素对农户亲环境的决策行为具有积极的影响（Daxini et al., 2018; Khan et al., 2015）。绿肥种植行为具有典型的正向外部性特征，因此政府激励政策对促进农民参与应该具有积极影响。鉴于此，本章将政府生态补偿激励政策（EC）引入传统的 TPB 框架来对其进行拓展和完善，以期更加全面的评估心理学因素对农户绿肥种植决策行为的影响。拓展的 TPB 模型如图 6-1 所示。

6.2 研究假设的提出

H1：积极的态度对农户绿肥种植意愿具有正向影响。

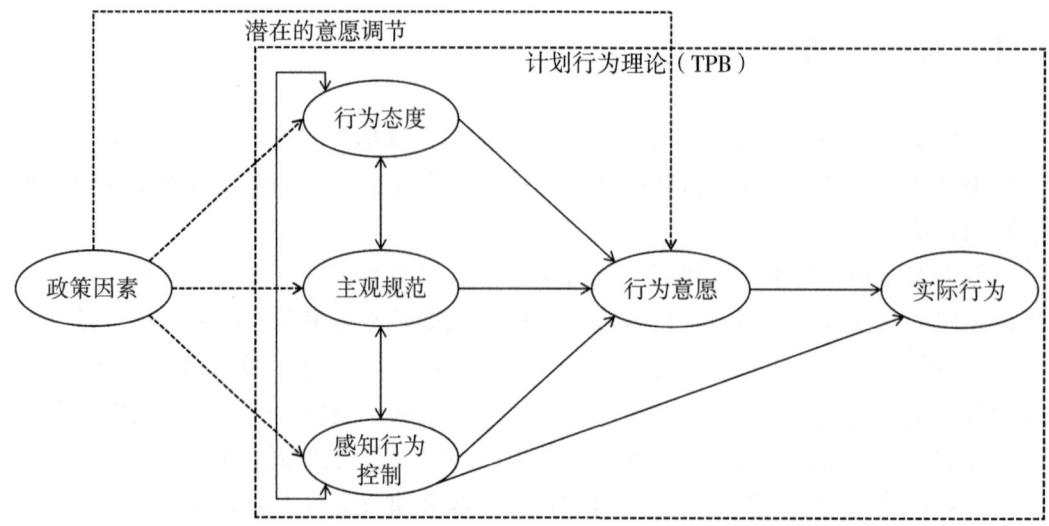

图 6-1 拓展的 TPB 视角下的农户绿肥种植意愿—行为转化过程

注：实线箭头表示显著影响，虚线箭头表示待检验的调节效应。

H2：主观规范对农户绿肥种植意愿具有正向影响。

H3：感知行为控制对农户绿肥种植意愿具有正向影响。

H4：农户绿肥种植的意愿越强，产生绿肥种植行为的可能性越大。

H5：生态补偿政策对农户的行为态度、主观规范和感知行为控制均有显著正向影响。

H6：生态补偿政策通过调节各因素对意愿的影响，显著提高了意愿转化为行为的可能性。

6.3 变量定义

根据扩展的 TPB，行为态度、主观规范和感知行为控制均为无法被直接观测的潜变量。这些潜变量须由特定的几个可观测变量来反映，而每个可观测变量则必须由农民对特定问题的回答来揭示。所有问题的答案都被设置成了李克特五级量表的形式。在调查中，农民被要求对被问及的问题根据自身认知程度选择答案，例如，对行为态度方面的陈述"我支持采取措施可持续地提高农业收入"设置了"非常不同意"（1）至"非常同意"（5）的选项；对行为意愿方面的陈述"接受绿肥种植技术培训的意愿"设置了"非常弱"（1）至"非常强"（5）的选项；对实际行为方面的陈述"参与强度：一个种植周期内参与绿肥管理的工作日"设置了"1 级"至"5 级"的选项。表 6-1 给出了潜变量的具体测度方法。

表 6-1 量表设计

潜变量	可观测变量	问题描述	选项
行为态度 AT	AT1	我支持采取措施可持续地提高农业收入	"非常不同意"至"非常同意"
	AT2	我支持采取措施减少农业生产对环境的影响	
	AT3	我支持采取措施提高粮食生产的稳定性	
主观规范 SN	SN1	周围亲邻的观点能够影响我的绿肥种植决策	"非常不同意"至"非常同意"
	SN2	来自公共媒体的信息能够影响我的绿肥种植决策	
	SN3	政府的推荐或压力能够影响我的绿肥种植决策	
感知行为控制 PBC	PBC1	我的务农经验使我有能力种植绿肥	"非常不同意"至"非常同意"
	PBC2	我的受教育程度使我有能力种植绿肥	
	PBC3	我的身体状况使我有能力种植绿肥	
	PBC4	我的家庭有足够的劳动力来开展种植绿肥	
	PBC5	我的家庭有充足的资金来开展种植绿肥	
	PBC6	如果种植绿肥能够有效改善土壤质量,我将更有动力参与	
行为意愿 BI	BI1	接受绿肥种植技术培训的意愿	"非常弱"至"非常强"
	BI2	接受绿肥政策学习的意愿	
	BI3	生产绿肥产品的意愿	
实际行为 AB	AB1	参与强度[1]:一个种植周期内参与绿肥管理的工作日	"1级"至"5级"
	AB2	参与深度[2]:家庭绿肥种植面积/家庭耕地面积	

注:如果农户没有种植绿肥(工作日为0),则参与强度定义为1级;同样,当绿肥种植涉及的工作日分别为1~5、6~10、11~15和15以上时,分别为2~5级。当比例为0时,定义参与深度为1级;同样,当比例为1%~30%、30%~60%、60%~90%和≥90%时,参与深度分别为2~5级。

6.4 研究方法

6.4.1 信效度检验和探索性因子分析(EFA)

为了检验问卷的稳定性和可靠性,本研究采用克伦巴赫α系数(Cronbach's α),运用SPSS 20.0软件对样本进行信度检验。信度是指测量结果的一致性和稳定性,测量误差越大,测量信度越低(Ajzen,2002)。效度是指测量的正确性,测量的效度越高,测量结果越能反映被测内容的真实特征。一般来讲,当Cronbach's α大于0.6时,可认为数据有良好的内部一致性。随后,分别采用Kaiser-Meyer-Olkin(KOM)和Bartlett's test的测量参数进行探索性因子分析(EFA),检验因子的可分解性和适用性。

6.4.2 PLS-SEM 模型

本研究采用 PLS-SEM 模型进行理论建模和结果分析。研究方法已在第 5 章 5.2.2 研究方法与变量设计部分详细介绍，这里不再赘述。选取 3 大类共 11 个指标进行模型适用性评价，评价结果如表 6-2 所示。可以看出，各项指标均优于推荐水平。因此，调查数据适合用这个模型来分析。

表 6-2 SEM 模型的拟合优度指标

指标类型	指标名称	推荐值	估计值	拟合优度判定
绝对适配指标	χ^2/df	<2	1.332	适合
	RMR	<0.05	0.025	适合
	RMSEA	<0.05	0.037	适合
	GFI	>0.9	0.912	适合
	AGFI	>0.9	0.964	适合
增量适配指标	NFI	>0.9	0.988	适合
	IFI	>0.9	0.925	适合
	TLI	>0.9	0.920	适合
	CFI	>0.9	0.979	适合
简约适配指标	PNFI	>0.5	0.811	适合
	PGFI	>0.5	0.596	适合

6.4.3 多层递阶回归

根据陈红玉等（2008），多层递阶预测模型为：

$$Y(k) = \sum_{i=1}^{m} \beta_i(k) X_i(k) + e(k) \qquad (6-1)$$

其中，$Y(k)$ 为因变量序列，$X_i(k)$ 为自变量序列，$\beta_i(k)$ 为时变参数，m 为因子个数，k 为样本长度，$e(k)$ 为零均值白噪声。

在相同情况下，多元线性回归分析模型为：

$$Y(k) = \alpha_0 + \sum_{i=1}^{m} \alpha_i(k) X_i(k) + e(k) \qquad (6-2)$$

其中，α_0，α_1，α_2，……，α_m 为非时变的回归系数。

多层递阶回归分析的基本数学模型为：

$$Y(k) = \sum_{i}^{m} \alpha_i \beta'_i(k) X_i(k) + e(k) \qquad (6-3)$$

其中，$\beta'_i(k)$ 为系统时变参数，且 $\beta'_i(k) \neq \beta_i(k)$。

采用两步层次回归检验生态补偿政策的调节作用。在回归前，对每个变量进行标准化，取其中所有可观测变量的均值。分层回归过程如下：第一步是对行为意愿进行回归，包括主要效应（行为态度、主观规范、感知行为控制、生态补偿政策），然后加入交互项（行为态度×生态补偿政策、主观规范×生态补偿政策、感知行为控制×生态补偿政策）；第二步对实际行为进行回归，加入主效应（行为态度、主观规范、感知行为控制、行为意愿、生态补偿政策）和交互项（行为意愿×生态补偿政策）。

6.5 实证分析

6.5.1 样本信息描述

从表6-3可以看出，受访者多为男性；已种植绿肥的受访者平均年龄与未种植绿肥的受访者的平均年龄差别不大，但已种植绿肥的受访者受教育程度高于未种植绿肥受访者。同样，已种植绿肥的受访者的健康程度均值为3.878，而未种植受访者的健康程度均值为3.330，说明身体健康状况可能是影响农户行为的一个潜在因素；已种植绿肥的农户耕地面积大于未种植农户，但前者的家庭农业劳动力数量却少于后者；已种植绿肥与未种植绿肥农户最明显的差异在于家庭农业收入，前者比后者高43.4%。t 检验结果显示，已种植绿肥的农户与未种植的农户在性别、年龄、村干部身份、耕地面积等方面没有显著差异。因此，本部分在选择自变量时没有这几个指标。从表6-4可以看出，70.2%的受访农户有种植绿肥的意愿，33.6%的农户在当年实施了绿肥种植。

表6-3 样本的人口和社会经济信息

指标	已种农户均值	未种农户均值	t
性别（男=0；女=1）	0.253	0.244	0.838
年龄（岁）	54.052	54.456	0.625
受教育程度（文盲=1；小学=2；初中=3；高中或中专=4；大专及以上=5）	2.671	2.475	0.417**
健康状况（很差=1；较差=2；一般=3；较健康=4；很健康=5）	3.878	3.330	0.195**
村干部（0=否；1=是）	0.144	0.105	0.364

(续表)

指标	已种农户均值	未种农户均值	t
耕地面积（5亩以下=1；5~10亩=2；10~15亩=3；15~20亩=4；20亩及以上=5）	1.721	1.473	0.692
家庭农业劳动力（人）	3.393	3.513	0.817*
家庭农业收入（万元）	7.846	5.472	0.956***

注：***、**和*分别表示1%、5%和10%的显著性水平。

表6-4 农户的意愿和行为统计分析

描述	均值	标准差
您是否愿意种植绿肥？	0.702	0.645
我愿意接受绿肥种植技术培训	3.431	0.872
我愿意学习与绿肥相关的政策	3.505	1.099
我愿意生产绿肥产品	3.017	0.915
您是否已经种植了绿肥？	0.336	0.507
参与强度（天）	2.309	0.828
参与深度（%）	3.658	0.714

6.5.2 探索性因子分析结果

探索性因子分析的结果见表6-5。可见，每个潜变量的Cronbach's α 都大于0.7，每个可观测变量的标准因子载荷也都大于0.7，说明每个潜变量都可以被各自对应的可观测变量所解释。同时，整个模型的Cronbach's α 为0.724，说明本研究所选指标足够可靠，可用于分析。另外，$KMO=0.851$，Bartlett's test 的 p 值为0.000，验证了探索性因子分析的适用性。

表6-5 探索性因子分析结果

潜变量	可观测变量	均值	标准差	标准因子载荷	Cronbach's α
行为态度 AT	AT1	3.55	0.882	0.903	
	AT2	3.87	0.937	0.856	0.715
	AT3	3.96	0.915	0.785	
主观规范 SN	SN1	3.72	0.997	0.702	
	SN2	3.59	1.130	0.794	0.859
	SN3	3.85	1.029	0.769	

（续表）

潜变量	可观测变量	均值	标准差	标准因子载荷	Cronbach's α
感知行为控制 PBC	PBC1	3.02	1.072	0.732	0.762
	PBC2	2.87	0.725	0.804	
	PBC3	3.90	0.896	0.695	
	PBC4	1.58	1.257	0.796	
	PBC5	3.09	1.055	0.828	
	PBC6	3.54	0.912	0.743	
行为意愿 BI	BI1	3.29	0.997	0.905	0.803
	BI2	2.76	1.065	0.796	
	BI3	3.91	1.122	0.917	
实际行为 AB	AB1	2.52	0.458	0.633	0.706
	AB2	2.64	1.076	0.775	
Overall Cronbach's α value				0.724	
Kaiser-Meyer-Olkin				0.851	
Bartlett test of sphericity				0.000	

6.5.3 模型分析

6.5.3.1 多层递阶回归结果

表6-6为多层递阶回归的结果。回归结果显示，生态补偿政策与行为态度的交互项对行为意愿有显著的正向影响（0.169，$p<0.1$），说明EC可以调节AT-BI的通路。同样，生态补偿政策与感知行为控制的交互项对行为意愿也具有显著的正向影响（0.253，$p<0.01$），说明EC也可以调节PBC-BI的通路。而生态补偿政策与主观规范的交互项对行为意愿的影响不显著（0.007，ns）。生态补偿政策与行为意愿的交互项对实际行为有显著的正向影响（0.354，$p<0.01$），因此EC可以调节BI-AB的通路。据此，可以确定调节效应的具体调节过程。

表6-6 生态补偿政策调节效应的层次回归结果

变量	因变量=行为意愿（BI）		因变量=实际行为（AB）	
	第一步	第二步	第一步	第二步
行为态度	0.196**	0.205**	0.158**	0.214**
主观规范	0.232**	0.232**	0.103*	0.099*

(续表)

变量	因变量=行为意愿（BI）		因变量=实际行为（AB）	
	第一步	第二步	第一步	第二步
感知行为控制	0.301***	0.374***	0.321***	0.320**
生态补偿政策	0.247***	0.308***	0.308	0.274
生态补偿政策×行为态度		0.232*		
生态补偿政策×主观规范		0.127		
生态补偿政策×感知行为控制		0.275**		
行为意愿			0.405***	0.457***
生态补偿政策×行为意愿				0.472***
R^2	0.299	0.425	0.403	0.695
Adjusted R^2	0.305	0.732	0.515	0.833
F	5.336**	49.815**	8.679**	57.025

注：***、**、*分别表示1%、5%、10%的显著性水平。

6.5.3.2 PLS-SEM 结果及分析

图6-2为基于TPB的SEM（M1模型）的标准化路径系数（PC），图6-3为扩展的TPB的SEM（M2模型）的估计结果。根据M1和M2模型，行为态度、主观规范和感知行为控制对行为意愿均具有正向显著的影响。因此，假设H1、H2、H3都被验证。其中，感知行为控制对行为意愿的影响最大，在M1中的PC为0.718（$p<0.01$），在M2中为0.975（$p<0.01$）；其次为主观规范和行为态度，感知行为控制与主观规范与农户绿肥种植意愿之间的关系如图6-4所示。行为态度与主观规范、主观规范与感知行为控制之间存在正向交互作用，而行为态度与感知行为控制之间的交互作用相对较弱。特别是，行为意愿对实际行为具有显著正向影响，在M1中PC为0.744（$p<0.01$），在M2中PC为0.826（$p<0.01$），验证了H4。

从图6-2和图6-3的路径分析中可以看出潜变量与可观测变量之间的关系。潜变量行为态度主要由农户对环境保护的态度所反映（AT2），其次是对提高粮食生产的稳定性的态度（AT3）和对提高农业收入的态度（AT1）。潜变量主观规范则主要由亲邻观点的影响所揭示（SN1），其次是公众媒体的观点（SN2），而政府的推荐或压力（SN3）的影响最小。潜变量感知行为控制包括三个方面：一是对自身能力的感知，二是对家庭禀赋的感知，三是对预期收益的感知。实证结果显示，农户对自身家庭资本禀赋的感知是感知行为控制方面影响最显著的因素（PBC5），对绿肥的土壤改良价值的感知排名第二（PBC6），而其他可观测变量对感知行为控制的解释能力较弱。农户的行为意愿主要表现为接受绿肥种植政策培训的意愿（BI2），其次是生产绿肥产品的意向（PBC3），而接受技术培训意愿对行为意愿的解释能力较弱（PBC1）。同样，农户的参与深度能够很好地解释其实际行为（AB2），说明适度规模经营有利于农户产生绿肥种植行为。

比较 M1 和 M2 可知，生态补偿政策的引入显著改变了模型结果。与 M1 相比，M2 中由 PBC-BI 的 PC 值从 0.718 增加到 0.975，AT-BI 的 PC 值从 0.384 增加到 0.435，说明生态补偿政策显著增强了行为态度和感知行为控制对农户绿肥种植意愿的影响。因此，H5 中关于行为态度和感知行为控制的假设得到了验证，而关于主观规范的假设没有通过检验。最重要的是，BI-AB 的 PC 值从 0.744 增加到 0.826，说明生态补偿政策有效激励了行为意愿向实际行为的转化，验证了假设 H6。

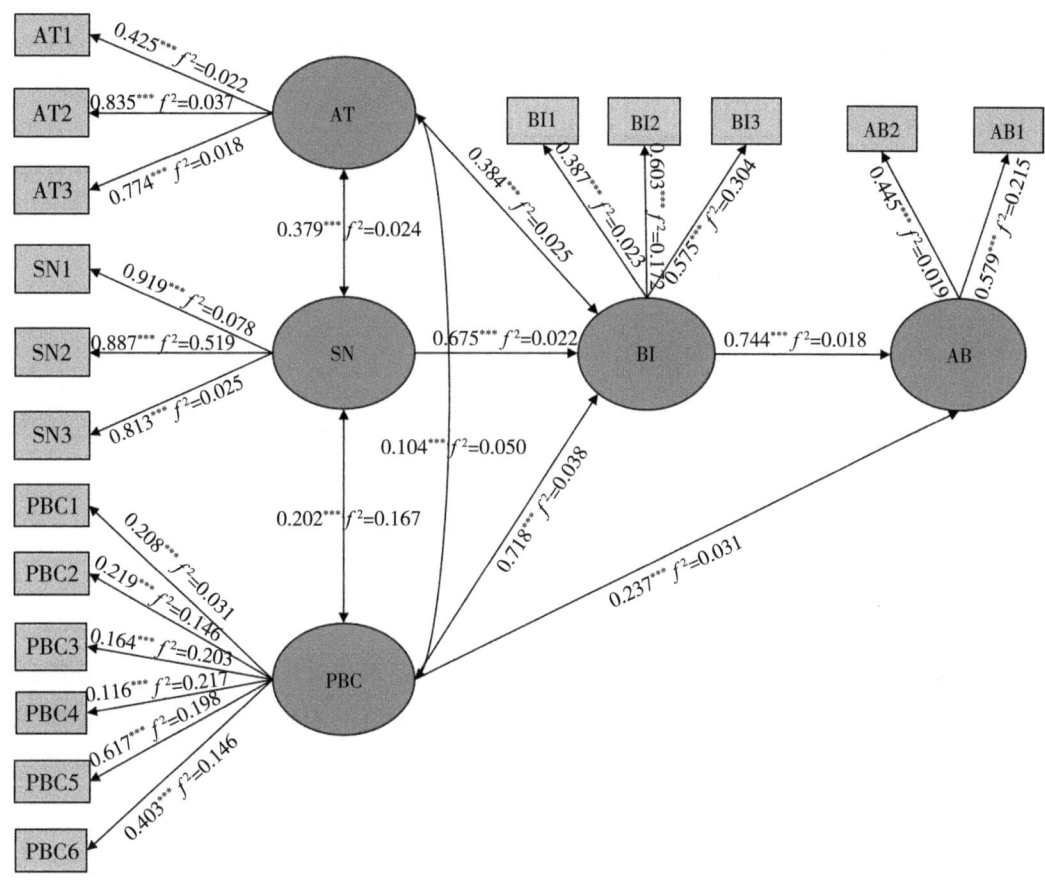

图 6-2 基于 TPB 的 SEM 的结果（M1）

6.5.3.3 结果讨论

研究表明，感知行为控制是影响农户绿肥种植意愿的最重要因素，而农户对家庭资本禀赋的感知和对预期环境效益的感知又是其中两个最重要的方面。事实上，一定的经济能力是农户从事特定农业生产活动的前提。在我国，由于参与绿肥种植所产生的成本大部分由农民承担，因此家庭收入决定了农民是否具备参与的经济条件。从这一点来讲，只有不断提高农业生产效益、降低绿肥生产成本，才能可持续

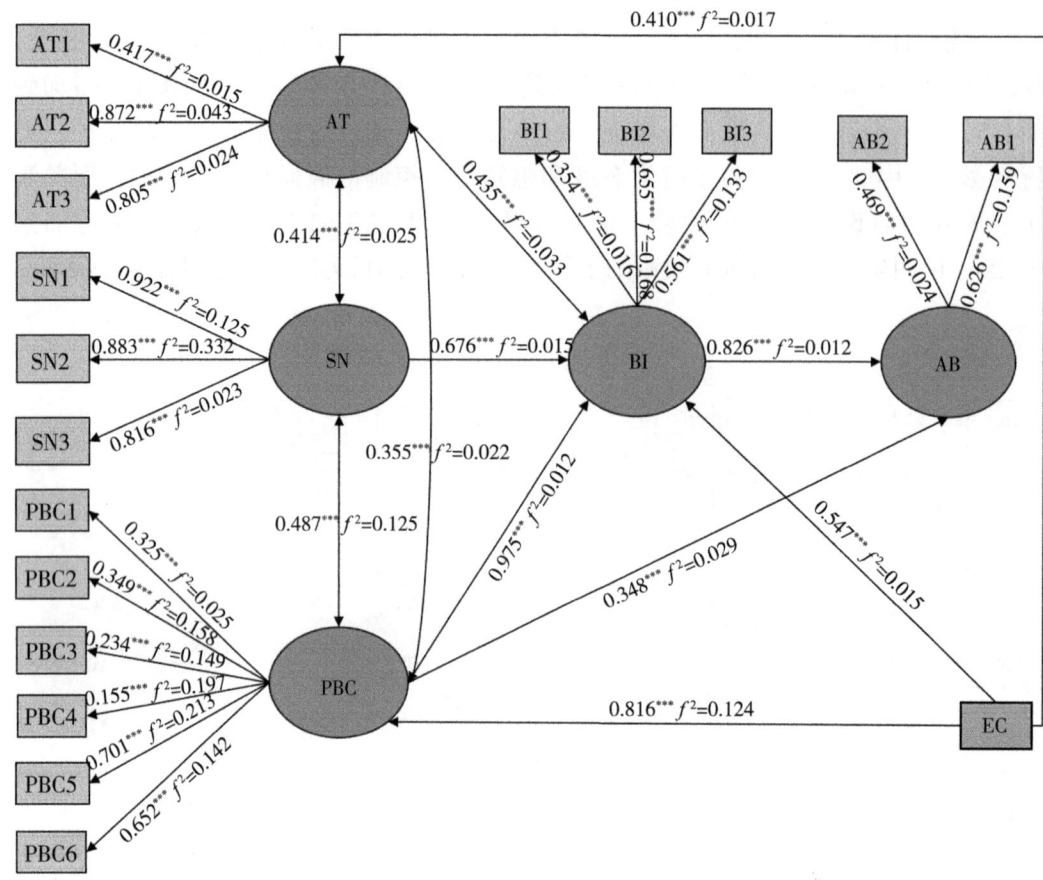

图 6-3 基于拓展的 TPB 的 SEM 模型的结果（M2）

地激励农户绿肥种植意愿的产生。感知行为控制的结果也证明了农民感知的环境效益对其决策的重要性，即充分认识到绿肥土壤保护价值的农户更有可能以可持续的方式参与其中。对此做出的可能解释为：认识到绿肥的土壤保护价值的农户具有更高的收益期望，特别是对持续获取由于耕地质量提升而产生的效益的期望，这种预期收益会激励农户进行长期的绿肥种植决策，这种基于长期预期要素的行为决策一般更具理性。

主观规范是农户绿肥种植意愿的另一个关键独立预测因子，这表明了农户与周围亲邻、公众和政府之间的关系所形成的社会关系网络的重要作用。Bandiera et al. (2006) 将社会关系网络分为三类：一是人际社会网络（ISN，Interpersonal social network），主要由个人及其亲属、邻居、朋友或其他社会个体之间的交往关系构成，表征个人行为受其他个人行为示范或信息交互的影响；二是组织社会网络（OSN，Organizational social network），主要由个人和社会公共机构或组织之间的关系构成，表征个人行为受社会信息干预的影响；三是威权社会网络（ASN，Authoritarian

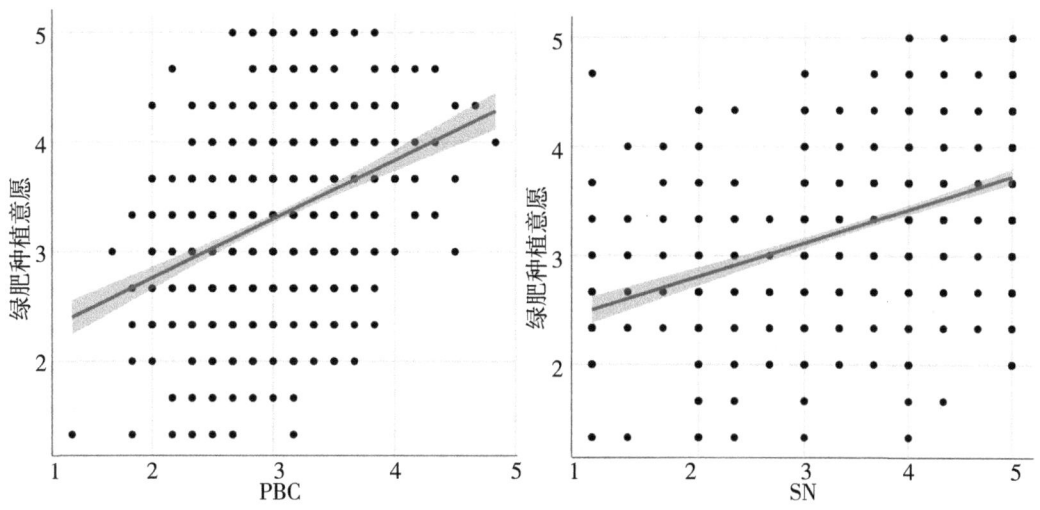

图 6-4 农户绿肥种植意愿与 PBC、SN 之间的关系

Social Network），主要由个人和政府之间的关系构成，表征个人行为受政府政策的影响。研究表明，人际关系网络和社会关系网络对农户绿肥种植意愿影响较大，说明在激发或提升农民绿肥种植意愿方面，相比政府强制推动，通过人际关系网络和社会关系网络对农户施加影响更为有效。事实上，长期以来，我国的农村治理在很大程度上依赖于熟人社会形成的村规民约。这往往导致农民会遵循集体行动来做出自己的行为决策。此外，随着近年来信息科学的不断发展和市场化的深度推进，农户越来越多地接触到公共媒体，越来越深地受到社会信息干预，这种外部干预会通过影响农户认知进而影响到绿肥种植的意愿和行为。

农户绿肥种植意愿与行为之间存在显著正相关关系，即绿肥种植意愿越强的农户，越可能具有绿肥种植行为。需要指出的是，这与下一章要讨论的农户绿肥种植意愿与行为存在悖离的现象并不矛盾。绿肥种植意愿与行为存在悖离，说明的是农户在绿肥种植方面存在"高意愿、低行为"的事实，而农户绿肥种植意愿与行为的显著正相关关系，说明的是与无意愿的农户相比，有意愿的农户更可能具备绿肥种植行为。因此，未来在选择绿肥推广潜在目标农户时，应该更多地关注有意愿而暂没有行为那部分农户群体，通过采取与感知行为控制和主观规范相关的措施来进一步强化他们的绿肥种植意愿，并施以恰当的政府引导，从而激励其绿肥种植行为的产生。

本研究验证了生态补偿对农户绿肥种植意愿和行为存在调节效用。已有文献已经认识到生态补偿对激励农户行为的重要性，但是对于生态补偿这一政策工具的具体作用机制却鲜有探讨。根据研究结果，生态补偿对农户绿肥种植意愿的调节路径主要有两条：一条是间接路径，即生态补偿政策通过调节农户的态度和感知行为控制来增强农户的意愿;二是直接路径,即生态补偿政策不通过任何中介,直接刺激农户的意愿。在间接路径中,生态补偿对态度的影响较小,即使引入这一调节因子,受访者的态度对其绿肥种植意愿的影响并没有得到较大幅度的提升。然而,生态补偿对感知行为控制的调节效应却非常明显,说明生态补偿调节因子的引入,改善了感知行为控制对农户绿肥种植意愿的积极影响。此外,引入生态补偿后,农户意愿转化为行为的可能性大幅提升,这为解决农户绿肥种植"有意愿、无行为"或"高意愿、低行为"问题提供了潜在的政策工具。

6.6　结论与政策启示

本部分利用拓展的 TPB 和 SEM 模型,对农户绿肥种植积极性不高的困境以及造成这一困境的原因进行了探究。结果表明,农户绿肥种植意愿受感知行为控制的影响最大,尤其是对自身家庭资本充裕度和对预期环境效益的感知。因此,要使农户持续种植绿肥,应采取措施降低种植成本或增加家庭收入,并不断加强对农户的环境教育。来自亲邻和公共机构或组织的主观规范是影响农户绿肥种植意愿的另一个关键因素,这说明,加强人际社会网络和组织社会网络建设、增强有关绿肥的信息流动,对于引导农户绿肥种植意愿产生和改善意愿强度具有重要作用。此外,农户绿肥种植意愿与行为之间存在高度正向一致性,说明具有绿肥种植意愿的农户更倾向于采纳绿肥种植行为,这一结果为基于农户意愿预测、强化农户行为提供了可能。最重要的一点,即生态补偿政策通过调节感知行为控制对意愿的影响强度,显著提高了意愿转化为行为的可能性,这为激励农户可持续种植绿肥提供了有效的政策工具。

基于以上研究,得出如下政策启示:第一,不断降低绿肥种植成本是促进农户绿肥种植意愿产生的前提。通过完善绿肥种子基地建设,扩大种子生产和供给,加强绿肥种子市场价格调控,降低农户的种子购买成本;加快绿肥种植栽培轻简化技术研发,提高新技术推广效率,推进绿肥种植利用全程机械化,降低劳动成本。第二,增强农户的环境教育是提高农户绿肥种植意愿的有效途径。以开办学习班的形式组织农户集中学习,接受专业环境教育和绿肥技术、政策培训;以现场示范或实验展示等最直观的形式向农户展示绿肥的价值,多方位提高农户的环境意识和绿肥价值认知。第三,加强社会关系网络建设是引导农户参与绿肥种植的重要外部推力。在村集体内部建立农户之间农业知识交流机制,组织定期或不定期的交流活动,尤其是邀请绿肥种植户参与,增强村民之间的知识互信与;加强村规民约建设,通过集体行动提高对农户个体行为的约束力;强化公共媒体对绿肥信息的宣传强度、拓宽宣传渠道,提高农户获取有用信息的便捷性和可能性。第四,具有绿肥种植意愿而暂未发生绿肥种植行为的农户理应成为未来绿肥推广的重点目标对象。

第 7 章

农户绿肥种植意愿与行为悖离发生机制及其调控

据调查，有种植意愿的农户占 70.2%，但发生实际种植行为的比例却较低，意愿与行为之间存在较大差异。那么，是什么原因导致了农户绿肥种植意愿与行为的悖离？实际上，受多种因素的制约，很多情况下即使农户具有绿肥种植的意愿，也不会去实施实际的种植行为，如此，意愿与行为就发生了悖离。如果这种悖离现象受到不利的外部因素的干扰、或长期存在于信息不对称的环境下，那么就很可能会形成悖离惯性，这将造成农户行为与政府目标长期处于不一致的状态。因此，深入探究农户绿肥种植意愿与行为悖离的产生机制，引导"有意愿、无行为"的农户向"有意愿、有行为"的理想状态转化，也是一个重点研究任务。通过这些研究，农户"意愿与行为悖离"的困局将得到解决，这对引导农户绿肥种植行为发生、促进绿肥推广应用具有重要的现实价值。

7.1 理论分析框架

迄今为止，基于意愿与行为悖离视角进行农户行为分析的研究已取得了一定成果。有学者在清洁能源应用（刘长进等，2017）、生活垃圾分类（许增巍等，2016）、低碳旅游（刘亚萍等，2013）等方面展开了研究，发现影响农户参与意愿与行为的因素不尽相同，进而造成悖离现象的发生。在农业决策方面，学者们探究了农户在农地整治权属调整（王梅等，2018）、种植结构调整（余志刚等，2018）、农业绿色技术采纳（余威震等，2017）、小型农田水利建设（王格玲等，2013）、绿色农资购买（傅新红等，2010）等方面的意愿与行为悖离问题。这些研究大多指出预期收益（或价值认知）和外部激励是影响意愿的关键因素，而农户的禀赋约束是造成意愿与行为差异的根本原因。

理性小农学派认为，农户是理性经济人，在竞争的市场机制中农户决策行为完全是有理性的，即全部行动的最终目的是追求经济利润。在改造传统农业的过程中，如果农户认识到新的要素投入能保证更多的农业产出和收益，趋利的农户就会去追求更大利润（高静等，2020）。当农户对这种新的要素产生需求时，也就随即产生了相应的意愿；同样地，如果外部激励，特别是来自政府的农业政策能够给农户经济福利带来改善，那么农户也会更愿意投身于政府引导的农业实践中来。然而，农户是否进一步采取实际行动，则需要在意愿基础上对多方面因素进行全面而理性的考量。可见，与经济效益和政府挂钩的因素以及农户自身的禀赋条件直接影响了农户绿肥种植意愿与行为的一致性关系。

7.1.1 绿肥价值认知

农户对事物本质的认知水平显著影响其相关行为决策，如刘洪彬等（2018）研究指出，农户认知是影响其耕地保护决策的关键因素；高延雷等（2017）认为，风险认知是农户农业保险购买行为的重要决定因子。在本研究中，农户对绿肥的认知主要体现在对绿肥价值的了解程度。绿肥价值包括经济价值和生态价值。经济价值主要包括增产、提质和化肥减施，绿肥在这三个方面的经济价值，契合了农户通过农业生产最大限度获取经济收益的目标，农户对绿肥经济价值认知越深刻，在绿色可持续的绿肥种植意愿与行为上越趋于一致。绿肥的生态价值主要涉及地力提升、水土保持、空气净化、生物多样性等方面。农户对绿肥的生态价值了解程度直接影响其绿肥种植情况，若对绿肥的生态价值缺乏了解，农户在为什么要种植绿肥、如何有目的地安排绿肥种植计划等方面就会出现困难。因此，本研究预期农户对绿肥生态价值的认知对其种植意愿与行为的悖离有负向影响。

7.1.2 政府政策

生态补偿政策是政府引导农户采纳绿色生产行为最常见的经济激励措施之一。同时，已有研究发现，政府的生态补偿政策对于调节农户绿色生产意愿与行为之间的不一致具有显著的作用。如文清（2018）的研究指出，生态补偿可以激励林区农户森林保护意愿向行为的转化；黄晓慧等（2020）研究发现，生态补偿政策对资本禀赋、生态认知对水土保持技术采用及采用程度的影响具有正向调节效应。生态补偿的本质是政府财政资金以适当的形式进行的转移支付，因此，生态补偿的标准和实施方式可以影响生态补偿政策的效率。农户对政府生态补偿的标准和方式越满意，激励农户将已经存在的绿肥种植意愿转化为实际行为的动力就越足。对农民开展专业技术培训是政府引导农户意愿与行为保持一致的另一重要举措。Gao et al.（2017）在揭示农户绿色防控技术采纳行为的影响因素时，指出技术培训能够显著促进其采纳意愿向采纳行为的转化。基于此，本研究预期技术培训同样会对农户绿肥种植意愿与行为的悖离有负向影响。

7.1.3 农户禀赋

任何农业生产活动都需要一定的多种形式的资本禀赋作为支撑，如人力资本、物化资本或资金。然而，由于异质性农户的家庭资本禀赋存在显著差异，造成大部分农户在进行农业生产决策时，往往都会面临某种或某几种禀赋条件的约束。禀赋作为家庭成员和家庭单位与生俱来或后天获取的资源和能力，是制约主体行为决策最直接的因素（张翠娥等，2016）。农户禀赋可以影响农户的决策效率，甚至改变决策结果。已有研究也从多方面、多角度验证了上述结论（刘可等，2019）。参照第4章4.1.2节中对农户禀赋的定义，本部分仍将从受访者的个体禀赋、农户家庭禀赋、社会禀赋、经营禀赋、自然禀赋共五个方面探究禀赋因素对农户绿肥种植意愿与行为关系的问题。

（1）个体禀赋。重点考察受访者的性别、年龄、受教育程度和健康状况等。性别不同决定了农业生产中的劳动分工差异，男性劳动者一般会承担主要的生产性劳动工作，相对更加了解农业生产的实际情况，对于种植绿肥更趋于理性。绿肥作为一种具有悠久历史的肥源，无论是在价值特征还是使用方式，年龄稍长的农户均有更全面的了解。受教育程度越高的农户认知能力越强，越可能了解绿肥的价值，同时，高教育程度有利于农户在风险决策中获取更大的利润，因此其更可能采纳实际的绿肥种植行为。相较于施用化肥，种植绿肥需要农户付出更多的体力劳动和劳动时间，从而对农户的身体健康状况提出了进一步要求。因此，可以预期男性绿肥种植的意愿与行为更可能发生悖离，年龄、受教育水平和健康状况对农户绿肥种植的意愿与行为悖离有负向作用。

（2）家庭禀赋。重点考察农户的家庭农业劳动力、家庭农业收入和耕地面积等。家庭农业劳动力越多、农业收入越高、耕地面积越大，反映出农业在家庭经济中的地位越高，农户以经营农业为主，对农业加强投资以促进可持续发展的现实需求越强，采纳绿肥种植等绿色生产方式或措施的可能性也就越高。据此，可以预期家庭农业劳动力和耕地面积对农户绿肥种植意愿与行为悖离有正向影响，而农业收入对农户绿肥种植的意愿与行为悖离有负向作用。

（3）经营禀赋。重点考察耕地性质和是否兼业经营，其中，耕地性质有全部自有、以自有地为主和以承包地为主三种。与经营承包地的农户相比，经营自有耕地的农户所具有的地权稳定性会促使其更可能采取措施改善对家庭生计最基础的农业生产。农户兼业的情况加剧了农业劳动力质量的下降，进而导致了农业生产的粗放经营，缺乏对耕地质量保护的动机和种植绿肥的意愿；另一方面，兼业经营的农户一般对农业的依赖程度较小，他们不会把更多的精力和时间放在对农业生产方式进行改造方面，因此即使他们认识到种植绿肥对农业的好处，一般也很少会付诸行动。因此，可以预期耕地自有化程度越低，兼业经营就越可能导致农户绿肥种植意愿与行为的悖离。

（4）社会禀赋。重点考察家庭成员是否有村干部和党员。和普通农民相比，村干部和党员一般文化水平和素质都较高，对农业环境和绿肥价值的感知能力较强。

另一方面，村干部和党员是政府政策在村集体层面的具体实施者和推动者，自身行为更可能与政府绿肥政策目标保持一致。如果家庭中存在具有村干部和党员身份的成员，那么家庭绿肥种植决策很可能受到影响。因此，可预期村干部和党员身份对农户绿肥种植意愿与行为悖离有负向作用。

（5）自然禀赋。主要包括土地细碎化和地貌类型。土地细碎化加剧了农业机械的难度，提高了机械使用成本，在绿肥种植对机械依赖性较高的情况下，即使农民认识到绿肥的价值，也很难有条件采取行动。农地越平整，则耕作难度越小，生产成本越低，农民便具备了把心中所想付诸实践的前提条件。因此，预期土地细碎化程度越低、耕地越平坦，农户绿肥种植意愿与行为就越趋于一致。

7.2 研究假设的提出

基于以上分析，本部分针对农户意愿与行为悖离的问题，提出如下研究假设：

H1：随着农户对绿肥经济价值认知的深化，其种植意愿与行为发生悖离的可能性降低。

H2：随着农户对绿肥生态价值认知的深化，其种植意愿与行为发生悖离的可能性降低。

H3：农户对生态补偿标准的满意度与其意愿与行为悖离存在负向关联关系。

H4：农户对生态补偿方式的满意度与其意愿与行为悖离存在负向关联关系。

H5：与未接受过绿肥技术培训的农户相比，接受过培训的农户意愿与行为发生悖离的可能性更小。

H6：绿肥种植意愿与行为悖离受农户禀赋的影响。

H6-1：男性、经营承包地、兼业经营以及土地细碎化更可能造成农户意愿与行为的悖离。

H6-2：年龄稍长、受教育水平较高、身体健康状况良好、拥有村干部和党员身份、家庭农业劳动力丰富、耕地面积较大、收入较高、耕作条件良好，更可能引发一致性行为。

7.3 变量定义及描述性统计

本章把农户绿肥种植意愿与行为的悖离定义为：农户在农业生产过程中表现出种植绿肥的意愿和想法，但未能采取实际行动，即在意愿和行为上表现出不一致的现象。根据这一定义，本部分的研究样本为1 217户全样本中的854户具有绿肥种植意愿的农户。在农户存在绿肥种植意愿的前提下，如果农户没有绿肥种植行为，则定义为存在悖离现象，即 $y=1$；若农户有绿肥种植行为，则定义为未悖离，即

$y=0$。具体各变量定义及描述性统计如表 7-1 所示。

表 7-1 变量说明及描述统计

变量名称	变量定义与说明	平均值	标准差	预期方向
绿肥种植意愿与行为	意愿与行为是否悖离：否=0；是=1	0.516	0.485	
价值认知：				
增产价值	种植绿肥对后茬主粮产量的影响：基本没变=1；稍微提升=2；大幅提升=3	2.829	0.421	－
提质价值	种植绿肥对后茬主粮品质的影响：基本没变=1；稍微提升=2；大幅提升=3	2.770	0.525	－
化肥减施价值	种植绿肥对后茬主粮生产化肥施用量的影响：基本没变=1；稍微较少=2；大幅减少=3	2.796	0.434	－
地力提升价值	种植绿肥对耕地质量的影响如何：基本没变=1；稍微改善=2；大幅改善=3	2.909	0.319	－
水土保持价值	种植绿肥对农田水土流失状况的影响如何：基本没变=1；稍微改善=2；大幅改善=3	2.740	0.552	－
空气净化价值	种植绿肥对区域空气质量的影响如何：基本没变=1；稍微改善=2；大幅改善=3	2.816	0.475	－
生物多样性价值	种植绿肥对农田生物多样性的影响如何：基本没变=1；稍微改善=2；大幅改善=3	2.779	0.518	－
政府政策：				
补偿标准满意度	对当前的绿肥生态补偿标准是否满意？很不满意=1；不满意=2；一般=3；比较满意=4；非常满意=5	2.788	1.165	－
补偿方式满意度	对当前的绿肥生态补偿方式是否满意？很不满意=1；不满意=2；一般=3；比较满意=4；非常满意=5	3.385	1.042	－
技术培训	是否参加绿肥技术培训：1=是；0=否	0.357	0.715	－
农户禀赋：	是否参加绿肥技术培训：1=是；0=否	0.272	0.324	
性别	是否为女性：否=0；是=1	0.238	0.426	－
年龄	实际年龄（岁）	53.968	11.184	－
受教育程度	文盲=1；小学=2；初中=3；高中或中专=4；大专及以上=5	2.711	0.986	－
健康状况	很差=1；较差=2；一般=3；较健康=4；很健康=5	3.744	0.979	－
家庭农业劳动力	家庭劳动力数量（人）	3.441	1.553	＋
耕地面积	家庭耕地面积：5 亩以下=1；5~10 亩=2；10~15 亩=3；15~20 亩=4；20 亩及以上=5	1.649	1.240	＋

（续表）

变量名称	变量定义与说明	平均值	标准差	预期方向
家庭收入	家庭收入（万元）	7.060	17.796	-
全部自有	否=0；是=1	0.773	0.419	-
以自有地为主	否=0；是=1	0.042	0.201	-
以承包地为主	否=0；1=是	0.185	0.389	+
是否兼业经营	否=0；是=1	0.535	0.499	+
是否有村干部	否=0；是=1	0.200	0.400	-
是否有党员	否=0；是=1	0.165	0.371	-
土地细碎化	耕地块数：1~2块=1；3~4块=2；5~6块=3；7~8块=4；8块以上=5	2.354	0.317	+
平原	耕地所处地形是否为平原：否=0；是=1	0.415	0.274	-
丘陵	耕地所处地形是否为丘陵：否=0；是=1	0.438	0.399	?
山地	耕地所处地形是否为山地：否=0；是=1	0.147	0.572	+

7.4 研究方法

农户绿肥种植意愿与行为是否悖离是一个二元选择问题，因此本部分将选用 Logit 模型对其影响因素进行回归分析；至于对各影响因素的层级关系的分析，将运用 ISM 模型开展。

解释结构模型（ISM）是一种利用关联矩阵确定主（次）要因素及其关联结构的模型（胡乃娟等，2019）。本研究将运用 ISM 模型分析影响农户绿肥种植意愿与行为悖离的核心因素之间的关联性和层次性。ISM 模型的具体操作步骤如下（王火根等，2018；葛继红等，2017）：

第一步，确定邻接矩阵 R。假设有 k 个显著的影响因素；S_0 为农户绿肥种植意愿与行为悖离的情况；$S_i(S_j)$ 表示第 $i(j)$ 个显著影响因素；邻接矩阵 R 的构成元素由公式（7-1）定义：

$$r_{ij} = \begin{cases} 1, & S_i \text{ 与 } S_j \text{ 有关系} \\ 0, & S_i \text{ 与 } S_j \text{ 无关系} \end{cases} \quad (i, j = 0, 1, \cdots\cdots, k) \quad (7-1)$$

第二步，确定可达矩阵 M。由公式（7-2）计算可得。

$$M = (R+I)^{\lambda+1} = (R+I)^{\lambda} \neq (R+I) \neq \cdots \neq (R+I)^2 \neq (R+I) \quad (7-2)$$

其中，I 为单位矩阵，$2 \leq \lambda \leq k$，矩阵的幂运算中采用布尔运算法则。

第三步，确定各因素的层级。根据公式（7-3）将可达矩阵分成可达集

$P(S_i)$ 和前因集 $Q(S_i)$，且均表示可达矩阵中从因素 S_i 出发可以到达的全部因素的集合，式中 m_{ij} 和 m_{ji} 均表示可达矩阵中的因素。由公式（7-4）确定最高层（L_1）及其包含的影响因素，然后确定其他层次因素。

$$P(S_i) = \{S_j \mid m_{ij} = 1\}, \quad Q(S_i) = \{S_j \mid M_{ji} = 1\} \quad (7-3)$$

$$L_1 = \{S_i \mid P(S_i) \cap Q(S_i) = P(S_i); \ i = 0, 1, \cdots, k\} \quad (7-4)$$

7.5 结果及分析

7.5.1 多重共线性检验

从表 7-2 中多重共线性检验结果可以看出，各自变量的 VIF 值最大为 1.96，远小于 10 的临界值；而 CI 指数最大为 3.01，同样小于 10；说明无论是从 VIF 还是 CI 来看，各自变量之间不存在多重共线性或共线性较弱，不会对模型拟合带来影响。因此，所选指标切实可行。

表 7-2 自变量多重共线性诊断

变量	VIF	CI	变量	VIF	CI
增产价值	1.25	1.47	健康状况	1.10	1.34
提质价值	1.63	1.42	家庭农业劳动力	1.14	1.57
化肥减施价值	1.29	1.25	耕地面积	1.72	1.49
地力提升价值	1.32	1.09	ln 家庭收入	1.12	1.43
水土保持价值	1.65	1.33	全部自有	1.96	3.01
空气净化价值	1.60	2.05	以自有地为主	1.30	2.54
生物多样性价值	1.49	2.13	是否兼业经营	1.11	1.32
补偿标准满意度	1.35	1.68	是否有村干部	1.19	1.47
补偿方式满意度	1.47	1.55	是否有党员	1.30	1.55
技术培训	1.26	1.39	土地细碎化	1.27	1.46
性别	1.09	1.78	平原	1.12	2.05
ln 年龄	1.30	1.23	丘陵	1.55	2.03
受教育程度	1.54	2.05			

7.5.2 模型总体检验

表 7-3 为依据极大似然估计法和 SPSS 的 Enter 策略得到的 Logit 模型的总体检验结果，包括对回归方程显著性检验和回归方程拟合优度检验。结果显示，-2 倍的对数似然值为 915.311，因此模型通过了似然比检验。Nagelkerke R^2 统计量的值接近 1，方程的拟合优度较高；Hosmer-Lemeshow 统计量接近于 0，同样验证了较好

的拟合效果。表7-3中统计量表明，农户绿肥种植意愿与行为悖离模型通过总体检验。

表7-3 模型总体检验结果（Enter策略）

指标		值	判断
回归方程显著性检验	Log likelihood	276.344	通过
	-2倍的对数似然值	915.311	
回归方程拟合优度检验	Cox & Snell R^2	0.521	通过
	Nagelkerke R^2	0.802	
	Hosmer and Lemeshow Test	0.242	

7.5.3 模型估计结果

7.5.3.1 样本农户及受访者的基本特征

表7-4给出了样本农户及受访者的基本特征。从性别来看，受访者中男性占据绝大多数；从年龄来看，以50岁及以上年龄段的中老年为主，40岁以下的青年比例较低，与我国农村人口老龄化的事实相符；从受教育程度来看，以初中及以下为主，接受过高等教育的受访者较少，这反映出当前农村居民文化素质仍然普遍较低的事实；从健康状况来看，绝大部分受访者身体健康，身体较差的受访者仅占10.32%；从家庭农业劳动力来看，一半以上为3~4人规模的家庭，其次为1~2人规模的家庭，而7人及以上的大规模家庭较少；从家庭收入来看，家庭年收入在6万元以下的农户占比约为70%，其中不足3万元的占37.59%，说明农户收入不高的现状仍没有得到明显改观。

表7-4 样本农户及受访者的基本特征

指标	选项	样本数	比例（%）	指标	选项	样本数	比例（%）
性别	男	651	76.23	健康状况	差	88	10.32
	女	203	23.77		中	227	26.61
年龄	30岁以下	20	2.34		好	538	63.07
	30~39岁	72	8.43	家庭农业劳动力	1~2人	249	29.16
	40~49岁	158	18.50		3~4人	449	52.58
	50~59	319	37.35		5~6人	126	14.75
	60岁及以上	285	33.38		7人及以上	30	3.51

(续表)

指标	选项	样本数	比例（%）	指标	选项	样本数	比例（%）
受教育程度	文盲	119	13.93	家庭收入	3万元以下	321	37.59
	小学	195	22.83		3万~6万元	269	31.50
	初中	376	44.03		6万~9万元	93	10.89
	高中或中专	142	16.63		9万~12万元	102	11.94
	大专及以上	22	2.58		12万元及以上	69	8.08

7.5.3.2 农户绿肥种植意愿与行为悖离的影响因素

对农户绿肥种植意愿与行为悖离的实证模型进行回归估计，结果如表7-5所示。在不考虑常数项的情况下，农户对化肥减施价值和地力提升价值的认知，对生态补偿标准的满意度，受访者的受教育程度、健康状况，家庭中是否有村干部、耕地全部自有、是否兼业经营以及土地细碎化程度共9个变量通过了显著性检验。研究发现，农户认知、资本禀赋以及政府激励方面尚有一些变量没有通过显著性检验，有待进一步讨论。

表7-5 模型估计结果（Enter策略）

变量名称	回归系数	标准差	Wald	Sig.	exp（B）
增产价值	-0.261	0.216	1.466	0.226	0.770
提质价值	0.063	0.199	0.101	0.751	1.065
化肥减施价值	-0.624	0.207	9.069	0.003	0.536
地力提升价值	-0.541	0.293	3.408	0.065	0.582
水土保持价值	0.216	0.191	1.287	0.257	1.241
空气净化价值	0.230	0.215	1.144	0.285	1.258
生物多样性价值	0.240	0.200	1.444	0.229	1.272
补偿标准满意度	-0.695	0.088	61.688	0.000	0.499
补偿方式满意度	-0.121	0.089	1.841	0.175	0.886
技术培训	-0.076	0.035	0.557	0.104	0.729
性别	-0.166	0.202	0.674	0.412	0.847
ln 年龄	-0.001	0.008	0.010	0.922	0.999
受教育程度	0.408	0.107	14.666	0.000	1.504
健康状况	-0.363	0.089	16.647	0.000	0.695
家庭农业劳动力	0.069	0.057	1.457	0.227	1.071

(续表)

变量名称	回归系数	标准差	Wald	Sig.	exp（B）
耕地面积	-0.046	0.089	0.260	0.610	0.955
ln 家庭收入	-0.031	0.019	2.749	0.197	0.969
全部自有	-0.415	0.281	2.181	0.058	0.660
以自有地为主	1.318	0.695	3.593	0.140	3.735
是否兼业经营	0.310	0.172	3.252	0.071	1.364
是否有村干部	-0.883	0.254	13.744	0.000	0.413
是否有党员	0.113	0.057	0.196	0.658	1.119
土地细碎化	0.347	0.125	2.035	0.042	0.556
平原	0.139	0.201	1.452	0.103	1.246
丘陵	-0.272	0.069	1.581	0.134	0.771
湖南	-0.325	0.344	0.716	0.205	1.074
江西	-0.208	0.216	2.402	0.329	0.862
广西	-0.177	0.557	2.346	0.542	0.656
安徽	0.091	0.131	2.812	0.107	0.975
Constant	3.527	1.390	3.344	0.011	34.011
Modle（Sig.）			0.000		

由上述结果可以看出，Enter 策略下有 20 个变量虽然被强行纳入方程中，但它们对农户绿肥种植意愿与行为悖离并没有显著的影响。为此，本研究采用基于最大似然估计的向后逐步筛选策略（向后：LR）对模型做进一步分析，结果如表 7-6 所示。

运用 LR：向后策略的模型进行了 13 个步骤的筛选过程，最后一个步骤的似然比检验卡方值为 201.443，-2 倍的对数似然值为 926.943，通过了回归方程显著性检验；Cox & Snell R^2 统计量值为 0.511，Nagelkerke R^2 统计量值为 0.887，Hosmer-Lemeshow 统计量值为 0.715，模型拟合效果较好。

表 7-6 的结果表明，农户对绿肥的化肥减施价值和地力提升价值的认知每提升 1 个单位，农户绿肥种植意愿与行为悖离的可能性将分别降低 46.5% 和 43.1%；农户对当前绿肥生态补偿标准的满意度每提升 1 个单位，农户绿肥种植意愿与行为悖离的可能性将降低 51%；受教育程度和健康状况每提高 1 个单位，意愿与行为悖离的可能性将分别提高和下降 48.3% 和 41.7%；经营自有耕地的农户发生意愿与行为悖离的可能性仅为经营非自有地农户的 57.2%；兼业经营农户发生意愿与行为悖离的可能性是非兼业农户的 1.439 倍；拥有村干部的农户发生意愿与行为悖离的可能

性仅为非村干部的 43.1%；土地细碎化程度每提高 1 个单位，农户意愿与行为发生悖离的可能性将提高 45.7%。

表 7-6 模型估计结果（向后：LR 策略）

指标类型	指标名称	回归系数	Wald	exp（B）
价值认知	化肥减施价值	-0.625*** (0.200)	9.756	0.535
	地力提升价值	-0.564** (0.279)	4.094	0.569
生态补偿	补偿标准满意度	-0.713*** (0.082)	76.165	0.490
农户禀赋	受教育程度	0.394*** (0.094)	17.748	1.483
	健康状况	-0.382*** (0.086)	19.665	0.683
	耕地全部自有	-0.559** (0.216)	6.677	0.572
	是否兼业经营	0.364** (0.166)	4.823	1.439
	是否有村干部	-0.841*** (0.222)	14.247	0.431
	土地细碎化	0.505*** (0.077)	5.132	1.457
常数		3.085*** (1.133)	7.414	21.865

注：***、**、* 分别表示 1%、5%、10% 的显著性水平。

7.5.3.3 结果讨论

根据表 7-6 回归结果，绿肥价值方面的化肥减施价值、地力提升价值，政府生态补偿政策方面的补偿标准满意度，禀赋方面的受教育程度、健康状况、自有地、兼业经营、村干部、土地细碎化共 9 个变量通过了显著性检验。

化肥减施价值认知和地力提升价值认知对农户绿肥种植意愿与行为悖离分别在 1% 和 10% 的显著性水平上具有负向影响，这表明认识到绿肥可以替代化肥的农户以及了解农户的地力提升价值的农户，在有绿肥种植意愿的前提下进而发生绿肥种植行为的可能性越高，验证了相关假设。补偿标准满意度对农户绿肥种植意愿与行为悖离在 1% 的显著性水平上具有负向影响，即对当前绿肥补偿标准越满意的农户，其绿肥种植意愿与行为越可能趋于一致，与研究假设相一致。该结论契合了生态补偿政策制定的目的，即向农户转移支付合理数额的资金来激励农户采纳必要的行为。

受教育程度变量在 1% 的水平下正向显著农户绿肥种植意愿与行为的悖离，说明随着受教育程度的提升，其意愿与行为发生悖离的可能性将提升。在绿肥种植意愿与行为上越易发生悖离，与假设相反。对此做出的解释为：农民受教育程度越高，其行为决策更趋理性，考虑的因素不仅包括有绿肥本身的价值，也包括绿肥种植在技术、经济等方面的可行性。此时，即使存在种植意愿，也很可能会因为资源禀赋约束而未采取行动。受访者的健康状况在 1% 的统计水平上通过了显著性检验，方向为负，说明受访者身体越健康，在绿肥种植意愿与行为上越不易发生悖离，与假设相一致。自有地变量对农户绿肥种植意愿与行为悖离在 10% 的水平下负向显著，说明经营自有地的农户，其在绿肥种植意愿与行为上越不易发生悖离，验证了相关假设。自有地的产权稳定，农户拥有从经营的耕地上持久地获取效益的权利，因此，农户更愿意对耕地采取保护性行为。兼业经营在 10% 的水平上正向显著影响农户绿肥种植意愿与行为的悖离，说明兼业经营的农户更可能发生意愿与行为不一致的情况，与假设相一致。兼业经营的农户对农业依赖性较小，一般不会投入过多的时间和精力从事与农业相关的活动。村干部在 1% 的显著性水平上具有负向影响绿肥种植意愿与行为的悖离，说明和普通农业相比，村干部绿肥种植意愿与行为悖离的可能性较小，验证了相关假设。这可能是由于村干部的思想觉悟较高，往往会遵从政府政策而发生实际行为。土地细碎化对农户绿肥种植意愿与行为悖离在 5% 的统计水平上通过了显著性检验，方向为正，验证了相关假设。这可能是因为土地细碎化增加了农民的耕作难度、提高了生产成本（尤其是机械作业成本），因此，即使农民有种植绿肥的意愿，也很难采取实际行为。

7.5.4 意愿与行为悖离影响因素的解释性结构

根据以上研究结果，提取出会对农户绿肥种植意愿与行为悖离产生影响的 9 个因素，即化肥减施价值 S_1、地力提升价值 S_2、补偿标准满意度 S_3、受教育程度 S_4、健康状况 S_5、自有地 S_6、兼业经营 S_7、村干部 S_8、土地细碎化 S_9。定义意愿与行为悖离为 S_0。在讨论并咨询有关专家学者的基础上，给出图 7-1 所示的上述 9 个影响因素间的逻辑关系。其中，"A""V"和"0"分别表示列因素对行因素有直接或间接的影响、行因素对列因素有直接或间接的影响以及行因素与列因素之间无直接或间接影响。

根据图 7-1 和公式 7-1 得到影响因素间的邻接矩阵 R，如图 7-2 所示。运用 Matlab R2018b 软件计算可达矩阵 M_0，如图 7-3 所示。由可达矩阵 M_0 可确定最高层因素 $L_1 = \{S_1, S_2, S_3\}$，中间层因素 $L_2 = \{S_4, S_7, S_9\}$，最底层因素 $L_3 = \{S_5, S_6, S_8\}$。据此，可得排序后的可达矩阵 M_1，如图 7-4 所示。

根据 M_1，影响因素链由三层逻辑结构构成，S_1、S_2、S_3 位于第一层，S_4、S_7、S_8、S_9 位于第二层，S_5、S_6 位于第三层。根据软件运算得到的层次和结构关系，得

$$
\begin{array}{|c|c|c|c|c|c|c|c|c|l}
\hline
A & A & A & A & A & A & A & A & S_0 \\
\hline
0 & A & 0 & 0 & V & A & 0 & 0 & S_1 \\
\hline
0 & A & 0 & 0 & 0 & A & 0 & S_2 \\
\cline{1-7}
0 & A & 0 & 0 & 0 & A & S_3 \\
\cline{1-6}
0 & A & V & 0 & 0 & S_4 \\
\cline{1-5}
0 & 0 & V & 0 & S_5 \\
\cline{1-4}
0 & 0 & 0 & S_6 \\
\cline{1-3}
0 & 0 & S_7 \\
\cline{1-2}
0 & S_8 \\
\cline{1-1}
S_9 \\
\cline{1-1}
\end{array}
$$

图 7-1　农户绿肥种植意愿与行为悖离影响因素间的逻辑关系

$$
R = \begin{bmatrix}
1 & 0 & 0 & 1 & 1 & 0 & 0 & 1 & 0 \\
0 & 1 & 0 & 1 & 0 & 0 & 0 & 1 & 0 \\
0 & 1 & 1 & 1 & 0 & 0 & 0 & 1 & 1 \\
1 & 1 & 1 & 1 & 0 & 0 & 1 & 1 & 0 \\
1 & 0 & 0 & 0 & 1 & 0 & 1 & 0 & 0 \\
0 & 0 & 0 & 0 & 0 & 1 & 0 & 0 & 0 \\
0 & 0 & 0 & 1 & 1 & 0 & 1 & 0 & 0 \\
1 & 1 & 1 & 1 & 0 & 0 & 0 & 1 & 0 \\
0 & 0 & 0 & 0 & 0 & 1 & 0 & 0 & 1
\end{bmatrix}
$$

图 7-2　农户绿肥种植意愿与行为悖离 ISM 分析的邻接矩阵

$$
M_0 = \begin{bmatrix}
1 & 0 & 0 & 0 & 0 & 0 & 0 & 1 & 1 \\
1 & 1 & 0 & 1 & 0 & 0 & 0 & 1 & 1 \\
1 & 0 & 0 & 1 & 0 & 0 & 0 & 1 & 1 \\
1 & 0 & 0 & 0 & 1 & 0 & 1 & 1 & 1 \\
1 & 0 & 0 & 0 & 0 & 1 & 1 & 0 & 0 \\
1 & 0 & 0 & 0 & 0 & 0 & 1 & 0 & 0 \\
1 & 0 & 0 & 0 & 0 & 0 & 0 & 1 & 0 \\
1 & 0 & 0 & 0 & 0 & 0 & 0 & 1 & 0 \\
0 & 0 & 0 & 0 & 0 & 1 & 0 & 0 & 1
\end{bmatrix}
$$

图 7-3　农户绿肥种植意愿与行为悖离 ISM 分析的可达矩阵

到如图 7-5 所示的因素分层结构图谱。

根据图 7-5，农户绿肥种植意愿与行为悖离的发生机制可表述为：身体是否健康、是否经营自有地是影响农户绿肥种植意愿与行为悖离的深层根源因素；受教育

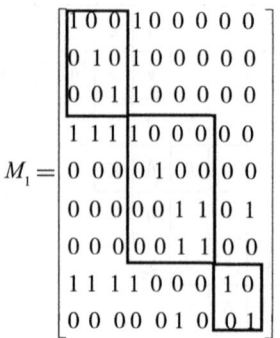

图 7-4　农户绿肥种植意愿与行为悖离 ISM 分析排序后的可达矩阵

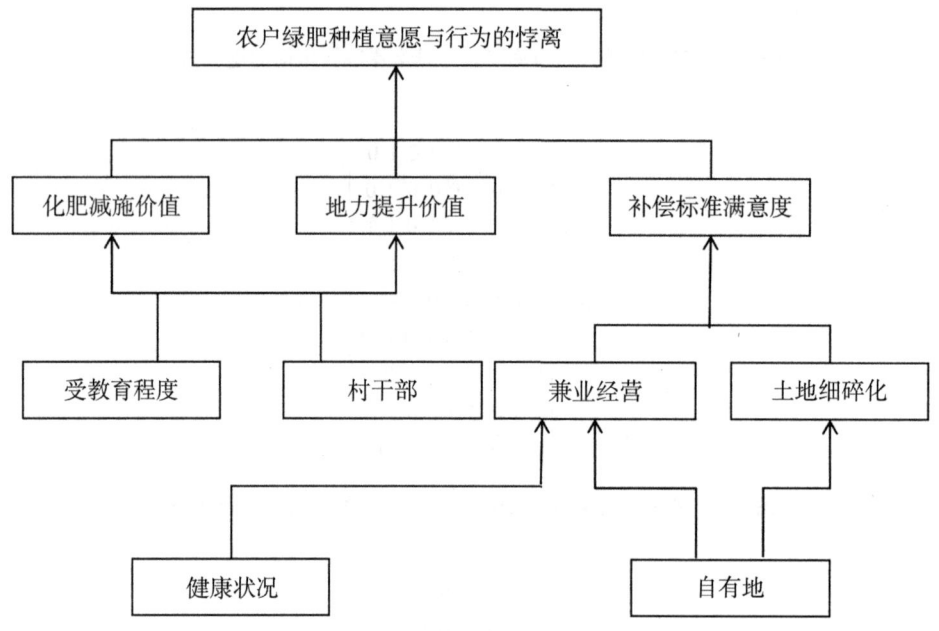

图 7-5　各影响因素间的关联及层次结构

程度、村干部身份、兼业经营、土地细碎化是影响农户意愿与行为悖离的中间层间接因素；对绿肥的化肥减施价值和地力提升价值的认知以及对当前绿肥生态补偿标准的满意度是影响农户绿肥种植意愿与行为悖离的直接驱动因素。三个层次因素的关系可表述为：深层根源因素→中间层间接因素→直接驱动因素。需要指出的是，三个层次因素之间的影响路径方向既可以是正向，也可以是负向。具体而言，农户意愿与行为悖离过程如下。

路径一：村干部、受教育程度→化肥减施价值认知、地力提升价值认知→农户绿肥种植意愿与行为悖离。在该路径中，首先，受教育程度和村干部作为两个间接因素影响了农户对绿肥化肥减施价值与地力提升价值的认知程度。受访者受教育程度不同带来农户对外部事物的认知能力不同,从而对绿肥的价值认知程度存在差异;村干部意味着更多的社会资本,是否为村干部则关系到农户能否从政府和其他渠道获取更多有关绿肥价值的有效信息,这也会导致农户差异化的认知水平。其次,对绿肥化肥减施价值与地力提升价值的认知与农户的绿肥种植收益期望直接相关,对绿肥价值认知程度越高的农户,收益期望也越高,这种心理预期最终成为其采取与意愿相一致行为的直接驱动因素。

路径二:[健康状况→兼业经营]/[自有地→兼业经营、土地细碎化]→补偿标准满意度→农户绿肥种植意愿与行为悖离。首先,身体健康状况和是否经营自有地作为两个根源因素影响了农户的兼业经营情况,同时是否经营自有地还是土地细碎化的根源因素。通常情况下,在农村务农的受访者身体越健康、其从事农业劳动的人力资本越丰富,就越可能把更多的精力和时间投入到农业中;经营自有地的农户,由于家庭耕地面积狭小而分散,其更可能进行兼业化生产。其次,兼业经营和土地细碎化作为两个间接因素共同影响农户对当前绿肥生态补偿标准的满意度。比如,兼业经营的农户种植绿肥的机会成本较高,这不利于提高农户对现有补偿标准的满意度;土地细碎化程度越高,绿肥种植轻简化技术采用越困难、种植成本越高,农户对当前补偿标准满意就越困难。最终,农户对当前绿肥补偿标准满意度成为影响其绿肥种植意愿与行为悖离与否的直接因素。

农户绿肥种植行为是农户与政府动态博弈的均衡结果。在博弈过程中,农户追求农业生产的利润最大化,政府则在承担农户行为激励职能的同时追求农业生态效益最大化。如果政府的激励作用发挥不到位,农户就将失去与政府博弈的耐心。此时,农户绿肥种植意愿与行为悖离的"按钮"将被开启,一旦这种悖离形成惯性,就很难再恢复到原有的均衡状态。因此,政府合理的经济激励,或寻求替代性的、市场化外部激励方案,是维持农户绿肥种植意愿与行为一致性的关键。

7.6 结论与政策启示

当前,农户绿肥种植行为存在着三种情景,即无意愿、有意愿无行为和有意愿有行为。其中,第三种情形是理想状态。上一章探究了如何促进"无意愿"的农户发生绿肥种植行为的问题,并明确了此种情景下的行为发生机制;本章利用 Logit-ISM 模型,探讨了另一种"非理想"情景,即有意愿无行为状态的调控机制,本质是研究农户绿肥种植意愿与行为悖离的发生过程和治理措施。本章主要结论如下。

总样本中有 51.6% 的农户绿肥种植的意愿与行为发生了悖离。农户对绿肥的化肥减施价值和地力提升价值的认知、对政府生态补偿标准满意度、受访者的健康状况以及经营自有地、村干部 6 个变量对农户意愿与行为的悖离具有显著负向影响,而受教育程度、兼业经营、土地细碎化变量对其意愿与行为悖离具有显著正向影响。前述9个变量中，健康状况、经营自有地是影响农户绿肥种植意愿与行为悖离的深层根源因素；受教育程度、村干部、是否兼业经营、土地细碎化程度是影响农户意愿与行为悖离的中间层间接因素；对绿肥的化肥减施价值和地力提升价值的认知以及对当前绿肥生态补偿标准的满意度是影响农户意愿与行为悖离的直接驱动因素。农户意愿与行为悖离过程如下：路径一：村干部、受教育程度→化肥减施、地力提升价值认知→农户绿肥种植意愿与行为悖离。路径二：[健康状况→兼业经营]／[自有地→兼业经营、土地细碎化]→补偿标准满意度→农户绿肥种植意愿与行为悖离。需要指出的是，深层根源因素、中间层间接因素与直接驱动因素之间的影响路径方向既可以是正向，也可以是负向。

基于以上研究，得出如下政策启示：第一，优先选择经营自有地、非兼业经营的农户作为绿肥种植推广的潜在目标，通过推进这些农户进行适度规模经营和专业化生产，提高其对经营农业的收益期望和改善农业生产可持续性的态度；第二，充分发挥村干部在村庄集体内部的组织、带头作用，通过组织农户培训、亲身示范，带动农民积极参与绿肥种植实践；第三，政府通过集中宣讲、发放手册等方式增加农民的农业环境知识，同时，以建立示范基地、现场实验等方式向农民直观展示种植绿肥的好处，并将实验结果量化后及时告知农户，提高农户对绿肥经济与生态价值的全面认知；第四，进一步优化政府绿肥种植生态政策，特别是及时调整补偿标准，使其与当地社会经济发展水平及农户需求相匹配，以实现农户激励效应最大化。

行为研究篇

第 8 章

智能终端使用对农户绿肥种植行为的影响

农村互联网的普及给农业信息的纵深传播提供了新契机。《互联网发展统计报告》显示，截至2020年12月，农村网民人数超过3.09亿人，其中超过2.3亿人使用智能手机和家庭作为主要终端。智能终端正成为农户获取信息最主要的渠道，学者们也开始关注智能终端使用对农户生产决策的影响。例如，Dehnen-Schmutz et al.（2016）研究发现，智能终端使用提高了农户参与农业科学项目的意愿；Ma et al.（2021）指出智能终端使用促进了农户采纳农业化学品减施行为。如此，智能终端能否通过传播绿肥信息以改善农户膳食意识，进而促进其种植绿肥？鉴于此，本章拟重点探讨农户智能终端使用、膳食健康意识与绿肥种植三者之间的关系。其贡献在于，将微观层面绿肥种植应用与农村居民膳食健康建立内在联系，明确农村信息化背景下，智能终端使用促进膳食健康意识向绿肥种植行为转化的机理。具体而言，主要探究如下问题：口粮健康感知与健康关注是否可分别与绿肥的食物品质改善价值认知构成链式中介因子，在智能终端使用和种植行为之间发挥中介作用？相关结果对破解因信息不对称而带来的绿肥扩散困境具有重要价值。

8.1 理论框架与研究假设

认知行为理论指出，认知是对行为进行的解读，它可以直接影响行为主体最终的实施抉择。在本研究中，农户对绿肥的价值认知主要体现在两个方面，一是对绿肥的口粮安全改善价值的认知，二是对其口粮营养改善价值的认知。当农户认识到绿肥的独特价值时，会产生一定的心理认同感，促使农户做出种植决策。而农户认知的形成往往受"自动化思考"机制的影响（许佳彬等，2021）。自动化思考是指通过长时间的农业生产经验积累而形成的某种相对固定的行为模式，此时，农户许多零散或错置的认知可能会导致行为偏差，若想改变这种状况，必须对认知进行修正及正向强化。农业信息化快速发展背景下，农村互联网的接入和智能终端的普及为农民获取与绿肥价值相关的信息提供了多元、有效的渠道（崔凯等，2017）。信息获取有利于修正农户对绿肥价值初始认知的偏差，并进一步强化对系统价值正确认知的理解、提高认知全面性，进而在心理诱发机制的作用下催化绿肥种植行为的产生（李文欢等，2021）。据此，提出如下假设：

H1：对自留口粮农户而言，绿肥价值认知在智能终端使用与种植行为之间发挥中介作用。

健康关注和口粮健康感知是影响居民寻求健康食物的两个直接动因（吴粹中，2021；Li et al.，2021）。已有研究表明，智能终端的使用与农户信息关注度具有显著正相关关系（王阳等，2021），智能手机等智能终端能够直接为农村居民提供相关信息，还可以通过构建社会关系网络拓展信息获取渠道。健康关注作为信息关注的重要组成部分，是自留口粮农户追求安全、营养饮食意识的表现，也是个体进行认知性分析的基础。关注行为会提高人们的认知水平（王积龙，2018），农户对健康关注程度越高，就越可能提高其对绿肥价值认知的水平。由此可知，智能终端使用可以通过提高农户健康关注度进而提升对系统的价值认知。在本研究中，口粮健康感知作为一种行为态度，是指农户对自身所生产和摄入食物安全性和营养性的综合评价（孙倩，2019）。而信息源会影响人的认知过程，进而影响行为决策。通过智能终端使用获取的相关信息，会提高自身口粮健康感知程度，增强农户对绿肥价值认知的认同感，进而促进其种植行为。由上可知，智能终端作为农户获取信息的重要渠道，可以打破信息壁垒、提高传播效率，提升农户的信息储备水平（姜维军等，2021），改善农户的健康关注和口粮健康感知水平，进而加深农户对绿肥价值的认知水平。同时，考虑到上文智能终端使用、绿肥价值认知和种植行为之间的关系，提出如下假设：

H2：对自留口粮农户而言，健康关注和绿肥价值认知在智能终端使用与种植行为之间发挥链式中介作用。

H3：对自留口粮农户而言，口粮健康感知和绿肥价值认知在智能终端使用与种植行为之间发挥链式中介作用。

本研究的理论分析框架如图8-1所示。

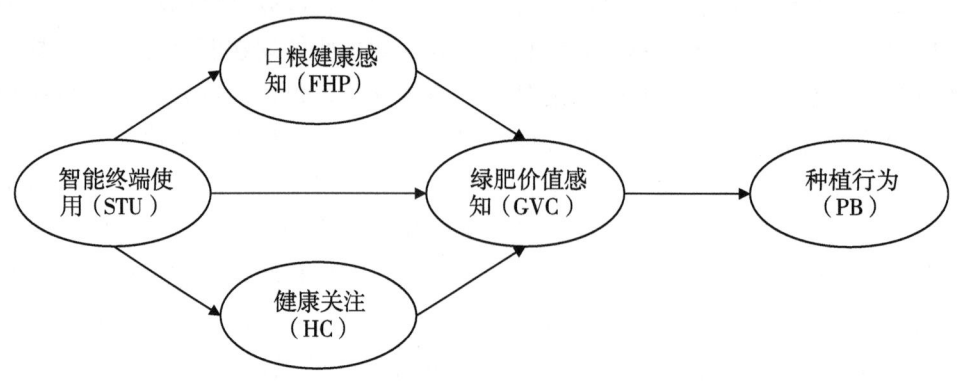

图8-1 理论框架

8.2 变量选取与计量模型

8.2.1 变量选取及描述性统计分析

农村信息化促进了农民生活方式的变革，使用智能终端进行信息搜索已成为农民获取信息的主要方式。家庭电脑和智能手机以其便捷性和低成本性，正发展成为农民可获取和使用的主要智能终端。基于此，本研究以日常生活中农户对这两种设备的使用情况为依据建立智能终端使用测度指标。对于健康关注方面，参考李瑞锋等（2007）、张颖南等（2021）的研究，从对健康的重视程度和公共健康事件关注程度两个层面进行测度。借鉴廖芬等（2021）的研究，将口粮健康感知分解为口粮安全现状感知和口粮营养现状感知两个测度指标。立足绿肥稻米的健康改善功效，以农户对绿肥改善口粮安全与营养的价值认知为标准，建立起绿肥价值认知测度指标体系。对于绿肥种植行为，主要包括种植年限和种植质量两个重要方面，其中，种植年限表示农户对该稻作系统的认可程度，反映了系统发展的可持续性；而种植质量反映农户在系统采纳中的投入情况，决定了终端产品绿肥生态米品质提升的程度。因此，以采纳年限和采纳质量测度绿肥种植行为具有理论可行性。具体情况见表 8-1 所示。

表 8-1 变量名称及测量题项

潜变量	可观测变量	编码	测量题项
智能终端使用 STU	使用家庭电脑	STU1	日常生活中是否使用家庭电脑浏览与绿肥相关的信息：否 = 0；是 = 1
	使用智能手机	STU2	日常生活中是否使用智能手机浏览与绿肥相关的信息：否 = 0；是 = 1
健康关注 HC	对健康的重视程度	HC1	对食物安全与营养的重视程度：不重视 = 1；不太重视 = 2；3 = 一般；4 = 比较重视；5 = 非常重视
	公共健康事件关注程度	HC2	对毒大米等公共健康事件的关注程度：从不关注 = 1；偶尔关注 = 2；有时关注 = 3；比较关注 = 4；非常关注 = 5
口粮健康感知 FHP	口粮安全现状	FHP1	当前口粮（稻米）的安全性如何：很不安全 = 1；较不安全 = 2；一般 = 3；比较安全 = 4；非常安全 = 5
	口粮营养现状	FHP2	当前口粮（稻米）的营养性如何：很不营养 = 1；较不营养 = 2；一般 = 3；比较营养 = 4；非常营养 = 5
绿肥价值认知 GVC	口粮安全改善价值	GVC1	种植绿肥有利于改善稻米的安全性：很不赞同 = 1；较不赞同 = 2；不清楚 = 3；比较赞同 = 4；非常赞同 = 5
	口粮营养改善价值	GVC2	种植绿肥有利于改善稻米的营养性：很不赞同 = 1；较不赞同 = 2；不清楚 = 3；比较赞同 = 4；非常赞同 = 5

(续表)

潜变量	可观测变量	编码	测量题项
种植行为 PB	绿肥种植年限	PB1	近五年中有几年种植了绿肥：从未采纳＝1；1年＝2；2年＝3；3年＝4；4年及以上＝5
	绿肥种植质量	PB2	绿肥生长期采纳幼苗监测、排涝防旱、防止散养家畜禽啃食和杂草清除四种农事农艺的种数：无＝1；1种＝2；2种＝3；3种＝4；4种＝5

由图 8-2 各可观测变量的描述性统计分析可知，受访农户中，使用家庭电脑的比例超过 40%，而使用智能手机的比例较高，接近 60%，这可能与智能手机具有较高的携带和使用便捷性以及较低的购买成本有关。85% 的受访农户对健康具有较高的重视程度，而关注公共健康事件的比例相对较低，为 48.2%。关于口粮健康感知，分别有 64.7% 和 60.2% 的农户感知到当前口粮的安全性与营养性存在较大的不足，而认为口粮是安全的和营养的比重仅有 22.8% 和 15.4%。调查显示，认识到种植绿肥能够显著改善稻米的安全性和营养性的农户比例分别为 84.1% 和 78.2%，此反映出一个事实，即南方稻区悠久的绿肥文化和早期绿肥应用的经历已深入塑造了农民特别是中老年农民的价值观，使其相信并认同绿肥的健康改善价值。从采纳行为来看，一半以上的受访者近五年中有至少 3 年种植了绿肥，70% 以上至少有 1 年的采纳经历，而绿肥生长期采纳 3 种及以上农事农艺措施的比例仅有 40%，这说明，虽大部分农户已种植绿肥，但却未高度关注种植质量问题，从而影响终端产品绿肥生态米质量的提升和健康效应的发挥。

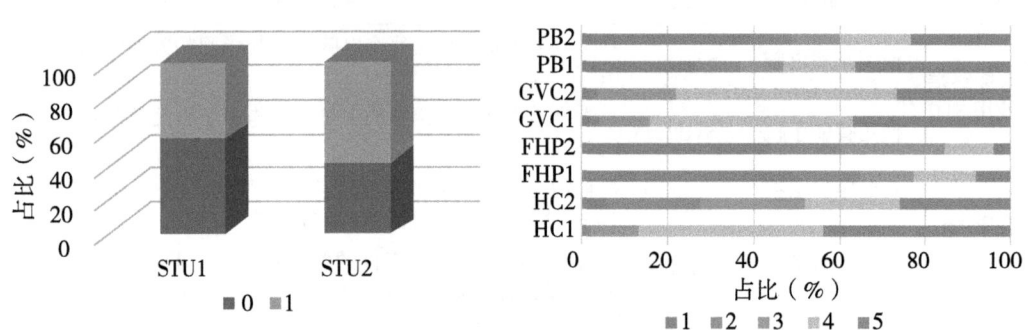

图 8-2 可观测变量的描述性统计分析

8.2.2 计量模型

本研究将采用 PLS-SEM 模型进行实证分析，研究方法介绍详见 5.2.2 部分。

8.3 实证结果与分析

8.3.1 测量模型结果与分析

通过信度检验以及收敛效度、区别效度检验来开展测量模型评估。信度是指测量结果的稳定性,一般测量误差越小,表明结果稳定性越高(Ajzen,2002)。以往研究常通过 Cronbach's α 和 CR 进行问卷结果的信度检验。一般将 0.7 作为这两个指标的阈值极限,数值越高代表信度越高(Chaudhuri et al.,2008)。它们不同之处在于,通常用 Cronbach's α 检验潜变量与观察变量之间的内部一致性,而 CR 应用范围更广。表 8-2 为 Cronbach's α 和 CR 的结果,可见各指标均符合相应的约束条件。

效度用来反映模型测量的准确性,若效度愈高,测量结果愈能准确反映被测内容的真实特征。它主要分为收敛效度、区别效度两种。前种主要用于检验潜变量之间的相关性,其最常用的评价指标是平均方差提取(AVE)和因子载荷。当 AVE 和因子载荷均大于 0.5 时,可以认为经过检验的模型具有足够的收敛效度。由表 8-2 可知,AVE 和因子载荷结果等各指标值皆在 0.5 以上,说明具有良好的收敛效度。使用区别效度检验潜变量之间的差异。衡量区别效度的方法主要有变量交叉载荷法、弗奈尔—拉克准则和 HTMT 比率三种,它们存在不同的阈值限制。本研究给出了利用弗奈尔—拉克准则进行检验的结果(表 8-3),每个维度的 $\sqrt{AVE}$ 都大于与其他维度的相关系数(Fornell et al.,1981),可见测量模型均存在良好的区别效度。

表 8-2 信度及收敛效度检验

题项	平均值	标准差	载荷系数	Cronbach's α	CR	AVE
STU1	0.436	0.496	0.782	0.711	0.789	0.814
STU2	0.585	0.493	0.921			
FHP1	2.168	1.380	0.877	0.775	0.898	0.814
FHP2	2.145	1.206	0.927			
HC1	4.281	0.767	0.974	0.873	0.768	0.746
HC2	3.418	1.237	0.778			
GVC1	4.155	0.841	0.953	0.886	0.946	0.897
GVC2	3.998	0.819	0.941			
PB1	3.267	1.649	0.927	0.798	0.908	0.831
PB2	2.757	1.645	0.896			
DST	3.599	1.654	1.000	1.000	1.000	1.000
DH	3.921	1.460	1.000	1.000	1.000	1.000

表 8-3 潜在构面的区别效度［弗奈尔—拉克准则（Fornell-Larcker criterion）[1]］

题项	STU	FHP	HC	GRVC	PB	DST	DH
STU	**0.810**						
FHP	0.338	**0.902**					
HC	0.139	0.034	**0.739**				
GRVC	0.196	0.223	0.595	**0.947**			
PB	0.459	0.522	0.001	0.319	**0.912**		
DST	0.537	0.485	0.016	0.334	0.675	**1.000**	
DH	0.545	0.476	0.037	0.378	0.658	0.612	**1.000**

8.3.2 结构模型结果与分析

根据表 8-4，智能终端使用在 5% 的显著性水平上对绿肥价值认知具有正向影响（$Cof.=0.052$，$p=0.036$），而绿肥价值认知能够显著激励农户种植行为（$Cof.=0.318$，$p=0.000$），这表明绿肥价值认知可能在智能终端使用与种植行为之间具有中介作用。为此，进一步采用 Bootstrap 方法进行中介效应验证，如表 8-5 所示，路径"STU→GRVC→AB"的特定间接效应值为 0.185，且 95% CI 的高值与低值区间不包含 0，说明绿肥价值认知在智能终端使用与种植行为之间发挥着显著的中介效应。由此，假设 H1 得到验证。

同时，智能终端使用对农户的口粮健康感知（$Cof.=0.338$，$p=0.000$）和健康关注（$Cof.=0.139$，$p=0.001$）具有显著的正向影响，而口粮健康感知（$Cof.=0.185$，$p=0.000$）和健康关注（$Cof.=0.581$，$p=0.000$）均在 1% 的显著性水平上正向影响绿肥价值认知。这说明，智能终端使用、口粮健康感知/健康关注、绿肥价值认知与种植行为之间也存在链式相关关系；经中介效应检验，路径"STU→FHP→GVC→PB"和"STU→HC→GVC→PB"的特定间接效应值分别为 0.020 和 0.026，且 95% CI 的高低值区间均不包含 0（表 8-5），这表明，口粮健康感知与绿肥价值认知、健康关注与绿肥价值认知均在智能终端使用和种植行为之间发挥链式中介作用，从而假设 H2 和 H3 得到验证。

表 8-4 路径系数

作用路径	路径系数（$Cof.$）	标准差（S.D.）	T 统计量	p
STU→FHP	0.338	0.030	11.168	0.000
STU→GVC	0.052	0.023	8.033	0.036

(续表)

作用路径	路径系数（Cof.）	标准差（S.D.）	T统计量	p
STU→HC	0.139	0.043	3.243	0.001
FHP→GVC	0.185	0.023	8.033	0.000
HC→GVC	0.581	0.027	21.797	0.000
GVC→PB	0.318	0.026	12.322	0.000

表8-5 智能终端使用影响的特定间接效应和总间接效应

作用路径	效应值	标准差（S.D.）	T统计量	p	偏倚修正（95% CI）		百分比（95% CI）	
					低	高	低	高
特定间接效应：								
STU→GVC→PB	0.185	0.015	12.050	0.000	0.001	0.034	0.002	0.034
STU→FHP→GVC→PB	0.020	0.004	5.125	0.000	0.014	0.029	0.014	0.029
STU→HC→GVC→PB	0.026	0.008	3.066	0.002	0.010	0.044	0.009	0.041
总间接效应：								
STU→PB	0.062	0.012	5.030	0.000	0.040	0.088	0.038	0.085

上文验证了智能终端使用可以通过口粮健康感知与绿肥价值认知、健康关注与绿肥价值认知两条作用路径对农户绿肥种植行为产生促进效应，那么，不同智能终端使用强度对农户行为的影响是否存在异质性？这里以采纳智能终端的种数表征智能终端使用强度，其取值范围为0~2；而因变量绿肥种植年限和种植质量均为取值1~5的有序变量，因此，亦可采用Ordered logit模型进行分析。

由表8-6回归结果可知，在控制其他因素不变的情况下，智能终端使用强度每提升1个单位，五年中农户绿肥种植1、2、3年的概率分别显著降低20.4%、5.5%和1.7%，而种植4、5年的概率分别明显提高3.4%和24.3%。其表明智能终端使用强度的增加有助于激励、引导农户持续产生绿肥种植行为。对此做出的解释为，智能终端使用强度与信息丰富程度密切相关，强度越大，所接触的信息面越广、获取的信息量越大，则对口粮健康的感知越清晰（向运华等，2023）；同时，信息暴露往往还会引起个人对食品健康问题的关注，进而"倒逼"农户去探寻健康食物信息并将生产这种安全、营养食物纳入家庭农业生产安排（江晓东等，2013）。

由表8-7回归结果可知，在其他因素不变的情况下，智能终端使用强度每提升1个单位，绿肥种植质量为1和2的概率分别在1%水平上降低22.3%和1.3%，而种植质量为3、4、5的概率分别在1%水平上提高1.4%、6.8%和15.4%。由此可知，提高智能终端使用强度能够降低低种植质量发生的可能性，而增加高种植质量发生的概率。可能的原因是，一方面高强度的智能终端使用意味着更多的技术信息可以被获取，这有利于提高农户的技术应用能力（闫贝贝等，2020）；另一方面，充分的信息暴露能够让农户更加了解绿肥健康改善价值，从而激励其自觉提高采纳质量、生产高品质的绿肥生态米（Li et al.，2022）。

表8-6 智能终端使用（STU）对采纳年限（AB1）的影响及边际效应

变量	系数（Cof.）	PB1=1	PB1=2	PB1=3	PB1=4	PB1=5
STU	1.105*** (0.091)	-0.204*** (0.018)	-0.055*** (0.008)	-0.017*** (0.005)	0.034*** (0.007)	0.243*** (0.020)
GENDER	-0.499*** (0.137)	0.092*** (0.025)	0.025*** (0.007)	0.008*** (0.003)	-0.015*** (0.005)	-0.110*** (0.030)
AGE	0.015** (0.007)	-0.003** (0.001)	-0.001** (0.001)	-0.002* (0.001)	0.001* (0.002)	0.003** (0.002)
EDUC	-0.062 (0.081)	0.011 (0.015)	0.003 (0.004)	0.001 (0.001)	-0.002 (0.002)	-0.014 (0.018)
FAI	-0.019*** (0.003)	0.003*** (0.002)	0.002*** (0.002)	0.002*** (0.001)	-0.001*** (0.001)	-0.004*** (0.001)

表8-7 智能终端使用（STU）对采纳质量（AB2）的影响及边际效应

变量	系数（Cof.）	PB2=1	PB2=2	PB2=3	PB2=4	PB2=5
STU	0.943*** (0.088)	-0.223*** (0.021)	-0.013*** (0.004)	0.014*** (0.004)	0.068*** (0.009)	0.154*** (0.015)
GENDER	-0.213 (0.134)	0.050 (0.032)	0.003 (0.002)	-0.003 (0.002)	-0.015 (0.010)	-0.035 (0.022)
AGE	0.002 (0.007)	-0.001 (0.002)	-0.001 (0.001)	0.001 (0.001)	0.002 (0.001)	0.002 (0.001)
EDUC	-0.033 (0.080)	0.008 (0.019)	0.002 (0.001)	-0.004 (0.001)	-0.002 (0.006)	-0.005 (0.013)
FAI	-0.010*** (0.003)	0.002*** (0.001)	0.001** (0.001)	-0.002** (0.001)	-0.001*** (0.001)	-0.002*** (0.001)

8.3.3 稳健性检验

考虑到老年农户本身的身体机能正在退化，其健康状况可能容易受到内生因素的影响，故本研究适合采用剔除部分样本的方法进行稳健性检验。具体方案为，将年龄大于65岁的样本在总样本库中剔除，然后再次进行实证分析。剔除部分样本后，农户的绿肥种植行为仍对其健康改善具有显著的促进作用，且膳食结构对种植行为影响健康改善这一过程的正向调节效应亦具有显著性。同样，采用 Bootstrap 方法进行检验，智能终端使用对绿肥种植行为影响的特定间接效应和总间接效应与总样本的估计结果在路径系数大小、显著性方面均未发生改变。据此，表明模型的稳健性得到验证。

8.4 结论与政策启示

本章探究了智能终端使用对自留口粮农户膳食健康意识的影响，并进一步揭示这种意识向健康型食物系统转型实践即绿肥种植行为转化的机理。研究结果显示：口粮健康感知与绿肥价值认知、健康关注与绿肥价值认知均在智能终端使用和种植行为之间发挥链式中介作用，表明智能终端使用可以发挥信息扩散作用，通过改善农户的口粮健康感知、健康关注以及绿肥价值认知，进而通过多元路径催生绿肥种植行为。同时，从边际效应来看，提高智能终端使用强度有助于改善绿肥种植可持续性和种植质量，进而可以对自留口粮农户健康产生积极影响。

根据上述研究结论，为促进农户种植绿肥以强化膳食健康水平，得到以下启示：第一，种植绿肥是自留口粮农户健康改善的前提，由于面临"信息孤岛"，往往会导致农户做出"不种植"的非理性决策，但在当前农村信息化进程不断深入的背景下，智能终端使用在很大程度上打破了"信息壁垒"。因此，政府应进一步加快农村"新基建"发展，推动数字乡村工程建设，以提高农户使用智能终端普及率，促进农民生产生活方式的信息化变革。第二，考虑到信息披露有助于改善农户的口粮健康感知、健康关注和绿肥价值认知，因此，可以通过信息形成机制增加相关信息的在线曝光率，强化农户理解，进而促进农户种植绿肥。

第 9 章

农地经营权稳定性对农户绿肥种植行为的影响

绿肥种植本质上是一种耕地质量保护与提升的手段，而农户的耕地保护行为除了受农户禀赋、社会规范、补贴政策等社会经济因素（李然嫣等，2017；李成龙等，2020；费红梅等，2021），以及外部环境认知、技术有效性感知、自我效能等心理因素（王淇韬等，2020；颜玉琦等，2021；李昊等，2022）的影响外，农地产权对激励经济主体投资也具有重要作用（李博等，2022）。"三权分置"下从农地经营权稳定性视角探讨其对农户耕地保护行为的影响是当前国内学术界研究的焦点之一。已有研究多从感知安全性层面探究稳定经营权的影响，提出应将地权稳定性视为权利主体即农户的一种感觉，核心是农户对失去耕地经营权可能性的认知（薛建良，2018；米运生等，2023）。经营权安全性感知是形成农户耕地保护决策和行动的基础，因此必须将农户经营权安全性感知作为中心因素进行考察（高燕等，2022）。国外由于土地私有，学者们很少探讨土地经营权稳定性问题，但对土地产权安全性对农业生产投资的影响探讨较多。这些研究通过探索农户土地产权安全感知对土地管理和投资的影响，指出土地权属安全性的不同组成部分会以不同的方式影响农户对土地的长期管理和投资（Broegaard，2005；Asaaga et al.，2020）。然而，仅从农户感知层面分析农地产权稳定性的影响是不全面的，同时也缺乏客观性（周来友，2022）。近年来，有学者开始从农地产权属性、流转期限、契约类型等法律和事实维度界定农地经营权稳定性（高立等，2019；程玲娟等，2022；梁秋霞等，2022），进而探究地权稳定性对耕地质量保护（周力等，2019；钱龙等，2021）、家庭农场保护（赵晓颖等，2022）、农户长期或短期投入行为（洪炜杰等，2018；李兆亮等，2019）等的影响。

尽管前期研究对农地产权稳定性与农户耕地保护行为之间的关系进行了一定讨论，但仍有进一步深化的空间。一是已有文献多未对农户经营的农地权属进行精准区分，实际上，很多农户同时经营自有地和流转地，而农户对保护自有地和流转地的态度存在明显的差别，若未将发生在流转地上的耕地保护行为从中剥离出来，必会造成结果有偏。二是虽有部分文献从产权视角探讨了经营权稳定性对农户流转地保护的影响，但比较成熟的以农户感知安全性衡量农地产权稳定性的常规做法存在较强的主观性，而以客观指标测度经营权稳定性在指标选取方面尚未达成共识。

鉴于此，本研究拟在两个方面做出改进：一是基于南方稻区调查，精准识别农户土地权属，遴选出经营流转地的农户（包括同时经营流转地和自有地）作为目标样本，考察经营权稳定性对农户绿肥种植行为的影响。二是考虑到较长的农地流转周期能保证农户在长期投资活动中持续获益，而合适的流转合同类型能最大限度地降低违约风险，本研究将从农地流转周期和流转合同类型两个维度建立起农地经营权稳定性的测度指标，并探究两者之间的交互作用。

9.1 理论分析与研究假设

根据产权理论，农地产权决定了未来耕地经营性收益的分配，稳定的产权有助于提升农户的生产性收益预期，从而促进其开展耕地保护投资（曲福田等，2021）。在"三权分置"下，农地产权被区分为所有权、承包权和经营权，耕地流转再次分化了农地产权的完整性，农户承包经营的权利进一步被分割，承租户只拥有农地的经营权或使用权。然而，流转入的耕地在产权性质方面与自有地存在明显不同，造成农地经营权的稳定性存在较大差异。从安全性感知看，自有地的经营权稳定性要远远高于转入地，因此，经营自有地时农户的安全感知要远远强于经营转入地（梁秋霞等，2022）；安全感知是形成农户决策和行动的基础，农户经营自有地和流转地的安全感知差异直接造成其不同的耕地保护投资决策（周来友，2022）。提高农地经营权稳定性可以减少不确定性的发生，保障承租户投资收益的权利不被随意侵犯，从而增加农户的投资活跃程度，以最大限度释放土地生产力，并提升农户的生产效率和福利水平（刘禹宏等，2020）。反之，由于耕地保护投资并非短期投资，当年的时间、资金、劳动力等要素的投入，需要在随后若干年才能回收，若流转地的经营权不稳定，则农业生产存在随时被中断的风险，这必然会阻碍投资回收，同时还会削弱农户的土地安全感，最终影响农户提高土壤肥力的长期投资行为（邹伟等，2020）。根据这一逻辑，若要改善农户的长期保护行为从而破解流转地保护困境，关键在于强化流转地经营权的稳定性。

前期研究多从时间持续性和权利控制性两个维度测度流转地经营权的稳定性。时间持续性是指农地流转周期的长短，流转周期越长，承租户享有耕地质量保护投资收益期越长，对耕地进行长期投资以维持农业效益可持续产出的可能性也会随之增加；相反，在农地经营权短期化情境下，承租户长期收益期望较低，其短视行为很可能会降低耕地保护意愿，进而抑制农户种植绿肥。权利控制性是指承租户对流转地经营权的实际控制能力和控制程度，其通常与流转合同类型密切相关（赵晓颖等，2022）。中国的农地流转合同类型一般包括正式的书面合同和非正式的口头协议两种（钱龙等，2018），书面合同是指以规范性文书形式备案的流转契约，而口头协议是农村熟人社会中流行的包含一系列关乎道德原则的非正式的农地流转制度（刘瑞峰等，2018）。现实中，尽管许多农地流转发生在亲戚、熟人之间并以口头协议的形势约定经营期限，经营权关系同样也是稳定的，但是这种稳定性建立在较低道德风险的基础之上（蔡雪雄等，2023；唐旺等，2023）。然而，道德风险具有不可控性，同时也缺乏成熟的约束和调控机制，这造成熟人社会与道德关联的看似稳定的农地流转关系存在随时被中止的可能性（孙宪忠，2016）。而书面合同拥有更完善的约束监督机制，其约束下的农地流转市场处于一种长期均衡的状态，相比而言，熟人社会中的口头协议的治理形式却不能自然而然地创生出与之完全匹配的均衡体系，因此，与订立口头协议相比，签订书面合同更有利于流转地经营权的稳定性（李霞，2011），以激励农户种植绿肥。据此，提出如下研究假设：

H1：农地流转周期越长，农户越可能种植绿肥。

H2：与订立口头协议相比，签订书面合同更有利于促进农户种植绿肥。

当前，农户农业生产的目标正逐步从追求短期增产增收转向追求更优质、更安全的产品以满足消费者需要，从而获取可持续收益转变（仇焕广等，2022）。延长流转合同赋权的流转地经营时间，可以保证较长的规划期，稳定农户采取耕地保护性实践的收益时间，从而提升农户的长期收益期望（李博等，2022）。将订立非正式的口头协议改为签订具有更强约束力的书面合同，能够最大限度地避免流转地在经营过程中被随意剥夺的风险，同时，伴随产权风险的降低，农户对从流转地上获取长期效益的期望将得到提升（张克俊，2015），使得其采取耕地保护性实践以维持农业效益可持续产出的可能性也会随之增加。根据以上分析，本研究认为稳定经营权的两个维度均是通过改善农户的可持续收益期望进而影响其种植绿肥。据此，提出如下研究假设：

H3：可持续收益期望是经营权稳定性影响农户绿肥稻种植行为的正向中介因子。

综上，本书的研究思路如图9-1所示。

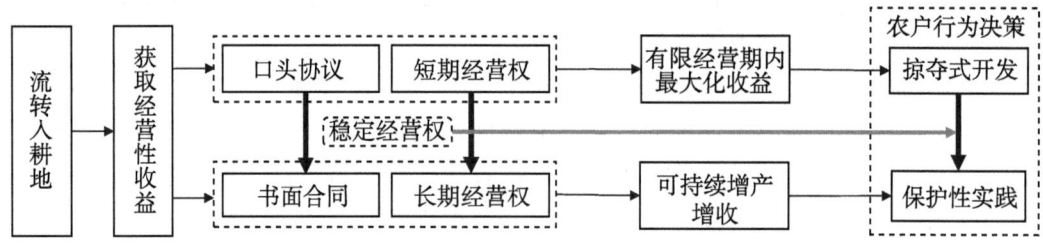

图9-1　农地经营权稳定性影响农户绿肥种植行为的研究思路

9.2 模型及变量

9.2.1 模型设定

在探究稳定经营权对农户绿肥种植决策的影响时，由于农户决策包括种植和不种植两种情况，因此适合采用二元 Logit 模型进行分析。由于该方法在第 4 章第 4.2 节已经详细介绍，这里不再赘述。

在探究稳定经营权在农地流转合同类型层面影响农户绿肥种植行为的机制时，适合采用二元 Logit 模型开展分析。然而，稳定经营权在农地流转周期层面对应的变量是一个取值 1~4 的多元有序变量，需要采用 Ordered logit 模型进行分析。Ordered logit 模型表达式为：

$$Y^* = \beta X_i + \varepsilon \tag{9-1}$$

式（9-1）中，Y^* 是不可观测的潜变量，X_i 表示一系列的解释变量，β 和 ε 分别是待估计系数和随机扰动项，且 ε 服从 Logistic 分布。通过潜变量构建被解释变量 Y 的选择模型：

$$Y = \begin{cases} 1, & Y^* \leq Y^* \leq \mu_2 \\ 2, & \mu_1 < Y^* \leq \mu_2 \\ 3, & \mu_2 < Y^* \leq \mu_3 \\ 4, & \mu_3 < Y^* \end{cases} \tag{9-2}$$

式（9-2）中，Y 是农地流转周期；μ_1、μ_2、μ_3 和 μ_4 是 Y^* 的 4 个分界点。而农地流转周期选择的概率值为：

$$\begin{cases} P(Y=1 \mid X) = \Phi(\mu_1 - \beta X_i) \\ P(Y=2 \mid X) = \Phi(\mu_2 - \beta X_i) - \Phi(\mu_1 - \beta X_i) \\ P(Y=3 \mid X) = \Phi(\mu_3 - \beta X_i) - \Phi(\mu_2 - \beta X_i) \\ P(Y=4 \mid X) = 1 - \Phi(\mu_4 - \beta X_i) \end{cases} \tag{9-3}$$

式（9-3）中，$\Phi(\cdot)$ 是 Logistic 分布的累计分布函数。

9.2.2 变量描述

9.2.2.1 被解释变量

农户绿肥种植行为。农户作为农业生产经营的主体，若其在流转入的耕地上种植了绿肥，则赋值为 1；否则，赋值为 0。根据这一定义，本研究关注的对象是经营流转地的那部分农户。

9.2.2.2 解释变量

(1) 核心解释变量：流转地经营权稳定性。流转入的耕地经营权稳定性可从农地流转周期和流转合同类型两个维度进行测度。农地流转周期是指流转合同赋权的耕地经营时间（栾健等，2022），结合调研情况，将1~3年、4~6年、7~9年和10年及以上分别赋值为1~4。流转合同类型包括口头协议和书面合同两类，不同类型的流转合同具有不同的约束力，因此对耕地经营权稳定性的保障作用也存在差异；为便于比较两类合同对农户绿肥种植行为的影响差异，将其设置为2个0~1型的虚拟变量。

(2) 中介变量：可持续收益期望。其是对从流转地上获取长期经营性收益的期待程度（高天志等，2021）；本研究中，可持续收益期望将作为中介变量，用于揭示经营权稳定性对农户绿肥种植行为的影响机制，采用农户自我评估和报告的期待程度来衡量。

(3) 其他控制变量：了解绿肥的耕地质量提升功能是农户种植的前提，所以服务功能认知是一个重要的控制因素。此外，还将选择受访者个体特征、农户家庭特征和生产经营特征作为控制变量。各变量定义与赋值见表9-1。

表 9-1 变量定义与赋值

变量	定义与赋值	均值	标准差
绿肥种植行为	是否在流转地上种植了绿肥：是=1；否=0	0.556	0.498
可持续收益期望	受访者对持续获取稻田经营性收益的期望程度：很低=1；较低=2；一般=3；较高=4；很高=5	4.413	0.744
农地流转周期	流转合同赋权的耕地经营年限：1~3年=1；4~6年=2；7~9年=3；10年及以上=4	2.434	1.087
流转合同类型	耕地流转合同类型：口头协议=1；其他=0	0.386	0.488
	书面合同=1；其他=0	0.614	0.487
服务功能认知	种植绿肥对稻田质量的影响：没有提升=1；稍微提升=2；一般=3；提升较大=4；提升很大=5	3.471	0.999
年龄	受访者实际年龄（岁）	51.924	8.703
性别	受访者性别：女=0；男=1	0.763	0.426
受教育程度	受访者的文化水平：未上过学=1；小学=2；初中=3；高中或中专=4；专科及以上=5	2.973	0.813
健康状况	受访者的身体健康水平：很差=1；较差=2；一般=3；较健康=4；很健康=5	4.173	0.896
风险偏好	受访者的风险偏好情况：保守=1；中立=2；偏爱=3	2.213	0.755
家庭农业劳动力	受访者家庭拥有的农业劳动力数量（人）	1.964	0.768
社会地位	受访者家庭成员中是否有村干部或党员：否=0；是=1	0.261	0.440
家庭收入	受访者家庭成员的总收入（万元）	27.604	36.502

(续表)

变量	定义与赋值	均值	标准差
生产性机械	受访者家庭是否有适合稻田作业的绿肥栽培机械：否=0；是=1	0.736	0.442
流转地质量	所经营流转稻田的整体质量：很好=1；较好=2；一般=3；较差=4；很差=5	2.502	0.785
流转地细碎化程度	所经营流转地的地块数（块）	2.644	0.937
兼业经营	家庭是否兼业经营农业：否=0；是=1	0.404	0.491
区域变量	样本农户所在地：湖南=1；其他=0	0.313	0.464
	广西=1；其他=0	0.283	0.451
	安徽=1；其他=0	0.404	0.491

9.3 影响评估与异质性分析

9.3.1 描述性统计分析

图9-2为不同农地流转周期和流转合同类型下农户绿肥种植行为的描述性统计分析结果。对于种植了绿肥的农户而言，有30.2%签订的是10年及以上的长期流转合同，未种植农户仅为13.6%；与种植农户相比，未种植农户签订6年及以下短期流转合同的比例高出12.6%，这说明合同期的长短可能是影响农户绿肥种植行为的一个关键因素。从流转合同类型来看，在种植农户中，有79.3%签订的是书面合同，而对于未种植农户，52.5%是以口头协议的形式确定耕地流转关系，可见，不同流转合同类型对农户行为也存在差异化影响。

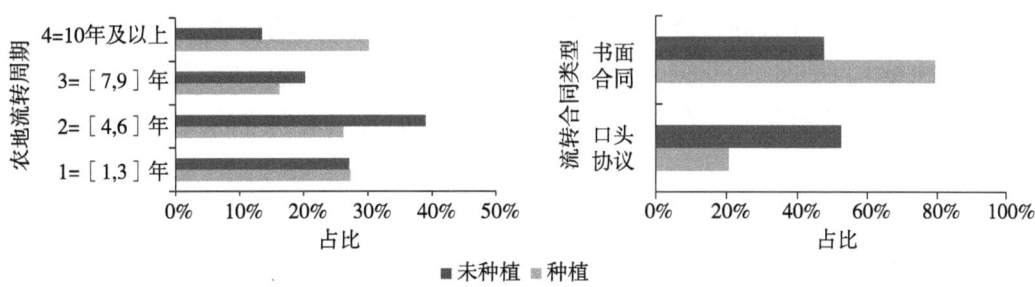

图9-2 样本农户绿肥种植行为统计结果

9.3.2 稳定经营权对农户绿肥种植行为的影响效应

9.3.2.1 农地流转周期与流转合同类型影响效应分析

在表9-2中，与模型1相比，模型2随着核心解释变量引入，其伪对数似然值

(Log likelihood) 和 Pseudo R^2 值均有所提高，这表明核心解释变量的引入增强了模型的解释力（李芬妮等，2022）。据此，将以模型 2 的结果展开分析。

结果显示，农地流转周期在 1% 的水平上通过了显著性检验，系数为正，说明流转合同赋权的农地经营周期越长，农户在流转地上种植绿肥的可能性越大，验证了假设 H1。这主要是因为，伴随土地流转周期的延长，农户获得长期农业效益的可能性增加，对利用流转地持续增产增收的期望增强，反过来会刺激农户对流转地进行投资建设。与口头协议相比，书面合同在 1% 的显著性水平上对农户绿肥种植行为具有正向影响，意味着签订书面合同比订立口头协议更有利于促进农户种植绿肥，验证了假设 H2。两种流转合同类型的影响之所以存在差异，主要是由于二者约束力不同（吴曼等，2020）。书面合同是集体内承包方流转农村土地承包经营权，与受让方在协商一致基础上签订的书面流转合同；而口头协议则是一种承诺，农户自愿将承包地直接流转给其他农户进行生产经营以收取租金（洪名勇，2009）。与口头协议相比，书面合同对双方权责利及履行方式进行了清晰界定，减少了履约中的不确定性，可为合同履行提供较强保障（Williamson，2000）。

继续估计经营权稳定性的两个维度变动带来的潜在效应变化。对于农地流转周期，在控制其他变量条件下，计算其对农户绿肥种植行为影响的边际效应，见表 9-2。根据模型 3，其边际效用系数为 0.033，意味着农地流转周期每增加 1 个等级，农户种植概率将提高 3.3%。据调查，在全部经营流转地的农户中，流转期为 1~3 年的短期经营户和 4~6 年的中短期经营户占比分别为 23.7% 和 31.9%，若将流转年限延长至 10 年的长期水平，则两个群体的种植概率将分别提高 23.1%~29.7% 和 13.2%~19.8%，各达到 50.4%~57% 和 39.4%~46% 的水平，这对绿肥推广将产生重大助推作用。对于流转合同类型，在反事实情境下，估计其对农户绿肥种植行为影响的平均处理效应（表 9-3）。显然，签订书面合同的农户种植率明显高于订立口头协议的农户。在合同签署过程中，若将书面合同改为口头协议，农户种植概率将下降 35.3%；同理，若将口头协议改为书面合同，则农户种植水平将提高 32.9%。这一结果验证了在农地流转中签订正式书面合同对促进流转地保护的重要价值。

表 9-2 农地流转周期与流转合同类型对农户绿肥种植行为的影响有效性

变量	模型 1	模型 2	模型 3（农地流转周期影响的边际效用）
农地流转周期	—	0.266*** (0.150)	0.033
书面合同	—	0.375*** (0.443)	—
服务功能认知	0.005* (0.147)	0.019* (0.150)	0.003
年龄	0.020 (0.020)	0.147 (0.020)	0.001

(续表)

变量	模型 1	模型 2	模型 3（农地流转周期影响的边际效用）
性别	-0.574 (0.430)	-0.598 (0.437)	-0.086
受教育程度	0.193* (0.213)	0.185* (0.215)	0.027
健康状况	0.059 (0.196)	0.013 (0.203)	0.003
风险偏好	0.612*** (0.216)	0.617*** (0.217)	0.020
家庭农业劳动力	0.147 (0.191)	0.139 (0.191)	0.025
社会地位	0.243 (0.375)	0.293 (0.379)	0.028
家庭收入	0.004 (0.004)	0.003 (0.005)	0.001
生产性机械	1.360*** (0.360)	1.473*** (0.372)	0.196
流转地质量	-0.239** (0.191)	-0.252** (0.190)	-0.032
流转地细碎化程度	-0.562** (0.279)	-0.571** (0.256)	-0.029
兼业经营	-0.723** (0.323)	-0.733** (0.327)	-0.101
区域变量：湖南	2.134*** (0.353)	2.112*** (0.361)	0.297
广西	4.029*** (0.528)	3.851*** (0.588)	0.558
Log likelihood	-144.421	-142.695	—
Pseudo R^2	0.361	0.371	—
Wald chi^2	163.09***	166.53***	—

注：小括号内为标准误；***、**、*分别表示1%、5%、10%的显著性水平，下同。

表 9-3 流转合同类型对农户绿肥种植行为影响的平均处理效应

	签订书面合同	订立口头协议	平均处理效应 ATT	t
书面合同组	0.785	0.432	0.353*** (0.021)	5.74
口头协议组	0.627	0.298	0.329*** (0.046)	4.29

9.3.2.2 流转合同类型与农地流转周期的交互作用

本研究通过计算农地流转周期与两种流转合同类型的交互项开展检验。根据表9-4，与模型3相比，模型4引入农地流转周期与口头协议的交互项后Pseudo R^2 值均有所提高，Wald chi^2 值在1%水平上亦显著，说明交互项的引入增强了模型的解释力；同理，与模型5相比，模型6引入农地流转周期与书面合同的交互项后模型的解释力也有所增强。

根据模型4和模型6，农地流转周期与口头协议的交互项、农地流转周期与书面合同的交互项对农户种植行为的影响分别在10%和5%的显著性水平上通过了检验，系数均为正，且从几率比来看，农地流转周期与书面合同交互项的影响大于农地流转周期与口头协议交互项，表明相比订立口头协议，签订书面合同可以更有效地改善农地流转周期对农户行为的影响。原因可能是，稳定的农地产权能够明确投资回报预期，减少不确定性的发生，书面合同比口头协议具有更强的约束力和产权稳定效能，更有助于激励农户延长承包期以获取可持续收益。

表9-4 农地流转周期与流转合同类型的交互影响

变量	模型3	模型4 系数	模型4 几率比	模型5	模型6 系数	模型6 几率比
农地流转周期	0.266** (0.151)	0.206*** (0.211)	1.229	0.266** (0.151)	0.327*** (0.215)	1.388
口头协议	0.375* (0.443)	0.079* (0.852)	0.923	—	—	—
书面合同	—	—	—	0.375** (0.443)	0.080** (0.856)	1.083
农地流转周期×口头协议	—	0.122* (0.300)	0.886	—	—	—
农地流转周期×书面合同	—	—	—	—	0.127** (0.299)	1.129
控制变量	已控制	已控制		已控制	已控制	
伪对数似然值	−142.687	−142.611		−142.693	−142.617	
Pseudo R^2	0.371	0.370		0.372	0.375	
Wald chi^2	166.54***	166.72***		166.51***	168.46***	

9.3.3 稳定经营权对农户绿肥种植行为影响的异质性分析

分别选取受教育程度、家庭农业劳动力和生产性机械三个变量通过分组估计开展异质性分析。此外，考虑到农户对绿肥服务功能具有不同程度的认知，同时进一步分析服务功能异质性下的农户行为差异。结果见表9-5。

从受教育程度来看，农地流转周期和书面合同均可以显著促进具有高中及以上文化程度的农户种植绿肥，而对高中以下文化程度农户行为的影响均不显著。主要原因是，受过更高教育的农户无论是对于稻田退化现状及其危害，还是绿肥在耕地质量保护方面的生态服务价值的认知能力都更强，耕地保护意识本身就相对较高，此时，若通过延长耕地流转期和签订书面合同稳定流转地的经营权，农户很可能会采纳耕地保护性实践以保障可持续收益（张艳等，2022）；但对于低教育程度者而言，受认知能力和技术素养的限制，即使稳定经营权也很难刺激其产生耕地保护动机。从家庭农业劳动力来看，农地流转周期和书面合同对拥有 2 人及以上劳动力的农户和拥有 2 人以下劳动力的农户的种植行为均不存在显著性影响，换言之，家庭农业劳动力数量不会影响经营权稳定性对农户行为的作用，这意味着劳动力因素不再是农户对流转地进行长期保护的主要制约（李承桧等，2015）。从生产性机械来看，农地流转周期和书面合同均可以显著促进拥有绿肥栽培机械的农户种植绿肥，但对无机械农户的种植行为促进作用不显著，这是因为目前稻田绿肥栽培所经历的整地、开沟、翻压等环节都需要依靠机械作业，对于经营流转地的农户而言，家庭中有作业机械是稳定经营权发挥促进作用的重要前提。从服务功能认知看，农地流转周期和书面合同在高认知组和低认知组中均表现出显著性影响，且方向均为正，这表明，无论农户对绿肥服务功能认知如何，稳定经营权消除经营和投资风险后，农户种植绿肥以强化耕地生态建设从而获取可持续收益的可能性都会明显提升。

表 9-5 异质性分析结果

变量	模型 7 (以受教育 程度分组)		模型 8 (以家庭农业 劳动力分组)		模型 9 (以生产性 机械分组)		模型 10 (以服务功能 认知分组)	
	高中及 以上组	高中 以下组	2 人及 以上组	2 人 以下组	有组	无组	高组 [4, 5]	低组 [1, 3]
农地流转周期	0.337** (0.172)	0.081 (0.498)	0.451 (0.332)	0.217 (0.181)	0.406** (0.193)	0.068 (0.288)	0.602*** (0.280)	0.070** (0.204)
流转合同类型： 书面合同	0.508* (1.490)	0.499 (0.528)	0.792 (0.940)	0.188 (0.553)	1.272** (0.599)	0.084 (0.838)	1.371** (0.818)	0.060* (0.562)
控制变量	已控制	已控制	已控制	已控制	已控制	已控制	已控制	已控制
伪对数似然值	-124.856	-110.787	-137.259	-96.175	-100.635	-134.782	-152.704	-182.393
Pseudo R^2	0.482	0.379	0.261	0.451	0.380	0.407	0.481	0.335
Wald chi^2	146.33	133.86	156.10	158.71	147.70	122.08	198.05	182.55

注：括号内为标准误。

9.3.4 结果稳健性检验

利用二元 Probit 模型重新估计农地流转周期与流转合同类型的影响以检验结果的稳健性。由表 9-6 可知，更换计量模型后农地流转周期与流转合同类型对农户绿肥种植行为均仍存在正向显著性，与 Logit 模型回归结果一致，说明结果是稳健的。根据表 9-7，利用 Probit 模型估计的两个核心解释变量的回归结果无论是显著性还是系数方向均与 Logit 模型一致，这说明异质性分析结果也具有良好的稳健性。

表 9-6 农地流转周期与流转合同类型影响的稳健性检验结果

变量	回归 9
	系数
农地流转周期	0.147*** (0.085)
流转合同类型：书面合同	0.257*** (0.252)
控制变量	已控制
伪对数似然值	−142.888
Pseudo R^2	0.368
Wald chi^2	166.14

表 9-7 异质性分析的稳健性检验结果

变量	模型 11 (以受教育程度分组)		模型 12 (以家庭农业劳动力分组)		模型 13 (以生产性机械分组)		模型 14 (以服务功能认知分组)	
	高中及以上组	高中以下组	2人及以上组	2人以下组	有组	无组	高组 [4, 5]	低组 [1, 3]
农地流转周期	0.177** (0.096)	0.049 (0.292)	0.190 (0.195)	0.126 (0.101)	0.209** (0.104)	0.056 (0.169)	0.295*** (0.156)	0.028** (0.117)
流转合同类型：书面合同	0.342* (0.303)	0.184 (0.821)	0.542 (0.569)	0.088 (0.313)	0.749** (0.326)	0.064 (0.493)	0.715** (0.453)	0.087* (0.327)
控制变量	已控制	已控制	已控制	已控制	已控制	已控制	已控制	已控制
伪对数似然值	−110.560	−124.592	−136.083	−96.068	−134.553	−100.943	−152.549	−181.981
Pseudo R^2	0.379	0.488	0.272	0.454	0.376	0.412	0.484	0.337
Wald chi^2	134.31	146.87	126.71	158.93	148.16	121.47	198.35	183.38

9.3.5 内生性处理

稳定经营权与农户绿肥种植行为之间可能存在内生性问题，即稳定流转地的经营权有助于促进农户对土地的长期管理和投资，而种植绿肥的农户可能倾向于签订书面合同和长期合同，以规避产权不稳定风险。因此，稳定经营权与农户绿肥稻种植行为之间可能存在反向因果关系。为克服模型潜在的内生性问题，参考王倩等 (2021) 的研究，选取稻谷销售价格作为经营权稳定性的工具变量。该工具变量选取的缘由在于：一是满足工具变量与内生变量的相关性要求，即稻谷销售价格会直接影响农户的流转地经营状况；二是满足工具变量与因变量的外生性要求，即在当前农村市场"优质不优价"的现实背景下稻谷销售价格不会直接影响农户的绿肥种植行为。

运用二阶段最小二乘法开展模型估计，结果见表9-8。可见，DWH检验的P值均在1%的水平上通过了显著性检验。在模型15和模型17中，观测到两个F值分别为123.742和145.139，均大于Stock和Yogo绘制的临界值表中在弱工具变量的临界值（F≤16.38），表明本研究所选取的工具变量是合理的。从回归结果看，农地流转周期和书面合同均可对农户绿肥种植行为产生显著的正向影响，由此可见，研究结果具有可信度。

表9-8 基于工具变量的内生性处理结果

项目	模型15 农地流转周期	模型16 绿肥种植行为	模型17 流转合同类型：书面合同	模型18 绿肥种植行为
稻谷销售价格	0.275** (0.744)		0.368** (0.627)	
农地流转周期		0.183*** (0.578)		
流转合同类型：书面合同				0.252*** (0.638)
常数	2.179*** (1.265)	3.164*** (2.082)	2.965*** (2.179)	3.263*** (4.014)
DWH检验P值	0.000		0.000	
Cragg-Donald Wald F值	123.742		145.139	
Hansen J统计量P值	0.001		0.003	

9.4 农户种植行为机制分析

9.4.1 稳定经营权影响农户绿肥种植行为的机制分析

为探究稳定经营权影响农户绿肥种植行为的作用机制，参考温忠麟等（2014）的研究，利用逐步回归法通过建立中介效应模型来揭示其影响路径。理论上，稳定经营权主要通过提升农户的可持续收益期望进而影响绿肥种植行为。本研究将对这条路径的通达性进行实证检验，此过程主要分为三步：第一步，利用Ordered Logit 模型估计农地流转周期与流转合同类型对中介变量即农户可持续收益期望的影响；第二步，利用二元Logit 模型估计可持续收益期望对农户绿肥种植行为的影响；第三步，利用二元Logit 模型同时估计农地流转周期、流转合同类型和可持续收益期望对农户绿肥种植行为的影响，结果见表9-9。

由模型19可知，农地流转周期和书面合同分别在1%和5%的水平上对可持续收益期望产生显著正向影响，这意味着延长农地流转周期和签订书面合同均可提高农户可持续收益期望。这主要是因为稳定的农地产权能减少不确定性并降低交易成本，同时也使前期投资与预期收益更相匹配（罗必良，2019）。进一步，由模型20可知，可持续收益期望在1%的水平上对农户行为具有显著的正向影响，说明改善农户的可持续收益期望有助于促进其种植绿肥。内在逻辑是，若农户希望在长期内持续获取流转地产生的经营性收益，即实现长期效益最大化，就必须转变掠夺式开发模式，对流转地质量进行投资建设以维持农业效益可持续产出的稳定性[29]。最后，在模型21中，农地流转周期、书面合同和可持续收益期望分别在1%、5%和5%的水平上对农户行为具有显著的正向影响，由此可见，稳定经营权的两个方面——延长农地流转周期和签订书面合同，可以通过提升农户的可持续收益期望促进其种植绿肥，假设H3得到验证。

表9-9 稳定经营权对农户绿肥种植行为的作用机制检验结果

变量	模型19 可持续收益期望	模型20 绿肥种植行为	模型21 绿肥种植行为
农地流转周期	0.304*** (0.109)	—	0.272*** (0.152)
流转合同类型：书面合同	0.287** (0.347)	—	0.387** (0.445)
可持续收益期望	—	0.218*** (0.221)	0.069** (0.224)
控制变量	已控制	已控制	已控制
伪对数似然值	−281.236	−144.419	−142.646
Pseudo R^2	0.138	0.361	0.367
Wald chi^2	90.35	163.08	166.63

9.4.2 结果稳健性检验

运用Bootstrap生成的偏差校正置信区间分别估计农地流转周期与书面合同影响农户绿肥种植行为的中介效应，以验证上述机制分析结果的稳健性。根据表9-10，两条路径的95%置信区间均不包含0值，说明中介效应均存在。这与逐步回归中介效应估计的结果一致，从而验证了机制分析结果的稳健性，即可持续收益期望分别在农地流转周期与种植行为、流转合同类型与种植行为之间发挥显著的中介作用。

表9-10 Bootstrap检验结果

路径	中介效应	标准误	偏倚修正（95% CI）	
			低	高
农地流转周期→可持续收益期望→种植行为	0.179	0.063	0.234	0.258
书面合同→可持续收益期望→种植行为	0.145	0.042	0.217	0.249

注：重复抽样5 000次。

9.5 结论与政策启示

本章从农地流转周期和流转合同类型两个维度建立起农地经营权稳定性的测度指标，综合运用 Ordered Logit、平均处理效应等实证分析模型，估计稳定经营权对农户绿肥种植行为的影响效应，揭示不同特征农户行为的异质性影响，并利用中介效应模型和 Bootstrap 方法论证稳定经营权对农户行为的作用路径。研究结论如下：一是延长农地流转周期能有效促进农户种植绿肥以保护流转地，流转周期每增加1年，农户种植概率可提高3.3%。二是与口头协议相比，书面合同对农户在流转地上种植绿肥具有更大的促进作用，若在农地流转中将口头协议转变为书面合同，农户种植率将提高32.9%，但若将书面合同改为口头协议，则农户种植率将下降35.3%。三是农地流转周期与流转合同类型在影响农户行为方面存在交互作用，与订立口头协议相比，签订书面合同可以更有效地改善农地流转周期对农户行为的积极影响。四是经营权稳定性对不同特征农户的影响存在一定分化，经营权稳定性更有利于激励具有较高文化水平、家庭拥有稻田作业机械和对绿肥服务功能具有较高认知的农户发生种植行为。五是延长农地流转周期和签订书面合同主要通过提升农户的可持续收益期望进而促进其种植绿肥。

基于以上结论，从稳定经营权视角总结出如下几点促进流转地保护的启示：①通过延长农地流转周期和优化流转合同类型稳定流转地经营权，对促进农户种植绿肥以养护耕地具有重要作用，因此，应多措并举保障流转地经营权稳定性。一方面，要进一步加强农地流转市场建设，搭建农地流转信息管理平台，完善农地流转政策，强化农地流转主体管控，减少土地流转中的非必要性摩擦，降低交易成本，保障利益相关主体的合法权益，从而激励农户签订长期稳定的契约；同时，优化农地流转保障制度顶层设计，保证流转主体的优先续约权，提升农户对流转土地经营权的稳定性感知，提升其长期土地投资经营意愿。另一方面，应完善农地流转合同管理制度，更加聚焦于规范化、标准化书面合同文本制订，引导农地出租户与承租户签订正式书面合同，特别是在农村熟人社会的农地流转市场中大力推广和应用正式书面合同，积极开展流转合同的监管审查及鉴证备案工作，降低农地流转和经营中的投资回收风险；同时，还要对农地流转中的失约者给予惩戒，提升合约的监督功能和约束力，充分保障土地转入者的合法权益。②考虑到可持续收益期望是经营权稳定性影响农户行为的关键正向中介因子，因此，应采用"政府宣传+市场化推广"体系引导农户观念，不断强化对承租户的宣传和教育，积极引导"短视型农户"向"远视型农户"转型，促使农户的生产观念从"重生产、轻生态"、追求短期利益向追求长期效益转变，同时不断提高其耕地保护的责任意识,持续改善承租户的可持续收益期望水平。③经营权稳定性对不同个体、家庭、经营和认知特征农户的影响存在一定差异性,因此,在南方稻作区推广绿肥时,应特别关注不同特征群体行为响应的分化,探索差异化的流转地保护之策。

政府激励研究篇

第 10 章

农户绿肥种植生态补偿标准核算

生态补偿是当前农业生态领域最常见的政府激励手段（肖新成等，2016）。以往的很多研究都把生态补偿认定为激励农户采纳生态行为的有效的政策工具（薛彩霞等，2018；李国平等，2015）。确定生态补偿标准是建立或优化生态补偿机制的关键环节，以往很多文献也已经证明了补偿标准合理性对于生态补偿政策效果的重要性。如 Schulz et al.（2014）在研究政府对农户绿色生产行为的补偿时，指出确定恰当的付费金额是激励农户开展绿色实践的重要环节；Seroa Da Motta et al.（2018）认为，合理的补偿标准是激励巴西农户进行森林保护和再生行为的关键；Li et al.（2011）研究也发现，过高的森林生态保护补偿标准对政府不可持续，而过低的标准又无法有效激励农户开展保护性行为，因此，确定一个政府和农户都能接受的补偿额度至关重要。国内对补偿标准的重要性也进行了一些探讨，如杨欣等（2012）探究了农田生态补偿的问题，指出确定补偿标准应该是补偿政策建立的首要问题；尚海洋等（2016）在研究流域生态补偿时指出，补偿标准是否合理直接关系到流域生态补偿政策目标能否实现；胡振通等（2016）在研究草原生态补偿时，强调了合理的生态补偿标准的设定对激励牧民保护性放牧的重要意义。此外，韦惠兰等（2017）、李海燕等（2016）、何可等（2013）也都针对不同研究对象、从不同视角提出了生态补偿标准合理性的重要意义。

当前，学术界对生态补偿标准的确定方法仍存在一定争议。有学者提出了基于生态服务价值确定补偿标准的研究思路（田义超等，2019；周晨等，2015），但以此为依据计算的补偿标准往往过大，不能真实反映生态系统的实际价值。农户的受偿意愿（WTA），是政府与农户针对补偿金额讨价还价后的结果，因此能够真实反映农户从事某种行为实践所愿意接受的最低补偿额度。基于这种考虑，受偿意愿（WTA）方法越来越多地被应用于确定公共产品的非市场价值，特别是生态产品的价值（Plott et al.，2005）。在现实中，公共产品的非市场价值难以直观地衡量和反映。通过评估受访者的 WTA，非市场价值可以被间接反映出来（Bateman，1996）。有关基于 WTA 的补偿标准确定的研究成果已经比较丰富，如对流域进行生态补偿（王奕淇等，2020）、对森林进行生态补偿（徐旭等，2018）、对湿地进行生态补偿（胡曾曾等，2018）、对耕地进行生态补偿（宋敏等，2019），但针对农户绿肥种植行为进行生态补偿并进一步研究补偿标准问题的文献尚属稀缺。其后果是，目前各地在制定绿肥种植生态补偿政策时普遍缺乏理论依据，现行补偿标准的确定多未考虑农户的实际需求，与农户预期存在较大差距，无法对农户行为形成长期有效的激励。基于此，本章将基于WTA研究促进农户绿肥种植的政府补贴标准，以期为绿肥推广激励政策的制定提供支撑。

10.1 研究假设的提出

10.1.1 生产成本对WTA的影响

在生态补偿中，农户的受偿意愿与参与生态活动实践的经济成本密切相关。Huang et al.（2019）在研究中国小麦秸秆还田的生态补偿政策时指出，高参与成本将导致农户的高受偿意愿。Miller（2014）发现农户采纳保护性耕作的受偿意愿与他们的采用成本之间存在显著的正相关关系。Xu et al.（2015）和Villanueva et al.（2017）的研究也得出了类似的结论。国内针对这一话题也开展了一定的探讨。如尹昌斌等（2016）研究指出，秸秆还田是否增加成本对农户秸秆还田意愿具有显著的正向影响；李国志（2018）的研究结果也表明，农户对秸秆还田的成本预期越高，其受偿意愿越高。事实上，农民在决定是否参与生态活动或从事生态行为时，首要考虑的就是成本因素（Villanueva et al.，2015）。农民作为理性经济人，从事任何农业生产活动的出发点都是获取利益。如果生产收益不能弥补生产成本，就必须给予农户适当的补偿，以弥补他们行动的经济损失。收益和成本之间的差距越大，农户希望从政府中获得的补偿就越多。尽管以往关于农户生态补偿的研究尚未涉及绿肥种植领域，但因绿肥种植具备一般生态活动的普遍性质，因此可预期农户绿肥种植成本与其受偿意愿之间同样存在着正相关关系。据此，提出如下假设：

H1：农户绿肥种植成本越高，则其受偿意愿越高。

10.1.2 预期效益对WTA的影响

根据以往的研究，与农业生态活动相关的效益可分为经济和环境两大类。经济效益主要指农业生态系统改善对农产品产量带来的影响（Ashoori et al.，2017；Finger et al.，2013）；而环境效益则包括减少农业生产的环境足迹和更有效地利用自然资源（赵旭等，2020；Yiridoe et al.，2010）等。特别是，绿肥种植等土壤保护措施的环境效益主要表现在改善土壤肥力、减缓土壤侵蚀、控制土壤污染和改善农田系统的生物多样性等方面（Caban et al.，2018）。许多研究都揭示了农户生态行为的预期效益与其受偿意愿之间的关系，这些结果几乎都一致得出预期收益越高则受偿意愿越低的结论（Ma et al.，2012）。基于此，提出以下假设：

H2：若农户认为种植绿肥可以提高后茬主作物产量，那么他们将愿意在较低的生态补偿标准水平下实施种植行为。

H3：农户对绿肥在改善农田土壤质量、控制土壤侵蚀和污染、促进生物多样性方面的感知价值越高，则越可能在较低的生态补偿标准水平下实施种植行为。

10.1.3 政府监管对 WTA 的影响

生态补偿中的政府角色以及政府规制对农户受偿意愿的影响是目前学术界研究的热点。在国外，Miceli et al.（1995）研究表明，政府过度监管会提高农民参与农业保护计划的受偿意愿；Goldstein et al.（1997）研究了农业环境保护中的产权、规制与补偿的关系，指出政府规制过度降低了农户参与的决策自由度，增加了交易成本，这必将导致更高的受偿意愿。Segerson（2010）的一项研究也得出了过度的政府管制会增加农户采纳环境改善措施的受偿意愿的结论。国内针对政府因素对农户受偿意愿影响的研究虽起步较晚，但研究成果却比较丰富。如李国志（2018）研究指出，政府查处禁烧的力度对农户秸秆还田的受偿意愿有正向影响；李潇（2017）通过探索禁限规制下国家重点生态功能区农村居民受偿意愿，也认为政府规制与农户受偿意愿之间存在正相关关系。政府对农户生态行为进行适度的规制是必要的，但过度干预往往会限制农户探索更有效参与方式的动机，提高农户的参与成本（Shang et al.，2018）。基于这一逻辑，提出以下假设：

H4：政府对农户绿肥种植行为过度干预将导致更高的受偿意愿。

10.1.4 社会经济因素对 WTA 的影响

农户的社会经济特征，包括性别、年龄、受教育程度、社会认同属性、家庭收入、家庭规模、土地规模等，是影响其生态行为受偿意愿的最基本的因素。由于禀赋特征不同，异质性农户的受偿意愿存在明显差异（熊长江等，2019；Schreiner et al.，2017；Mittal et al.，2015）。一般而言，男性、年轻、受教育程度高、具有村干部等身份的受访者，更具环境意识，也更愿意在较低的生态补偿标准水平下实施生态行为（王建华等，2019；Luo et al.，2014；Casey et al.，2008）；家庭收入和家庭规模对农户的受偿意愿具有负向影响，而土地规模对受偿意愿有显著正向影响（Ma et al.，2012）。然而，也有一些研究得出了相反的结论。例如，He et al.（2016）的研究发现，年龄较大、受教育程度较高的农民更愿意在高补偿下采纳农业废弃物回收行为。作为一种具有典型生态效益的农业生产行为，农户种植绿肥的受偿意愿也会受到社会经济特征的影响。因此，提出以下假设：

H5：农户绿肥种植的受偿意愿受其社会经济特征的影响。

10.2 变量选择及描述性统计

本研究的被解释变量为农户绿肥种植的受偿意愿（WTA）。支付卡问卷需要通过预调研来确定受偿意愿详细的取值范围。支付卡方式引导技术运用的难点是如何从调查结果中剥离投标值对受访者 WTA 影响形成的始点偏差。为最大限度降低始点偏差的影响，课题组于2018年3月在广西南宁西乡塘区进行了预调研，在充分询求各类农户（小农户、大户、家庭农场等）的基础上，汇总有效信息，同时结合调研五省部分农技推广人员的建议确定投标值，若政府对种植绿肥进行生态补偿，当补偿标准为多少时您愿意种植？答题选项如下："0 = 0 元/hm^2；1 = 1~1 125 元/hm^2；2 = 1 126~2 250 元/hm^2；3 = 2 251~3 375 元/hm^2；4 = 3 376~4 500 元/hm^2；5 = 4 501~5 625 元/hm^2；6 = 5 626~6 750 元/hm^2；7 = 6 750 元/hm^2 以上"。

根据上文分析，影响农户绿肥种植受偿意愿的因素包括生产成本、预期效益、政府监管和与受访者及其家庭社会经济特征相关的变量。生产成本是影响农户绿肥受偿意愿最直接的因素，对此，本研究设置了"种植绿肥是否增加了农业生产成本"这一问题对绿肥种植成本问题进行考察；针对预期效益，本研究考虑了种植绿肥对后茬主粮预期产量、地力提升、水土保持、生物多样性、空气净化五个方面的影响；对于政府监管，由于不同农户的感知强度不同，因此，本研究通过考察农户对监管的感知强度来表征；而农户的社会经济特征方面，本研究把受访者的性别、年龄、受教育程度，以及其家庭是否有村干部、农业收入和农业劳动力数量等情况。各变量的定义及描述性统计见表10-1。

表10-1 变量定义及描述性统计

变量名称	定义	均值	标准差
是否愿意接受补偿	是否愿意接受补偿：否=0；是=1	0.904	0.303
WTA	农户愿意接受的最低补偿金额：0 = 0 元/hm^2；1 = 1~1 125 元/hm^2；2 = 1 126~2 250 元/hm^2；3 = 2 251~3 375 元/hm^2；4 = 3 376~4 500 元/hm^2；5 = 4 501~5 625 元/hm^2；6 = 5 626~6 750 元/hm^2；7 = 6 750 元/hm^2以上	3.402	1.771
生产成本	种植绿肥是否增加了农业生产成本：否=0；是=1	0.381	0.486
预期产量	种植绿肥对后茬主粮产量的影响：基本没变=1；稍微提升=2；大幅提升=3	2.752	0.524
地力提升	种植绿肥对农田土壤质量的影响：基本没变=1；稍微提升=2；大幅提升=3	2.864	0.404

(续表)

变量名称	定义	均值	标准差
水土保持	种植绿肥对农田水土流失状况的影响如何：基本没变 = 1；稍微改善 = 2；大幅改善 = 3	2.705	0.574
生物多样性	种植绿肥对农田生物多样性的影响如何：基本没变 = 1；稍微提升 = 2；大幅提升 = 3	2.735	0.550
空气净化	种植绿肥对区域空气质量的影响如何：基本没变 = 1；稍微提升 = 2；大幅提升 = 3	2.787	0.514
满意度	对目前所经营耕地质量的满意度：不满意 = 1；一般 = 2；3 = 满意	2.234	0.326
政府监管	当地政府对绿肥种植过程的监管力度如何：弱 = 1；一般 = 2；强 = 3	1.764	0.404
家庭收入	2018 年全家收入（万元）	6.527	15.158
家庭农业劳动力	全家农业劳动力数量（人）	3.460	1.626
耕地面积	5 亩以下 = 1；5~10 亩 = 2；10~15 亩 = 3；15~20 亩 = 4；20 亩及以上 = 5	1.583	1.182
性别	是否为女性：否 = 0；是 = 1	0.248	0.432
年龄	年龄（岁）	54.276	11.438
受教育程度	文盲 = 1；小学 = 2；初中 = 3；高中或中专 = 4；大专及以上 = 5	2.562	1.017
是否有村干部	0 = 否；1 = 是	0.171	0.398
省份：			
广西	是否是广西：否 = 0；是 = 1	0.282	0.451
湖南	是否是湖南：否 = 0；是 = 1	0.337	0.471
江西	是否是江西：否 = 0；是 = 1	0.149	0.364
安徽	是否是安徽：否 = 0；是 = 1	0.162	0.376
河南	是否是河南：否 = 0；是 = 1	0.070	0.153

10.3 研究方法的选择

10.3.1 条件价值法（Contingent Valuation Method，CVM）

WTA 的测算方法主要包括直接成本法、机会成本法、市场价值法、生态价值法、条件价值法（CVM）和选择实验法（CE）等。本研究将采用 CVM 进行农户绿肥种植受偿意愿的测算，做出这种选择的依据为：一方面，由于政府生态补偿实施的前提是农户种植绿肥提供的生态服务价值大于补偿标准,而 CVM 导出的是最小的 WTA,因此运用该方法可以评估生态补偿的现实可行性;另一方面,CVM 方法以受访者的效用最大化为基础,导出的结果符合成本有效性原则,因而可用于分析绿肥种植的成本与收益。

在 CVM 具体应用中,引导技术是设计的核心,其规范与否直接影响结果的信度和效度。当前 CVM 的引导技术主要包括以下几种:重复投标博弈、开放式问题格式、支付卡格式和二分选择格式。其中,支付卡格式和二分选择格式是目前最常用的两种引导技术(郭江等,2017)。本文参考何可等(2013)对农户秸秆还田受偿意愿的研究,采取支付卡方式的引导技术,该方法不仅能够有效降低农户在问卷访谈过程中的拒答率,而且为计算受访者的平均受偿意愿提供了直接的基础数据和更多的有用信息。

由于本研究在问卷设计时对 WTA 采用选项属于区间估计的形式,因此参照 Feng et al.(2018)的处理方式,每个农户的 WTA 使用该农户投标区间的区间中值替代。在调研过程中,一些农户明确当地具有种植绿肥的传统,明确表示不需要补偿也会种植绿肥,考虑到这是农户的真实受偿意愿,因此将这些农户的 WTA 确定为 0。在 CVM 评估法中,采用支付卡引导方式下的非参数方法测算农户 WTA 的计算公式如下:

$$E(WTA) = \sum_{i=1}^{n} A_i P_i \qquad (10-1)$$

其中,A_i 表示样本农户选择的第 i 个投标额度,P_i 表示该农户选择 A_i 的概率。

10.3.2 Tobit 模型

在本研究的样本中,部分因变量农户绿肥种植 WTA 的取值可能是 0 元/亩,说明因变量具有角变量的性质。这意味着用普通最小二乘回归估计的线性规格在评估决定农民 WTA 的因素时可能有偏差。当意愿投标分布截尾于零时,可以应用 Tobit 模型(Yang et al., 2018)。

Tobit 模型被定义为:

$$WTA^* = \beta X_i + \varepsilon_i, \ \varepsilon_i \sim N(0, \sigma^2) \qquad (10-2)$$

$$WTA_i = \begin{cases} WTA_i^*, & \text{if } WTA_i^* > 0 \\ 0, & \text{if } WTA_i^* \leq 0 \end{cases} \qquad (10-3)$$

其中,X_i 为影响农户 WTA 的自变量,β 为未知的待估参数,ε_i 为随机误差;因变量 WTA_i 只有当满足 $WTA_i^* > 0$,$WTA_i = WTA_i^*$ 时才可被观测到。

然而,Tobit 模型存在一个缺陷,即它为 WTA = 0 和 WTA > 0 的受访者建立了相同的潜在影响过程,这就暗含着,愿意接受补偿的人和不愿意接受补偿的人没有什么不同,显然这是不合理的(金翼鑫等,2020)。在这种情况下,一般会使用 Heckman 模型和 Double-hurdle model（D-H 模型）来克服 Tobit 模型的缺陷。本研究最终选择 D-H 模型而不是 Heckman 模型来分析农户 WTA 的影响因素，原因如下：① Heckman 模型主要用于解决样本选择偏差问题。然而，本研究中的 Heckman 估计表明样本选择偏差是不存在的（lambda：Coef. = 0.374，Sig. = 0.564）。因此，Heckman 模型不适用于本研究。② D-H 模型更适用于截尾为 0 的样本。本研究中的样本特征非常符合 D-H 模型的适用条件。

10.3.3 Double-hurdle model（D-H 模型）

D-H 模型由选择方程和 WTA 方程构成。在本研究中，D-H 模型的第一步为分析农户是否具有绿肥种植的受偿意愿，即 WTA 是否大于 0；第二步是农户 WTA 的判定，即愿意接受多少补偿。D-H 模型可以定义为：

$$\text{Selection equation：} D_i = \alpha Z_i + \mu_i, \mu_i \sim N(0, \sigma^2) \quad (10\text{-}4)$$

$$\text{WTA equation：} WTA_i = \beta X_i + \varepsilon_i, \varepsilon_i \sim (0, \sigma^2) \quad (10\text{-}5)$$

在式（10-4）中，Z_i 为影响农户选择是否接受补偿的自变量，α 为待估参数向量，μ_i 为随机误差项。

本研究将同时采用 Tobit 模型和 D-H 模型对农户 WTA 进行探讨。之所以同时使用这两种模型，是因为通过比较两种模型的回归结果，可以为研究结果提供更有说服力的证据，从而进一步验证 D-H 模型在探究 WTA 决定因素方面的优越性。

10.4 农户受偿意愿实证分析

10.4.1 农户受偿决策的描述性统计分析

从总样本来看，近 90% 的人表示愿意接受绿肥种植生态补偿，另有 10% 的人表示不需要补偿也愿意种植绿肥。从图 10-1 可以看出，江西农户的绿肥种植补偿接受率最低，为 87.6%；广西、湖南分别为 88.7% 和 88.5%，而河南和安徽的补偿接受率较高，分别为 95.0% 和 94.9%。农户补偿接受率直接受到他们对耕地质量评价的影响。根据课题组的调查，总样本中有 66.7% 的被调查农户表示他们对所经营的耕地质量"满意"。江西和湖南的受访者选择"不满意"的农户占比分别为 58.5% 和 54.7%，而这一比例在河南和安徽仅为 32.2% 和 34.6%。可见，农户满意度较低的省份拥有较低的补偿接受率。其原因可能是，农户对耕地质量越不满意越具有进行采取措施进行耕地质量提升的主动性，因此也愿意在较低的补偿标准下实施绿肥种植行为。

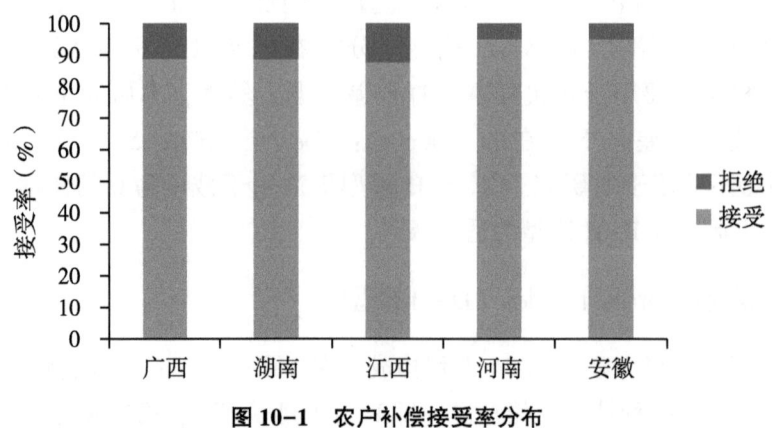

图 10-1 农户补偿接受率分布

10.4.2 农户受偿意愿的描述性统计分析

合理的生态补偿标准可以有效激励农户种植绿肥，但政府应给予农户多少补偿？从图 10-2 可以看出，超过 85% 的农户选择了每年 1 125 元/hm² 以上的补贴额度。其中，广西、湖南农户选择 "3 376~4 500 元/hm²" 的最多，其次为 "2 251~3 375 元/hm²"，选择这两个选项的农户占两省受访农户的比例分别都超过 40%。江西、河南、安徽的农户选择 "2 251~3 375 元/hm²" 的最多，其次为选择 "3 376~4 500 元/hm²" 的农户，选择这两个选项的农户占三省受访农户的比例分别都超过 50%。特别是在江西，选择受偿额度在 3 376~4 500 元/hm² 的农户占比超过 70%。调查中发现，农户在选择受偿额度时，一般首先要考虑绿肥种植成本，他们的受偿意愿是一个不低于种植成本的且可为自身所接受的最低的补偿额度值。

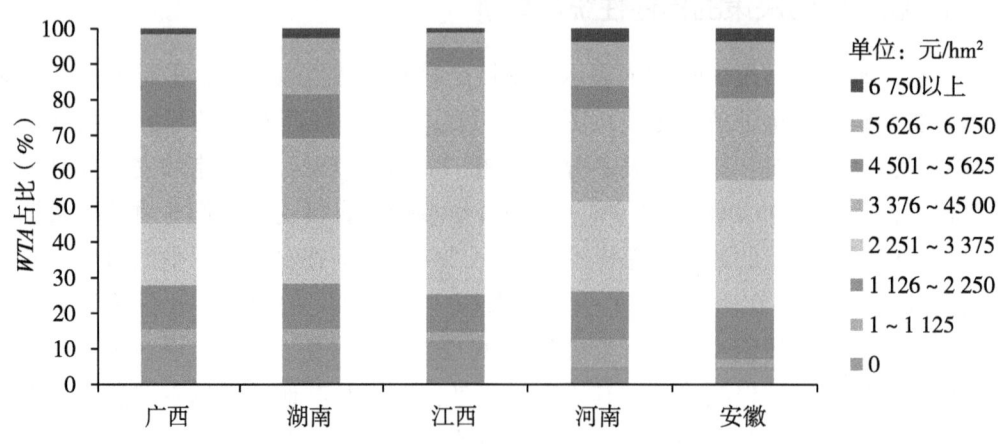

图 10-2 农户绿肥种植 WTA 分布

10.4.3 农户绿肥种植 WTA 的测算

调查区域农户种植绿肥的平均 WTA 计算如下：

$$E(WTA) = \sum_{i=0}^{7} A_i P_i = 0 \times P_0 + 563 \times P_1 + 1688 \times P_2 + 2813 \times P_3 + 3938 \times P_4 + 5063 \times P_5 + 6188 \times P_6 + 7313 \times P_7 = 3322.5 \text{元}/hm^2 \quad (10-6)$$

表 10-2 显示了农户种植绿肥的平均 WTA 值和总补偿额度。可见，五个样本省份平均 WTA 为 3 322.5 元/hm²，高于五省绿肥种植平均成本（2 169 元/hm²）。也就是说，若使农户更积极地、以可持续的方式种植绿肥，政府需向其支付一个高出种植成本约 53% 的溢出额度。之所以农户的 WTA 会高于绿肥种植成本，是因为农户在种植之前不确定他们的投资是否会得到回报，因此他们会向政府寻求更高额度的补偿作为风险担保。

由表 10-2 还可以看出，湖南农户种植绿肥的 WTA 最高，为 3 439.5 元/hm²；其次是河南，为 3 379.5 元/hm²；广西和安徽农户的 WTA 分别为 3 369.0 元/hm² 和 3 331.5 元/hm²；江西农户的 WTA 显著低于其他 4 省，仅为 2 932.5 元/hm²。测算结果显示，五个样本省份农户的 WTA 都高于当地现行的补偿标准，补偿标准过低，这导致目前的生态补偿政策很难有效激励农户参与到绿肥种植中来。这一结论与课题组调查中发现的情况一致。在调查中，有很多农户反映目前政府给予的绿肥种植

表 10-2 农户 WTA 与总补偿金额

农户 WTA	广西 比率（%）	湖南 比率（%）	江西 比率（%）	河南 比率（%）	安徽 比率（%）	汇总 比率（%）
0 元/hm²	11.3	11.5	12.4	5.0	5.0	10.1
1~1 125 元/hm²	4.2	4.1	2.2	7.5	2.0	3.7
1 126~2 250 元/hm²	12.5	12.7	10.8	13.7	14.6	12.7
2 251~3 375 元/hm²	17.2	18.2	35.1	25.0	35.7	23.8
3 376~4 500 元/hm²	27.1	22.6	28.7	26.2	23.2	25.1
4 501~5 625 元/hm²	13.1	12.5	5.4	6.3	8.0	10.5
5 626~6 750 元/hm²	13.1	15.8	4.3	12.5	8.0	11.8
6 750 元/hm² 以上	1.5	2.6	1.1	3.8	3.5	2.3
平均 WTA（元/hm²）	3 369.0	3 439.5	2 932.5	3 379.5	3 331.5	3 322.5
绿肥种植（万 hm²）	43	60	32	12	19	166
总额（亿元）	14	21	9	4	6	54

补偿过低，不能弥补生产成本，或者明确表示种植绿肥会给家庭带来经济负担，因此不愿意种植。为了提高绿肥补偿政策的有效性，必须缩小现行标准与农户 WTA 之间的差距（Huang et al., 2019）。此外，根据样本省份绿肥种植面积计算的总 WTA 值为 54 亿元，这意味着对政府来说，需要安排总额不低于这一数额的财政资金来支持绿肥政策实施。

10.4.4 模型估计结果

表 10-3 齐性检验结果显示了各省份农户绿肥种植 WTA 之间的差异，P 值为 0.375，说明各组间齐性不显著，可以进行方差分析。表 10-4 为方差分析结果，P 值为 0.144，表明五省农户 WTA 的影响因素无显著差异。表 10-5 给出了解释农户 WTA 的 Tobit 和 D-H 模型的回归结果。

在 D-H 模型的选择方程中，受访者的性别、农户耕地面积、耕地质量满意度、生产成本、地力提升和政府监管共 6 个变量对农户接受绿肥补偿的意愿具有显著影响。其中，性别和耕地面积对农户接受补偿的意愿的影响分别在 10% 和 5% 的水平上通过了显著性检验，方向为正，说明女性和规模经营的农户更倾向于接受政府的生态补偿。生产成本和政府监管都在 1% 的显著性水平上正向影响农户接受补偿的意愿，而地力提升和满意度 2 个变量都在 1% 的水平上显著负向影响农户接受补偿的意愿。政府严格的监管必然会增加农户种植绿肥的成本，迫使农户寻求外部补偿来提高收益。如果农户认识到通过种植绿肥可以改善土壤质量，他们就可能不需要政府补偿便自愿种植绿肥；如果农户对他们目前的耕地质量不满意，他们也很可能在没有补偿的情况下自愿种植绿肥来改善耕地质量。

比较 Tobit 模型和 D-H 模型中 WTA 方程的回归结果，可以看出，在两个模型中影响农户绿肥种植受偿意愿的因素是相同的，不同之处在于相关系数发生了变化。在 D-H 模型的两个方程中，影响农户接受补偿的意愿和 WTA 的因素并不完全一致。女性和满意度对农户接受补偿的意愿有影响，但不影响 WTA；年龄、村干部、家庭收入和预期产量对农户的 WTA 有影响，但对农户接受补偿的意愿无显著影响。这说明农户对补偿的偏好可能由两个不同的过程组成，而 Tobit 模型是一种单阶段决策方法，只能描述农民决策过程的后半部分。D-H 模型和 Tobit 模型的似然比检验结果显示，$\Gamma = -2\ln L_{Tobit} - (\ln L_{select} + \ln L_{WTA}) = 84.376 > \chi^2(16) = 5.812$，这也从理论上验证了影响农户接受补偿的意愿和 WTA 的因素具有差异性。以上研究结果表明，D-H 模型在分析农户 WTA 的决定因素方面要优于 Tobit 模型。因此，在本研究中将重点关注 D-H 模型的结果。

在 D-H 模型中，共考虑 15 个关键变量和 1 个区域虚拟变量，其中，有 8 个变量对 WTA 有显著影响，分别为 ln 年龄、村干部、家庭农业收入、耕地面积、生产成本、预期产量、地力提升和政府监管。农户绿肥种植的成本收益影响其 WTA。生产成本对农户 WTA 在 1% 水平上具有正向显著的影响，说明种植绿肥导致的生产成本增加越多，农户的 WTA 越高，验证了 H1。同时，根据边际效应结果，在其他条件不变时，生产成本每增加 1%，农户 WTA 将提升 12.5%。另一方面，预期产量对农户 WTA 具有显著的负向影响，这意味着农户对绿肥在提高后茬主粮产量方面的感知价值越高，越可能在较低的补偿标准下种植绿肥，H2 也得到验证。边际效应结果表明，预期产量每降低 1%，农户绿肥种植的 WTA 将提高 3.9%。

农户 WTA 也会受到种植绿肥所带来的环境效益的影响。南方稻区种植绿肥的主要作用是通过控制土壤退化和污染来改善耕地质量，从而促进粮食可持续生产。地力提升对农户 WTA 的影响在 1% 的水平上通过显著性检验，说明农户对绿肥改善土壤质量的感知价值越高，越可能在较低的补偿标准下种植，假设 H3 得到了验证。边际效应结果表明，在其他条件不变的情况下，土壤质量每降低 1%，农户 WTA 将提高 4.8%。因此，让农户更多地意识到绿肥的土壤改善价值，是激励农户在较低的补偿标准下种植的有效途径。

政府监管在 1% 的显著性水平上正向影响农户绿肥种植的 WTA，验证了 H4。在我国，90% 以上的农业生态项目是在政府的管控下实施的，农户在其中几乎没有独立的决策权。虽然农户可以自主决定是否种植绿肥，但政府对农户绿肥种植管理的行政监督仍然影响着农户的行为态度。如果政府对农户的种植管理过程过度监管，为满足政府所要求的实施标准，农户势必会尽可能多的投入生产要素，导致生产成本提升，为了弥补成本收益的缺口，农户的 WTA 也会更高。根据边际效应结果，在其他条件不变的情况下，政府监管强度每提高 1%，农户 WTA 将随之提高 7.2 个百分点。因此，在保证绿肥种植质量的前提下，优化政府角色定位、建立适度监管机制，充分尊重农户的决策自主权，对降低 WTA 具有重要的意义。

性别和受教育程度对农户 WTA 有正向影响，但不具有统计学意义。ln 年龄对 WTA 有显著的负向影响，表明年长的农民更倾向于在较低的补偿标准下种植绿肥。在我国南方的传统绿肥种植区，年长的农民在化学肥料被广泛使用之前就已经普遍采用绿肥来为粮食生产提供肥源和保护耕地，他们比年轻的农民更懂得绿肥对农业生产的价值；而对于年轻农民来说，非农就业机会多、务农机会成本高，他们需要更高的政府补偿来弥补预期收入的损失。边际效应的计算结果表明，在其他条件不变时，当农民年龄的自然对数下降 1%，农户 WTA 将提高 3.2%。这一结论对根据年龄结构调整生态补偿政策具有一定的指导意义。

村干部变量对农户 WTA 具有显著的负向影响，说明与普通农户相比，如果家庭成员中有村干部，那么这个家庭对种植绿肥的 WTA 会更低。边际效应结果显示，村干部种植绿肥的 WTA 比普通农户低 1 个百分点。这可能是由于村干部是村集体的领导者和政府政策在基层的实际推动者，他们对政府绿肥政策的思想认知和感知价值更高，相应地，他们在实践中也会更积极地参与到政府行动中来。

家庭收入对农户 WTA 具有显著的负向影响,说明收入越高,农户种植绿肥的受偿意愿越低。已有研究指出,农户越富裕,其在耕地保护上投入的资金越多(Eagle et al.,2015)。换句话说,家庭收入越高,就越有充足的资本投入到农业生产条件建设中来,对外部资本的需求就越低。然而,边际效应结果却表明,在其他条件不变时,当农户收入提高 1%,农户的 WTA 只能下降 0.1%,说明家庭收入对 WTA 的影响已接近边际效应递减的临界值。因此,通过增加家庭收入的途径来减少补偿的措施在未来作用有限。

家庭农业劳动力对农户 WTA 有正向影响,但不具有统计学意义。耕地面积对农户 WTA 具有显著的正向影响,说明耕地面积越大的农户的 WTA 越高。其原因可能为:不同于兼业经营户,规模经营的农户一般以农业为主,其大部分收入来源于农业生产,因此,农业收益最大化便成为他们全部生产活动的最终目标,而和耕地面积相挂钩的补偿金额对他们来说是一笔相当可观的收入。边际效应结果表明,当耕地面积增加 1% 时,农户 WTA 将提高 5.1%。这也解释了当前政府绿肥种植补偿政策在设计时一般会向大户、家庭农场、合作社等规模经营主体倾斜的原因。

表 10-3 方差齐性检验

Levene 统计	$df1$	$df2$	$Sig.$
9.510	4	1212	0.375

表 10-4 组内和组间的方差分析

来源	SS	df	MS	F	Prob>F
组间	29.010	4	7.253	2.329	0.144
组内	3 773.506	1 212	3.113		
总计	3 802.516	1 216	3.127		

表 10-5 农户 WTA 回归结果

指标	Tobit 模型	D-H 模型		边际效应
		选择方程	WTA 方程	
性别	0.136	0.465*	0.045	0.0119
	(0.092)	(0.233)	(0.065)	(0.0079)
ln 年龄	-0.532*	0.031	-0.384**	-0.0317
	(0.304)	(0.992)	(0.193)	(0.1879)
受教育程度	0.045	-0.389	0.054	0.0105
	(0.100)	(0.254)	(0.069)	(0.0195)
村干部	-0.305***	-0.507	-0.194**	-0.0097
	(0.092)	(0.362)	(0.777)	(0.0036)

（续表）

指标	Tobit 模型	D-H 模型		边际效应
		选择方程	WTA 方程	
家庭收入	-0.001***	9.40E-06	-0.001***	-0.0006
	(0.000)	(0.000)	(0.000)	(0.0002)
家庭农业劳动力	0.006	-0.001	0.020	0.0063
	(0.026)	(0.061)	(0.019)	(0.0326)
耕地面积	0.092***	0.314**	0.008*	0.0510
	(0.032)	(0.129)	(0.023)	(0.0175)
满意度	0.164	-1.126***	0.093	0.0679
	(0.084)	(0.285)	(0.060)	(0.0436)
生产成本	2.201***	10.266***	1.462***	0.1248
	(0.101)	(0.428)	(0.067)	(0.0052)
预期产量	-0.224**	0.248	-0.366***	-0.0394
	(0.093)	(0.219)	(0.063)	(0.0175)
空气净化	0.069	-0.149	0.084	0.0846
	(0.049)	(0.112)	(0.035)	(0.0577)
地力提升	-0.381***	-0.437***	-0.599***	-0.0475
	(0.049)	(0.113)	(0.035)	(0.0644)
水土保持	0.049	0.183	0.012	0.0526
	(0.051)	(0.136)	(0.035)	(0.0549)
生物多样性	-0.022	0.100	-0.044	-0.0229
	(0.052)	(0.130)	(0.034)	(0.0572)
政府监管	0.664***	2.194***	0.333*	0.0716
	(0.056)	(0.216)	(0.036)	(0.0694)
广西	0.104	-0.136	0.093	0.1139
	(0.178)	(0.413)	(0.142)	(0.0176)
湖南	0.083	0.199	0.093	0.0101
	(0.157)	(0.359)	(0.123)	(0.0186)
江西	0.133	0.410	0.048	0.0084
	(0.185)	(0.419)	(0.147)	(0.0111)
安徽	0.282	0.336	0.170	0.0152
	(0.165)	(0.404)	(0.127)	(0.0088)
Constant	3.047***	-4.525***	7.714***	
	(0.296)	(3.473)	1.251)	
sigma	1.508***		1.045***	
	(0.032)		(0.073)	

注：***、**、*分别表示1%、5%、10%的显著性水平。

10.4.5 结果讨论

对农户绿肥种植行为进行生态补偿是激励其可持续实践的有效措施，然而，目前各地现有补偿政策大多不完备，特别是补偿标准与农户需求不匹配，如课题组所调查的广西、湖南、江西、河南和安徽五省目前的补偿标准折算现金分别约为 405 元/hm²、675 元/hm²、375 元/hm²、375 元/hm² 和 600 元/hm²，而农户实际上希望从政府获得的最低补偿金额为 3 322.5 元/hm²，农户的受偿意愿显著高于各地目前的补偿标准。另一方面，从绿肥种植成本来看，目前的补偿标准很难弥补农户的成本，如果考虑种植绿肥给农户带来的直接经济效益，种植成本与附加补贴的总效益基本持平，农户缺乏利润，因此仍然难以调动其可持续实践的积极性。因此，参照农户的受偿意愿，优化绿肥种植生态补偿标准，理应成为目前绿肥政策设计的重点工作。

生态补偿效率受补偿政策可持续性的影响，而农户受偿意愿的稳定性是影响补偿政策可持续性的重要因素。换句话说，如果农户的受偿意愿具有不断增加的趋势，那么政府的补偿标准就应随之提升，财政负担也会不断提高，当政府难以承受这种负担时，生态补偿便会退出。目前，一个令人担忧的情况是，未来绿肥种植成本将继续攀升，农户的受偿意愿在一定时期内也会继续提高。未来绿肥种植成本的提升主要来源于三个方面：绿肥种子成本、机械作业成本和人工成本，尤其是后两者的增长，将成为总成本提高的主要驱动力。农业劳动力成本上升的原因是，随着农村劳动力向城市转移将导致农村优质农业劳动力资源稀缺（Huang et al.，2009），稀缺性将导致劳动力资源供给不足，进而劳动价格提升；机械成本的提升主要为燃料成本的提高（Ross et al.，2009）。随着人工和机械成本的提升，农户的生产成本随之上升，他们的受偿意愿也会继续提高，这不利于生态补偿政策的稳定性。不过，研究发现，农民的受偿意愿受到后茬水稻产量的显著负向影响，即如果种植绿肥可以提高水稻产量，农户的受偿意愿会降低。在国家稻谷最低收购价格保护下，稻谷价格不会随产量的增加而出现急剧下降，因此农民的收入将会提升，他们的受偿意愿可能会下降。在未来，由于水稻收益增加导致的农户受偿意愿的下降，将会延缓由于绿肥种植成本提高导致的农户受偿意愿的提升，但长期成本—效益效应对农户受偿意愿变化趋势的影响还有待进一步评估。

研究发现，提高农户对绿肥地力提升价值的认知水平，是激励其降低受偿意愿的有效措施。绿肥最主要的生态服务功能即对耕地质量的改善。当前，国家大力推广绿肥，其目的也是为了养护耕地。如农业农村部相继出台的《耕地质量保护与提升行动方案》和《耕地质量提升行动方案》，都把绿肥种植当作提升土壤肥力、保护耕地的重要措施。然而，虽然目前大部分农户对绿肥地力提升价值都具有一定的认知，但仍有一些受访者处于"零认知"或"低认知"的状态，这部分受访者的受偿意愿普遍高于具有"高认知"的农户，印证了受偿意愿会受到农户认知影响的事实。此外，本研究还发现，过度的政府监管会导致较高的受偿意愿，不利于绿肥生态补偿政策的可持续性。这一结论为未来绿肥政策的调整提供了明确的方向，即决策者应适当放松行政命令式的监管，更多地依靠经济激励来刺激农户的生态意识，让农户更多地认识到绿肥的价值，充分调动农户的行为自觉性。

10.5 结论与政策启示

本章采用 CVM 方法对农户种植绿肥的受偿意愿进行了评估，并通过构建 D-H 模型确定了影响农户受偿意愿的关键因素。据调查，虽然有 34% 以上的受访农户种植了绿肥，但在没有任何外部经济激励、完全自愿种植的比例不足 5%。因此，建立绿肥种植生态补偿机制，是维持农户绿肥种植行为，促进政府绿肥政策目标实现的重要保障。补偿标准的确定是生态补偿机制设计的核心，而补偿标准的合理性也直接关系到生态补偿政策的有效性。研究发现，南方稻区农户绿肥种植受偿意愿为 3 322.5 元/hm^2，高于目前各省现行补偿标准。年龄、村干部、收入、预期产量、地力提升五个变量对农户受偿意愿具有显著负向影响，而耕地面积、生产成本和政府监督三个变量对农户受偿意愿具有显著正向影响。

基于以上研究，得出如下政策启示：第一，不断降低农户的绿肥种植成本、提高经济效益，是促使农户在较低的补偿下采纳绿肥种植行为的必要条件；第二，让农民更多地认识到绿肥在耕地保护方面的环境价值，是降低其受偿意愿、提高生态补偿政策可持续性的有效措施；第三，过度的政府监管将提高农户绿肥受偿意愿，因此，调整政府与农户之间的关系、建立适度监管与经济激励相结合的运行机制是必然选择；第四，以农村人口老龄化和收入增长为契机，制定绿肥长期推广规划，将有助于在较低财政负担的情况下实现国家绿肥政策目标。

第11章

异质性农户绿肥种植生态补偿方式选择偏好

生态补偿标准确定之后,补偿方式就成为至关重要的问题。补偿方式是由补偿主体的多元性与补偿对象的需求多样性共同决定的,合理补偿方式的设计是生态补偿政策顺利开展的客观要求。选择交易成本低、操作性强的补偿方式,是绿肥种植生态补偿制度实施的关键。但我国现行的生态补偿实践多是政府主导型,政府往往出于操作便利性而采用单一的补偿方式,忽视了生态服务提供者对多元化补偿方式的需求,导致补偿激励效果普遍不高。因而,转变生态补偿方式的设计理念,加强差异化补偿方式在绿肥种植生态补偿中的推广,使得各种补偿方式的供给可以与个性化的补偿需求相匹配,成为目前亟待解决的问题。本章将探讨农户对当前现有的绿肥种植生态补偿方式的满意程度,分析影响其选择不同补偿方式的因素,确定满足农户差异化需求的生态补偿方式匹配机制,以促进绿肥生态补偿政策的完善与效率提升。

11.1 理论分析框架

11.1.1 生态补偿方式界定

当前我国生态补偿项目的补偿方式主要包括资金补偿、实物补偿、技术补偿、政策补偿、产业补偿等。其中,资金补偿是最常见、最迫切、最急需的补偿方式;资金补偿过程包含多项费用补偿,例如效益补偿费、损失补偿费等,常见的方式包括补偿金、赠款、减免税收、退税、信用担保的贷款、补贴、财政转移支付、贴息等。实物补偿是指生态服务购买者运用物质、劳力和土地等进行补偿,给生态服务供给者提供部分的生产要素和生活要素,改善生态服务提供者的生活状况,增强其生产能力。技术补偿是指生态服务购买者通过开展智力服务,提供无偿技术咨询和指导,培训生态服务供给区的技术人才和管理人才,为其输送各类专业人才,提高生态服务供给区的生产技能、技术含量和管理组织水平。政策补偿是指中央政府对省级政府、省级政府对市级政府的权利和机会补偿。产业补偿是指生态服务购买者帮助生态服务供给区发展替代产业，或者补助发展无污染产业，增强其自身的造血功能，是缩小发展差距、提高其人民生活水平的最好办法。

在绿肥种植生态补偿中，资金补偿和实物补偿是最普遍、最重要的两种方式。结合绿肥种植的实际情况，实物补偿又可详细划分为绿肥种子补偿和专用农机具服务补偿。绿肥种子补偿是指政府主管部门向农户免费提供绿肥种子供其使用，专用农机具服务补偿是指政府提供绿肥开沟、翻压机械，为农户绿肥种植过程进行无偿服务支持。在绿肥生态补偿政策实施的初期，资金补偿和种子补偿比较普遍，随着绿肥技术的发展，越来越多的轻简化栽培技术被开发和推广，绿肥种植机械化程度不断提升。目前，专用农机具服务补偿也已成为政府绿肥生态补偿的重要方式之一。

11.1.2 异质性特征对农户绿肥种植补偿方式选择的影响

当前，学术界对农户生态补偿方式选择偏好的研究不多。有典可查的文献有刘宇晨等（2018）对牧民草原生态补偿方式的选择，杨欣等（2012）对农户农田生态补偿方式的选择，以及赵雪雁等（2010）对农牧民黄河水源补给区生态补偿方式的选择。这些研究大多关注了农户社会经济特征异质性对其补偿方式选择偏好的影响，并指出家庭内部条件的差异是造成农户选择偏好不同的最重要的原因。基于此，本研究在探讨农户对绿肥持续种植补偿方式选择的决定因素问题时，也将重点关注与受访者及其家庭相关的因素的影响。

（1）个体特征。包括受访者的年龄、受教育程度、健康状况等。农民的年龄和身体健康状况与其劳动能力紧密相关。年龄较大、身体健康状况较差的农民劳动能力较弱，对繁重的农业生产活动的胜任能力较差，因此，在绿肥种植生态补偿中，这部分农民可能更倾向于直接从政府绿肥推广部门得到绿肥种子补偿和专用农机具服务补偿以克服自身的不足。受教育程度高的农民有更丰富的知识和能力对绿肥种植过程做出符合自家情况的妥善安排，而资金补偿是一种最灵活的补偿方式，农户可在绿肥种植各环节中灵活分配资金比例、安排资金用途，实现资金利用效率最大化。因此，受教育程度高的农户可能更愿意选择资金补偿的方式。

（2）家庭特征。包括家庭农业劳动力、耕地面积、家庭收入等。家庭农业劳动力越多、耕地面积越大，说明农户对农业的依赖程度越高。若农户家庭生计以农业生产经营为主，那么他们一般具有自己置办农业生产物资的需求，此时，这部分农户便更希望从政府得到资金补偿以用于物资购买。在目前农业收入在家庭总收入中占比普遍较低的情况下，家庭收入较高的农户家庭收入结构中的非农收入较高，对他们来说，时间成本和劳动成本可能比较昂贵，因此，这部分农户可能更倾向于选择种子补偿和专用农机具服务补偿。

（3）经营特征。包括兼业经营、土地细碎化等。兼业经营的农户对农业的依赖程度较低，从事农业生产的机会成本较高，因此更倾向于选择劳动替代型生产方式。政府提供的专用农机具服务补偿方式和种植补偿方式，能够大幅节约农户的劳动时间和物资购置交易时间，契合了农户的现实需求，因此，兼业农户更可能选择实物补贴的方式。土地细碎化不利于机械化作业，因此农户对专用农机具服务补偿缺乏偏好，而对种子补偿和资金补偿更具热情。

11.1.3 研究假设的提出

基于以上分析，提出如下研究假设：

H1：年龄较大、身体健康状况较差的农民更倾向于选择实物补偿，而受教育程度高的农户更倾向于选择资金补偿。

H2：家庭农业劳动力越多、耕地面积越大的农户越倾向于选择现金补偿的方式，而家庭收入越高的农户越可能选择实物补偿的方式。

H3：与非兼业农户相比，兼业经营的农户更愿意获得实物补偿，而土地细碎化程度高的农户更愿意选择资金补偿。

11.2 变量定义及描述性统计

本研究的因变量为绿肥种植生态补偿方式，根据研究区域生态补偿政策实施的现实情况，将补偿方式归为三类：资金补偿、种子补偿和专用农机具服务补偿。根据研究需要，假定上述三种补偿方式在总价值上等值。考虑到有一部分农户表达了可以不接受补偿但仍愿意种植绿肥的想法，鉴于此，本研究还将设置不接受任何补偿方式作为参照。

选取以受访者的年龄、受教育程度、健康状况为代表的个体特征，以家庭农业劳动力、耕地面积、家庭收入为代表的家庭特征，以兼业经营、土地细碎化为代表的经营特征共8个变量，以及1个省份虚拟变量。各变量定义、赋值及描述性统计如表11-1所示。

表11-1 变量定义及描述性统计

变量类型	变量名称		变量定义	平均值	标准差
因变量	生态补偿方式		0=不接受任何补偿方式；1=资金补偿；2=种子补偿；3=专用农机具服务补偿	1.588	0.536
自变量	个体特征	年龄	实际年龄（岁）	54.276	11.438
		受教育程度	文盲=1；小学=2；初中=3；高中或中专=4；大专及以上=5	2.562	1.017
		健康状况	很差=1；较差=2；一般=3；较健康=4；很健康=5	3.574	1.103

（续表）

变量类型		变量名称	变量定义	平均值	标准差
自变量	家庭特征	农业劳动力	家庭劳动力数量（人）	3.460	1.626
		家庭收入	家庭总收入（万元）	6.527	15.158
		耕地面积	家庭耕地面积：5 亩以下 = 1；5~10 亩 = 2；10~15 亩 = 3；15~20 亩 = 4；20 亩及以上 = 5	1.583	1.181
	经营特征	兼业经营	否 = 0；是 = 1	0.552	0.497
		土地细碎化	耕地块数：1~2 块 = 1；3~4 块 = 2；5~6 块 = 3；7~8 块 = 4；8 块以上 = 5	2.015	0.257
	省份	广西	是否是广西：否 = 0；是 = 1	0.282	0.451
		湖南	是否是湖南：否 = 0；是 = 1	0.337	0.471
		江西	是否是江西：否 = 0；是 = 1	0.149	0.364
		河南	是否是河南：否 = 0；是 = 1	0.162	0.376
		安徽	是否是安徽：否 = 0；是 = 1	0.070	0.153

11.3 研究方法的选择

农户绿肥种植生态补偿方式存在四种状态，即不接受任何补偿方式、资金补偿、种子补偿和专用农机具服务补偿，并分别为其赋值为 $y=0$、1、2、3。由于这四个选项相互之间不存在逻辑关系，因此，适合采用多元无序 Logit 模型（Multi-nominal Logit Regression，MLR）对数据进行实证分析。以 $y=0$（不接受任何补偿方式）为参照组，生态补偿方式选择的 MLR 模型可表示为：

$$\ln(\frac{p_1}{p_0}) = \alpha_0 + \sum_{k=0}^{k}\beta_{0k}x_k \qquad (11\text{-}1)$$

$$\ln(\frac{p_2}{p_0}) = \alpha_1 + \sum_{k=1}^{k}\beta_{1k}x_k \qquad (11\text{-}2)$$

$$\ln(\frac{p_3}{p_0}) = \alpha_2 + \sum_{k=1}^{k}\beta_{2k}x_k \qquad (11\text{-}3)$$

其中，α_0、α_1、α_2 为常数项；x_k 为因变量，表示第 k 个因素对生态补偿方式选择的影响；β_{0k}、β_{1k} 和 β_{2k} 为回归系数。模型（11-1）为以 $y=0$ 为参照，探讨自变量对 $y=1$ 的影响；模型（11-2）为以 $y=0$ 为参照，探讨自变量对 $y=2$ 的影响；模型（11-3）为以 $y=0$ 为参照，探讨自变量对 $y=3$ 的影响。

11.4 农户补偿方式选择实证分析

11.4.1 目前农户接受的绿肥补偿方式

调查结果表明,在接受过政府生态补偿的农户中,仅有2.3%的农户选择专用农机具服务补偿,47.9%选择现金补偿,而53.3%的农户接受的是种子补偿(图11-1)。可见,各地绿肥种植生态补偿方式以种子补偿和现金补偿占主导,而专用农机具服务补偿等其他补偿方式只占少数。究其原因,"政府主要提供此种形式的补偿"成为其中最重要的因素。对政府相关部门的调查显示,目前之所以政府更倾向于以种子补偿的方式推进绿肥生态补偿,其主要原因是绿肥种子是一种专用性资产,种子补偿可以避免农户擅自改变物资用途,保证专款专用,促进生态补偿政策效率最大化。

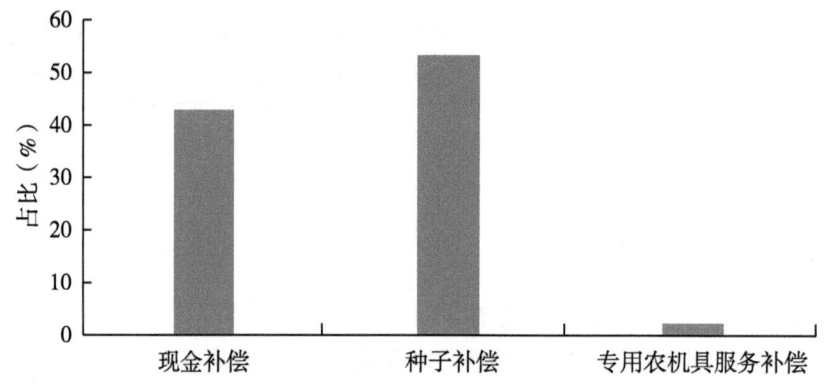

图 11-1 当前绿肥补偿方式分布情况

11.4.2 农户对目前补偿方式的满意度

农户对目前绿肥种植生态补偿方式的满意度情况如图11-2所示。选择"比较满意"和"非常满意"的农户占比分别为43.1%和28.8%,两者之和超过70%,可见,大部分农户对目前政府采取的补偿方式感到满意。然而,不可忽视,仍有近30%的农户不同程度地表达了对目前补偿方式的担忧。造成这种负面态度的主要原因是,政府在确定补偿方式时并没有考虑农户的实际需求,因此,无法充分调动农户的积极性。

11.4.3 农户对不同补偿方式的选择偏好

农户对不同补偿方式的选择偏好情况如图11-3所示。42.9%的农户偏好现金

政府激励研究篇

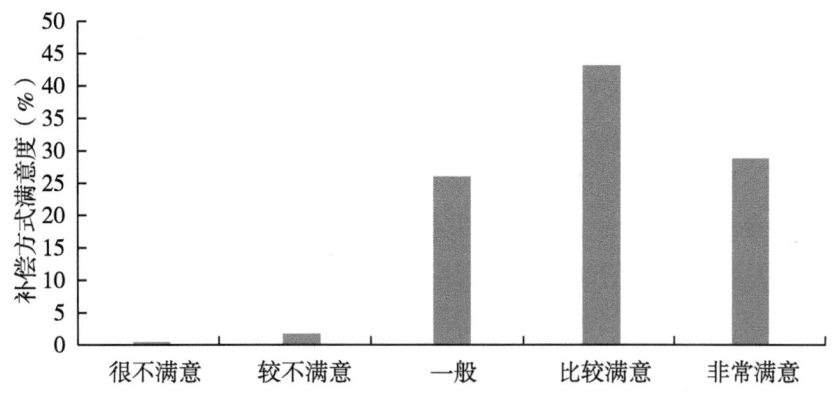

图 11-2 农户对当前补偿方式的满意度

补偿，一方面原因在于现金补偿最简单且可以根据自己的需要自由支配；其次，可以杜绝被欺瞒和克扣的现象，保证补助资金按照规定发放到自己手中。53.3%的农户偏好种子补偿，偏好种子补偿的农户，一方面可能是他们喜欢"看得见、摸得着"的实物；另一方面，实物补偿有助于他们更方便地发展生产，尤其是农业生产资料的提供部分缓解了他们购买难和购价高的问题。偏好专用农机具服务补偿的农户占比仅为3.8%，这是因为绿肥种植过程中农机具的使用主要在翻压还田阶段，因此，专用农机具服务补偿是一种发生在农户种植绿肥后的补偿形式，基于对未来不确定性的考量，农户在做出这种补偿方式的选择决策时会更加谨慎。

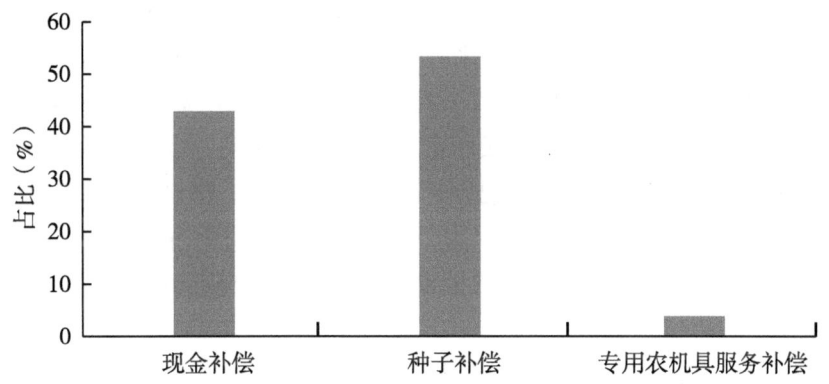

图 11-3 农户对不同补偿方式的选择偏好

11.4.4 实证结果

选定的10个自变量在各分组之间的显著性水平及回归系数均存在差异（表11-2），表明农户对不同绿肥生态补偿方式的选择受到不同因素的差别化影响。

年龄变量对农户选择现金补偿方式影响不显著，但在1%水平上显著正向影响其选择种子补偿和专用农机具服务补偿,说明年长的农民更倾向于选择实物补偿方式。健康状况在5%水平上负向显著影响农民选择种子补偿和专用农机具服务补偿,表明健康状况越差越倾向于选择实物补偿。对年长、健康状况较差的农民来说,其补偿方式选择决策会受自身体力、精力的限制。一方面,年长、健康状况较差的农民体力较差,不再能够胜任劳动强度高的农业生产活动,因此更愿意选择能够替代劳动的机械服务;另一方面,种子购买后的运输过程也对农民的体力、能力有一定要求,如种子装卸载需要农民具备一定体力、驾驶运输工具需要相应的驾驶技术和资质,这些对年长、健康状况较差的农民也是一种考验;此外,种子补偿的方式还解决了年长农民因信息渠道不畅而可能面临的购种难、购价高的问题。受教育程度在10%的水平上显著正向影响农户选择现金补偿,说明受教育程度高的农民在绿肥种植生态补偿中更倾向于选择现金的方式。现金补偿的优势在于,农户可根据自身需求灵活、自由地分配补偿资金到绿肥种植的各环节中,尊重了农户的决策自主权,最大化调动了农户的积极性。然而,资金的合理分配不仅要求农民拥有相应的务农经验,更需要其具备农业投资的知识能力,这就对农民的受教育水平提出了要求。受教育程度高的农民更清楚绿肥种植各环节建设对资金的需求,也更有能力使用有限的补偿资金实现最大效益。这也是文化水平高的农民做出现金补偿选择决策的根本原因。根据上述分析,H1得到了验证。

家庭收入变量在10%的显著性水平上负向影响农户选择现金补偿,而在5%的显著性水平上正向影响其选择专用农机具服务补偿,说明收入越高的农户家庭越不愿意接受现金补偿的方式,而更愿意接受农机服务补偿。据调查,受访农户中超过85%的家庭农业收入占家庭总收入的比重不足50%,说明目前农业经济并不是农户家庭经济结构中的主要成分,家庭收入越高,意味着农业对家庭财富的贡献率越低,农民务农的机会成本越高。一般而言,家庭收入越高,农户拥有更丰富的自有资本可用于农业投资,因此对政府现金补偿的需求越小。对这部分农户而言,劳动和时间才是最"昂贵"的生产要素,他们没有太多的时间和精力用于绿肥种植,因此会更青睐于政府所提供的能够节约劳动和时间的实物补偿形式。据此,H2得到了部分验证。

兼业经营变量在5%的显著性水平上正向影响农户对专用农机具服务补偿的选择,说明兼业经营的农户更倾向于选择农机服务补偿的形式。同上分析,兼业经营的农户主要的时间和精力都不在农业生产经营上,因此也不会花费太多劳动在绿肥种植方面。若政府提供能够节约劳动的补偿方式,他们一般都会积极采纳。H3得到了部分验证。

此外,从各省差异来看,湖南省的农户更倾向于选择种子补偿的方式,而安徽省农户则更倾向于选择现金补偿。可能的原因是,湖南省是我国传统的绿肥种植区,农户具有自发种植绿肥的习惯,对他们来说,最缺乏的生产要素是种子,只要种子可获得，农户一般都愿意参与到绿肥种植中来，这与调研了解到的情况一致。安徽省是我国著名的绿肥种子繁育和生产基地，国家规模最大的几家绿肥种子企业都坐落于安徽，国内很多地区绿肥推广所使用的种子也都来源于安徽，因此，对安徽的农户来说，他们缺乏的不是种子，而是更为灵活、可自由支配的现金补偿。

表11-2 模型回归结果

变量	现金补偿 (y=1)				种子补偿 (y=2)				专用农机具服务补偿 (y=3)			
	β	标准误	Wald	Exp(β)	β	标准误	Wald	Exp(β)	β	标准误	Wald	Exp(β)
截距	-13.297	8.179	2.643		-10.193	5.259	3.756		-16.705	5.281	10.005	
ln 年龄	3.379	1.812	3.479	29.338	3.833***	1.172	10.701	46.189	5.051***	1.176	18.460	156.249
受教育程度	0.770*	0.460	2.804	2.160	0.280	0.301	0.867	1.323	0.477	0.300	2.530	1.611
健康状况	-0.320	0.434	0.542	0.726	-0.168**	0.312	0.291	0.845	-0.079**	0.312	0.065	1.083
农业劳动力	0.569	0.348	2.680	1.766	0.145	0.274	0.281	1.157	0.199	0.273	0.534	1.221
ln 家庭收入	-0.733*	0.441	2.761	0.481	0.808	0.298	7.352	0.446	0.739**	0.297	6.197	0.478
耕地面积	0.055	0.299	0.034	1.057	0.203	0.190	1.142	1.225	0.043	0.189	0.051	1.044
兼业经营	-0.599	0.741	0.654	0.549	1.100	0.489	5.066	0.333	0.852**	0.488	3.049	0.427
土地细碎化	-0.232	0.265	0.766	0.793	-0.089	0.160	0.309	0.915	0.033	0.160	0.044	1.034
广西	0.557	0.349	0.892	0.684	0.436	0.221	0.525	1.207	0.247	0.201	0.375	0.547
湖南	0.644	0.362	1.025	1.378	0.527**	0.319	2.776	0.823	0.503	0.552	0.619	0.799
江西	0.359	0.417	0.848	0.895	0.501	0.312	1.899	0.645	0.451	0.476	0.971	0.524
安徽	0.372*	0.536	1.337	1.458	-0.258**	0.547	2.341	1.209	0.818	0.755	1.032	0.905

注：***、**、*分别表示1%、5%、10%的显著性水平。

11.5 结论与政策启示

生态补偿方式的合理性能够有效引导农户持续开展绿肥种植实践，这对于促进国家绿肥推广目标的实现具有重要的意义。研究表明：有42.9%和53.3%的农户分别偏好现金补偿和种子补偿，而偏好专用农机具服务补偿的农户不足4%；总体来看，年长、健康状况较差、家庭收入较高和兼业经营的农户更倾向于选择实物补偿的方式，而受教育程度较高的农户则倾向于选择现金补偿的方式。因此，针对不同特征的农户应当实施差异化的生态补偿方式，以满足农户个人利益和区域绿肥综合效益最大化。本研究的一个重要启示为，绿肥持续种植生态补偿方式的制定应当在现有方案的基础上，根据区域社会发展水平和农户禀赋差异，结合非农就业的实际情况，了解不同类型农户的能力水平，设计更具针对性的补偿方式，制定能够满足不同类型农户合理诉求的差异化补偿方案。

第 12 章

农户绿肥种植生态补偿政策优化策略

生态补偿的制度供给是一个"先进行简单设计，再不断优化完善"的过程，持续优化生态补偿政策，有利于维持政策的"生命力"，促进政策红利有序、高效释放。本章将统筹前期对补偿标准和补偿方式两个方面的研究，并结合对绿肥生态补偿典型案例的剖析，提出差异化、精准化的生态补偿机制优化设计方案。

12.1 典型生态补偿方案分析

当前，南方稻区很多地区都初步制定了绿肥种植生态补偿政策，比较有代表性的补偿方案主要有两种：一种是一体化现金补偿，另一种是重点环节实物或服务补偿。

12.1.1 一体化现金补偿

一体化现金补偿是指政府不指定具体的补偿环节，而是通过向农户发放补偿资金对其绿肥种植行为进行补偿。农户可在确保专款专用的前提下，根据务农经验自身需求自由分配补偿资金。案例一为南方稻区某省 W 县所执行的一体化现金补偿方案（附录 A）。

W 县在对农户开展绿肥生态补偿时，鉴于当地农民收入普遍较低、缺乏额外资金投资绿肥、农户绿肥种植意愿不高的现实情况，采纳了先补后建、现金补偿的方式。先补后建即在绿肥种植前发放补偿资金，一方面打消了农户对补偿能否兑现的顾虑，另一方面为农户购买绿肥物资提供了稳定的资金，消除了自有资金投资的风险。与其他补偿方式相比，现金补偿的方式通过"一卡通"直接打卡至农户银行账户，可以实实在在提高农户的获得感，因此更有助于提升农户的效用水平。

> **案例一：W 县绿肥种植生态补偿方案**
>
> 根据《W 县 2018 年度发展现代生态农业产业化扶持资金奖补实施方案》（W 农产组〔2018〕2 号）文件精神，为进一步推进生态农业建设，减少农业面源污染，提高全县耕地质量，鼓励和提倡恢复种植绿肥，制定稻茬绿肥种植生态补偿政策实施方案。

一、补贴对象

本县行政区域内种植稻茬绿肥的家庭农场等农业新型经营主体以及小农户。

二、补贴品种

以培肥地力为主要目的紫云英等绿肥。

三、补贴标准

为充分调动广大农民的积极性，采纳先补后建的方式，每亩补贴80元。

四、操作程序

1. 申报与公示。镇农业服务中心及时宣传、组织有意愿的农业经营主体自主实施。以镇为单位，提交农业财政资金项目申报标准文本（7月31日前）。

2. 资金拨付。8月中旬按上报的种植面积通过"一卡通"足额发放。

3. 核查与验收。绿肥盛花期翻压前（4月20日左右），镇农业部门将核查初审意见、测绘图等相关材料提交县农业农村局。县农业农村局成立复核组，适时组织现场核查验收，主要核查田间长势、资料等。W县绿肥示范种植补贴验收评分标准见附表1。

4. 奖惩措施。对于验收评分在80分以上的主体，次年优先资助；对于验收评分小于60分的主体，3年内不得申报该项目补助。

本政策实施期限为2018、2019年度。

12.1.2 重点环节实物或服务补偿

重点环节实物或服务补偿是指政府在绿肥生态补偿中指定具体的补偿环节，为特定过程提供生产物资或专业服务。种子补偿和机械服务补偿是目前最常见的实物和服务补偿形式。案例二为南方稻区F省D县所执行的种子补偿方案（附录B）。本部分将以此为例对重点环节实物或服务补偿方式进行剖析。

D县自2012年以来开始推广绿肥，是新兴的绿肥种植大县。和传统绿肥种植优势区不同，D县绿肥种子市场发育不完善，农户面临着种子购买渠道少、价格高的问题，对于大部分农户来说，依靠自身难以获得稳定的种子供给。鉴于此，D县在执行绿肥生态补偿政策时，采取政府财政统一招投标采购绿肥种子的方式，统一购买高质量的绿肥种子，然后经由镇村两级基层组织发放给申报补偿的农户。这样，既解决了农户购种难的问题，又降低了种植成本。

案例二：D县绿肥生态补偿项目实施方案

为提升D县耕地质量，改善农业生态环境，现根据《F省财政厅、农业农村厅关于下达2018年绿肥推广任务的通知》（F农计〔2018〕61号）的精神，结合本县农业生产实际，制定绿肥生态补偿项目实施方案。

一、目标任务与实施内容

根据我县农业种植结构及冬闲田分布区域特点，2018年全县计划发展冬种紫云英绿肥面积3.0万亩，在9月中下旬至10月上旬完成冬种紫云英绿肥播种任务。

二、补偿对象与补偿标准

1. 补偿对象

冬种紫云英补偿对象为普通农户、种植大户、家庭农场、农民合作社和农业企业（种植业）等各类农业经营主体。

2. 补偿方式

项目资金50万元，主要用于购买紫云英种子。由县农业农村局按照政府统一招投标采购程序，统一购买符合质量要求的紫云英种子，免费发放给补偿对象。计划在2018年9月上旬完成种子采购与发放。要求各乡（镇）农技站对发放的紫云英种子要做好登记造册，存档备查，以村为单位进行公示，接受群众监督。

3. 补偿标准

每亩2公斤紫云英种子，按申报面积发放补偿。

三、补偿模式

主要补偿粮经作物套种紫云英的技术模式。要求套种项目区种植绿肥不影响粮食和主要经济作物发展。

四、实施与管理

1. 责任分工

县农业农村局负责项目的总体组织和实施，紫云英种子公开招标采购、发放。县农田建设与土肥技术推广站负责监督、指导补偿物资的使用，跟踪项目实施进展。

2. 组织申报

镇农技中心统计、提交申报文本到县农业农村局（8月15日前完成）。

3. 验收工作

县农业农村局与县农田建设与土肥技术推广站组成验收工作组，对绿肥种植的补偿执行、田间管理、苗情进行综合核验、打分。评分在85分以上的主体，次年优先资助；评分小于60分的主体，暂停申报资格1年。D县绿肥示范种植补贴验收评分标准如附表2所示。

方案一和方案二代表了目前我国南方稻区最流行的两种绿肥种植生态补偿模式。两种模式各有优势，但也都存在不足。比如，在方案一中，补贴标准为每公顷

1 200元，低于农户绿肥种植的平均受偿意愿3 322.5元/hm^2。调查发现，目前几乎所有采纳方案一补偿模式的地区制定的补偿标准都低于本文基于农户受偿意愿确定的补偿标准，可见，补偿标准不合理是目前一体化现金补偿方式存在的主要问题。对于方案二，目前的实物补偿方式大多只关注绿肥种植某一特定环节，而农户种植绿肥需要政府对各个环节进行全面支持，换句话说，单一的补偿模式不能满足异质性农户对差异化补偿方式的需求。可见，依据本章的研究结论，统筹补偿标准和补偿方式，对目前的补偿策略进行全面调整、优化，制定更为精准的补偿政策，对于有效激励农户绿肥种植行为具有积极的意义。

12.2 生态补偿政策的优化思路

农户绿肥种植生态补偿政策的优化策略原则可概括为"一基准，一调整"。"一基准"是指对生态补偿政策的优化要以基于农户受偿意愿的新的补偿标准为基准，无论补偿方式如何调整，补偿总额度应不变。"一调整"是指生态补偿政策应根据农户的异质性特征来确定补偿方式、调整补偿资金使用结构。据此，生态补偿政策的具体优化路径为：

（1）对于农业生产经营者受教育程度较高的农户，应采取一体化现金补偿的方式。当前，农村中受教育程度较高且实际从事农业生产的主体大多为种植大户、家庭农场等新型农业经营主体，或接受过专业教育、以农业为主业的新型职业农民。调查显示，这部分农户的平均受教育年限比普通农户群体高出4.3年。对这部分农户的补偿规则可概括为：每公顷绿肥补偿3 322.5元，100%现金足额发放。

（2）对于农业生产经营者年龄较长、健康状况较差的农户，应采取重点环节实物补偿、服务补偿与现金补偿相结合的方式，即"种子+专业农机具服务+现金"的补偿方式。随着农村老龄化的加剧，小农户从事农业生产的人力资本变得愈发羸弱，大部分家庭只留下老弱病残滞留在土地上，这是目前我国小农生产普遍面临的问题。根据第3章第3.4节中对绿肥种植经济价值的计算，每公顷绿肥种子和农机作业成本分别为621元和1 605元，两者之和尚达不到新的补偿标准，余额应作为现金补偿发放给农户。据此，具体实施规则可概括为：政府为农户免费提供绿肥种子以及全程农机作业服务，另按照1 096.5元/hm^{2}的标准对农户进行现金补偿。

（3）对于家庭收入较高的兼业农户，应采取重点环节服务补偿与现金补偿相结合的方式，即"专业农机具服务+现金"的补偿方式。政府在实际操作中，通过把绿肥开沟、翻压等环节产生的1 605元/hm^{2}的机械成本扣除，剩余部分以现金补偿的方式发放给这部分农户。具体实施规则可概括为：政府为农户免费提供全程农机作业服务，另按照1 717.5元/hm^{2}的标准对农户进行现金补偿。

此外，各地在制定补偿政策时，还应充分考虑地域因素，密切结合当地的实际情况，特别是社会经济和市场发展情况。例如，对于绿肥种子市场发育不完善的地区，农户购种难的问题严重制约着农户的绿肥种植行为，因此补偿政策应更多向种子补偿倾斜；而对于绿肥种子市场供给充足的地区，则应以现金补偿方式为主，充分发挥农户决策自主权，调动参与积极性。

12.3 结论

本章探讨了农户绿肥种植生态补偿政策的优化设计思路，提出补偿政策优化应遵循"一基准，一调整"的原则，即以基于农户受偿意愿的补偿标准为固定基准，根据农户的异质性特征来确定补偿方式、调整补偿资金使用结构。对于以农业为主业的新型农业经营主体，采用一体化现金补偿的方式，每公顷绿肥补偿3 322.5元；对于具有老弱经营特征的小农户，采用"种子+专业农机具服务+现金"的补偿方式，即政府免费提供绿肥种子及全程农机作业服务，另按照1 096.5元/hm²的标准进行现金补偿；对于农村普遍存在的兼业户，则采用"专业农机具服务+现金"的补偿方式，即政府免费提供全程农机作业服务，另按照1 717.5元/hm²的标准进行现金补偿。

第 13 章

生态补偿对农户绿肥种植行为惯性的影响

前期研究已经广泛揭示了生态补偿政策对激发农户绿色技术采纳行为的积极作用，然而，激发农户的行为仅仅是相关工作的起点，而维持农户行为的可持续性才是政府政策目标实现的保障。如李想（2014）研究指出，采用农业技术首先需要农户做出是否采用此类技术的决策，采用后进入农户技术持久采用阶段；肖新成等（2016）发现，从长期来看，维持农户的清洁生产技术采纳行为比单纯引导行为产生对农业环境目标的实现更具现实意义。那么，当农户绿肥种植行为发生后又该如何进行维持？换句话说，农户绿肥种植行为的维持动力来源于哪里？

越来越多的研究发现，可持续行为只有在行为惯性产生时才能获得不竭动力。如卓四清等（2018）研究指出，行为惯性对移动电子商务用户持续使用意愿与行为具有正向影响；朱方伟等（2018）发现，组织惯性能够持续推进企业进行项目制变革。对于农户绿肥种植行为来说，行为惯性将使得农户可以在没有外源刺激的情况下仍具有长期性的行为，这是绿肥推广目标实现的重要保障。那么，农户的行为惯性又来源于哪里？目前针对这一问题的探讨不多，少量文献关注到了外部经济激励，特别是来自政府的生态补偿政策对农户生态行为惯性形成的影响（Huijps et al.，2010）。这些研究大多从定性的角度分析了生态补偿影响的过程：在农户行为产生初期，政府生态补偿可以通过不断施于农户以激励来强化行为意愿，持久的高强度行为意愿将对农户态度产生积极影响，进而促进行为惯性的产生。然而，从定量视角检验生态补偿政策对农户行为惯性影响的客观性并评估影响程度的研究却非常稀缺。基于此，本部分将实证探讨生态补偿政策对激励农户绿肥种植行为惯性产生的影响，以期为相关部门制定有针对性的农户行为激励方案提供借鉴。

13.1 行为惯性的理论模型

13.1.1 行为惯性的经济学模型

根据宋佰谦等（1997）的研究，假设被解释变量农户绿肥种植行为惯性为 Y_t，且只受一个核心解释变量生态补偿 X_t 的影响。那么，就有：

$$Y_t = \alpha + \beta X_t + \lambda_1 Y_{t-1} + \cdots \lambda_k Y_{t-k} + \mu_t \qquad (13-1)$$

对式（13-1）进行两个简化。一是只考虑被解释变量迟滞一期的影响。这不仅是为了处理上的方便，更因现实中很多行为惯性只需迟滞一期就能得到很好的解释。二是取消常数项。这是因为凡是有常数项与解释变量的迟滞一期项同时存在的方程，回归处理后多数无法通过显著性检验。经过上述处理，得到如下公式：

$$Y_t = \beta X_t + \gamma Y_{t-1} + \mu_t \qquad (13-2)$$

根据式（13-2），可得：

$$Y_{t-1} = \beta X_{t-1} + \gamma Y_{t-2} + \mu_{t-1} \qquad (13-3)$$

把式（13-3）带入式（13-2），可得：

$$Y_t = \beta X_t + \beta \gamma X_{t-1} + \gamma^2 Y_{t-2} + (\mu_t + \gamma \mu_{t-1}) \qquad (13-4)$$

只要 $|\beta| < 1$、$|\gamma| < 1$，连续迭代下去即可得：

$$Y_t = \beta \sum_{k=0}^{\infty} \gamma^k X_{t-k} + v_t \qquad (13-5)$$

如此，就得到了一个由解释变量的无穷级数来表示被解释变量的形式。在满足只要 $|\beta| < 1$ 与 $|\gamma| < 1$ 条件下，被解释变量完全由解释变量的渐近、累积作用造成。由此得到一个结论，即当期农户绿肥种植行为惯性是由过去多期外生的生态补偿激励效应累积影响的结果。

13.1.2 行为惯性的概念模型

行为惯性是在行为发生一段时间后，暂停外源刺激，通过行为系统内原有思维模式或重复行为惯例，遵循原有轨迹运作的一种属性（杨宜苗等，2019）。从这一定义可以看出，外源刺激是行为惯性产生的重要动力。对于农户绿肥种植行为来说，政府生态补偿政策是最重要的外部激励措施。短期内，生态补偿政策能够提高农户的农业收入，长期来看，持续的生态补偿一方面可以稳定农户的收入预期，另一方面又能提升农户对绿肥价值的认知，这两方面因素都对农户行为惯性产生具有积极的导向作用。生态补偿情景下农户行为惯性的产生过程可用图 13-1 表示。

13.2 方法与变量

13.2.1 Propensity Score Matching（PSM 法）

PSM 是由美国宾夕法尼亚大学 Rosenbaum 和哈佛大学 Rubin 于 1983 年开发的一种反事实因果推断方法。PSM 方法的优点是通过匹配再抽样的方法使得观测数据尽可能地接近随机实验数据，在最大程度上减少观测数据的偏差，从而能有效解决由

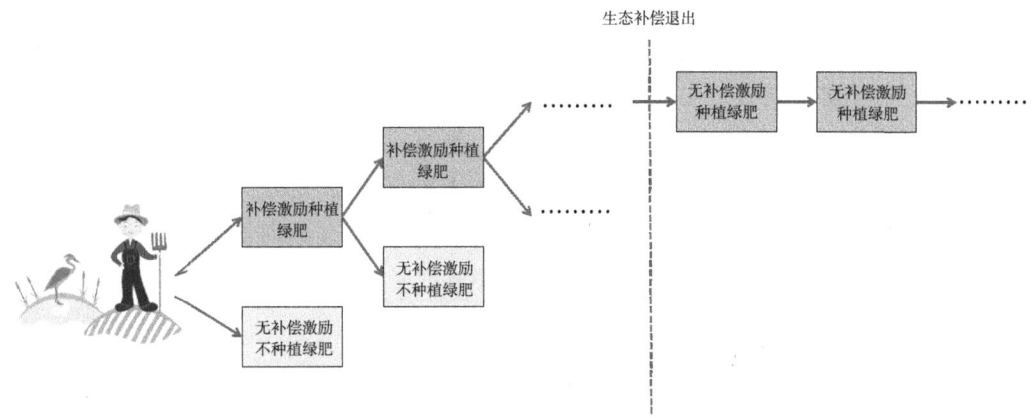

图 13-1　农户绿肥种植行为惯性的产生过程

样本自选择造成的有偏估计问题。

本研究建立如下模型估计生态补偿政策对农户绿肥种植行为惯性产生的影响：

$$Y_i = \alpha_i X_i + \beta_i D_i + \varepsilon_i \tag{13-6}$$

其中，Y_i 为农户 i 的行为惯性；X_i 为农户 i 接受生态补偿的情况，$X_i = 1$ 表示接受过生态补偿，$X_i = 0$ 表示未接受过生态补偿；D_i 代表农户 i 可观测的禀赋特征；α_i、β_i 是待估参数；ε_i 为随机分布项。

使用倾向得分匹配计算平均处理效应的步骤是（张永丽等，2019）：首先，选择合适的协变量以便进行倾向得分匹配；其次，运用 Logit 回归，估计倾向得分，主要匹配方法有最近邻匹配、半径匹配以及核匹配等；再次，用第一步中选择的协变量进行倾向得分匹配；最后，根据匹配后的样本计算参与者的平均处理效应（ATT）、未参与者的平均处理效应（ATU）和平均处理效应（ATE）。

$$ATT = E(Y_i^1 - Y_i^0 \mid X = 1, D = d) \tag{13-7}$$

$$ATU = E(Y_i^1 - Y_i^0 \mid X = 0, D = d) \tag{13-8}$$

$$ATE = E(Y_i^1 - Y_i^0 \mid D = d) \tag{13-9}$$

其中，Y_i^1 代表接受过生态补偿农户 i 的绿肥种植行为惯性，Y_i^0 代表未接受过生态补偿农户 i 的绿肥种植行为惯性。在本研究中，ATT 代表随机挑选一个接受过生态补偿且具有 D 特征的样本农户在绿肥种植中生态补偿对行为惯性影响的均值；ATU 代表代表随机挑选一个未接受过生态补偿且具有 D 特征的样本农户在绿肥种植中生态补偿对行为惯性的影响的均值；而 ATE 表示随机挑选一个具有 D 特征的样本农户在绿肥种植中生态补偿对行为惯性的影响的均值。

13.2.2　变量定义及描述性统计

13.2.2.1　因变量

根据研究目的，本文设置因变量为"是否具有行为惯性"。采用二元赋值法，农户如果具有行为惯性则赋值为1，否则赋值为0，见表13-1。对于农户绿肥种植行为惯性，本文参考已有研究成果（Shurtleff，2000），并结合南方稻区绿肥推广的现实背景，做出如下界定：在无任何外部激励的情况下，近五年内绿肥种植行为连续发生，且未来非常愿意继续维持这种行为。根据这一定义，绿肥种植行为惯性包含三个要点：一是惯性系统中的行为发生不能由外部激励引起，二是行为持续时间不能少于五年，三是未来仍有强烈的绿肥种植意愿。只有同时满足以上三个条件，本文才认定农户的绿肥种植行为是由惯性所驱动。

13.2.2.2 处理变量

为分析生态补偿政策对农户绿肥种植行为惯性产生的影响，首先应对生态补偿政策的衡量规则进行界定。生态补偿政策实施理应发生在行为惯性形成之前，且理论上讲，需要通过多年持续的补偿激励才可能导致行为惯性产生。因此，本文用"行为惯性产生之前的五年内是否连续获得补偿"来衡量生态补偿政策。若获得补偿，则赋值为1，否则赋值为0。

13.2.2.3 协变量

本研究的协变量主要是农户禀赋，包括受访者个体特征、农户家庭特征、经营特征等。农户绿肥种植行为惯性产生不仅受外部生态补偿激励的影响，还会受到自身和外部条件的限制。协变量选取的合理性也将关系到研究结果的精确性和以此为依据的政策措施的有效性。

表13-1 变量定义及描述性统计

变量类型	变量类型	变量定义	平均值	标准差
因变量	是否具有行为惯性	否=0；是=1	0.120	0.325
处理变量	是否接受过补偿	否=0；是=1	0.232	0.496
协变量	性别	否=0；是=1	0.248	0.432
	年龄	实际年龄（岁）	54.276	11.438
	受教育程度	文盲=1；小学=2；初中=3；高中或中专=4；大专及以上=5	2.562	1.017
	健康状况	很差=1；较差=2；一般=3；较健康=4；很健康=5	3.574	1.103
	家庭农业劳动力	家庭劳动力数量（人）	3.460	1.626
	家庭农业收入	家庭农业收入（万元）	6.527	15.158
	耕地面积	家庭耕地面积：5亩以下=1；5~10亩=2；10~15亩=3；15~20亩=4；20亩及以上=5	1.583	1.181
	耕地性质：			
	全部自有	否=0；是=1	0.777	0.416
	以自有地为主	否=0；是=1	0.046	0.208
	以承包地为主	否=0；是=1	0.177	0.382

(续表)

变量类型	变量类型	变量定义	平均值	标准差
协变量	土地细碎化	耕地块数：1~2块=1；3~4块=2；5~6块=3；7~8块=4；8块以上=5	2.015	0.257
	村干部	否=0；是=1	0.171	0.398
	党员	否=0；是=1	0.146	0.387
	地形地貌：			
	平原	耕地所处地形是否为平原：否=0；是=1	0.375	0.414
	丘陵	耕地所处地形是否为丘陵：否=0；是=1	0.516	0.343
	山地	耕地所处地形是否为山地：否=0；是=1	0.109	0.490

表13-2是两组农户进行PSM的被解释变量及控制变量t检验的结果。接受过生态补偿的农户比未接受过生态补偿的农户更可能形成绿肥种植的行为惯性。对于影响农户绿肥种植行为惯性形成的协变量，两组农户除农户特征方面的性别没有表现出显著统计差异外，其他变量均表现出显著性差异。具体可表述为：接受过生态补偿的农户比未接受过生态补偿的农户更为年轻，受教育水平更高，身体健康状况更好；具有村干部身份或家庭中有成员担任村干部，家庭农业劳动力更多，农业收入更高、耕地经营规模更大，以平原地区的集中连片经营为主。

表13-2 接受过生态补偿的农户与未接受农户的差异

变量类型	变量类型	接受过生态补偿的农户		未接受过生态补偿的农户		均值差（t检验）
		均值	标准差	均值	标准差	
因变量	是否具有行为惯性	0.246	0.430	0.033	0.160	0.213***
协变量	性别	0.655	0.478	0.681	0.468	-0.026
	年龄	54.042	9.845	55.084	10.594	-1.042***
	受教育程度	2.891	0.808	2.865	0.910	0.026**
	健康状况	4.033	0.906	4.013	1.024	0.02*
	家庭农业劳动力	2.050	0.902	2.045	0.895	0.005*
	耕地面积	2.135	0.525	1.417	0.776	0.718***
	家庭农业收入	6.679	0.327	6.204	0.512	0.475***
	全部自有	0.692	0.462	0.611	0.488	0.081**
	以自有地为主	0.146	0.212	0.054	0.347	0.092**
	以承包地为主	0.267	0.439	0.253	0.431	0.014*
	土地细碎化	2.793	0.958	3.660	1.824	-0.867**
	村干部	0.174	0.379	0.153	0.360	0.021***
	党员	0.194	0.393	0.185	0.387	0.009*
	平原	0.175	0.306	0.106	0.379	0.069**
	丘陵	0.855	0.356	0.804	0.399	0.051*
	山地	0.042	0.207	0.022	0.149	0.020*

注：***、**和*分别表示1%、5%和10%的显著性水平。

13.3 结果及分析

13.3.1 生态补偿方程估计

表 13-3 是农户绿肥种植生态补偿方程估计结果。据此可知，农户获得政府生态补偿的可能性与受访者人口学、农户社会经济学特征显著相关。就受访者特征来说，越年轻、受教育程度越高的农户越可能获得政府的绿肥种植生态补偿，对此做出的解释为：年轻、受教育程度高的农户有足够的体力、精力和丰富的文化知识用于农业生产，一定量的政府生态补偿只有被这部分农户所利用才能最大限度地发挥作用，因此，政府生态补偿政策也往往会向这部分农户倾斜。就家庭及其经营特征而言，耕地集中连片、规模经营、耕地地形为平原的农户可能获得政府的绿肥种植生态补偿。这是因为，农户耕地的经营条件越良好，越具备种植绿肥的先天性优势，如果加以外部生态补偿激励，农户的行为会更容易被调动起来。因此，政府在选择生态补偿潜在目标农户时，更易关注符合这些特征的农户群体。

表 13-3 农户绿肥种植生态补偿方程估计结果

变量	系数估计值	标准误	z
性别	0.081	0.152	0.53
年龄	-0.014*	0.008	-1.80
受教育程度	0.038**	0.096	0.39
健康状况	0.002	0.076	0.02
家庭农业劳动力	0.016	0.078	0.20
家庭农业收入	1.024	0.135	0.75
耕地面积	0.002***	0.001	3.03
耕地性质（以承包地为主为控制组）			
全部自有	1.620	1.486	0.01
以自有地为主	1.478	1.337	0.01
土地细碎化	-0.002**	0.004	-0.48
村干部	0.121***	0.215	0.56
党员	0.018	0.210	0.09
地形地貌（以山地为控制组）			
平原	1.135***	0.430	2.64
丘陵	0.566	0.390	-1.45

(续表)

变量	系数估计值	标准误	z
Constant	−13.367	1.486	−0.01
LR 统计量		52.07***	
Pseudo R^2		0.041	
样本量		1 217	

注：***、**、*分别表示1%、5%、10%的显著性水平；该结果为最近邻匹配的结果，$k=4$，其余匹配方法的结果与此相同。

13.3.2 共同支撑域与 PSM 结果

为了更加直观地观测出匹配前和匹配后处理组和控制组倾向得分值的差异，本研究绘制了农户绿肥种植行为惯性的核密度函数图（图13-2）。从图中可以看出，匹配后接受过生态补偿的农户和控制组农户的倾向得分区间基本能够实现重叠，此重叠区间即是共同支撑域，可见本研究共同支撑域条件令人满意，大多数的观测值均在共同取值范围内，表明在倾向得分匹配时仅会损失少量样本，匹配效果良好。

根据不同的匹配方法会损失不同的样本数，表13-4给出了在不同匹配方法下样本的最大损失结果。可见，处理组中没有样本损失，而控制组仅损失3个样本，说明本研究最终匹配效果较好。

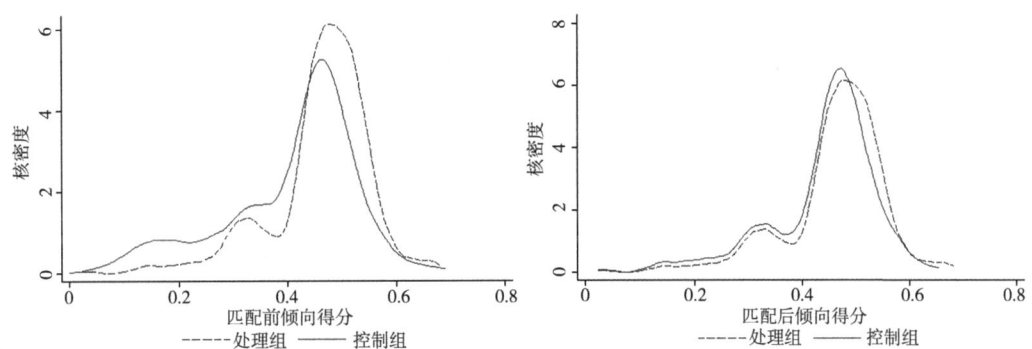

图 13-2　农户绿肥种植行为惯性核密度函数

表 13-4　PSM 匹配结果

	生态补偿方程		
	未匹配样本	匹配样本	总计
控制组	3	689	692
处理组	0	525	525
总计	3	1 214	1 217

13.3.3 平衡性检验

为保证倾向得分匹配估计的质量，本文借鉴 Rubin（2001）的方法，从标准化偏差、均值和 LR 统计量等方面进行平衡性检验。首先，考察处理组与控制组的匹配变量均值是否存在差异，用 t 检验判断差异是否显著。其次，考察伪 R^2（Pseudo-R^2）、卡方（χ^2）、偏差均值（Mean bias）、B 值和 R 值，从整体上检验匹配是否满足平衡性假定。

对农户绿肥种植行为惯性进行匹配平衡性假定检验的结果如表 13-5 所示。与匹配前的结果相比较，匹配后大部分的标准化偏差都有所降低，且标准化偏差全部小于 10%；匹配后，大多数 t 检验的结果不拒绝处理组与控制组无系统差异的原假设；与匹配前相比，匹配后的 Pseudo-R^2、χ^2、Mean bias、B 值均有所下降，B 值小于 25%，R 值达到 0.88。结果表明，样本匹配较完美。

表 13-5 匹配平衡性假定检验结果

		伪 R^2 (Pseudo-R^2)	卡方 (χ^2)	偏差均值 (Mean bias)	B 值 (%)	R 值
行为惯性	匹配前	0.040	51.04	10.8	45.5*	0.41*
	匹配后	0.010	11.69	6.3	24.1	0.88

13.3.4 倾向得分估计

为了匹配结果的稳健性，本研究对样本分别进行了最近邻匹配、卡尺匹配和核匹配、局部线性回归匹配以及样条匹配，并计算农户绿肥种植行为惯性的 ATT、ATU、ATE 值。PSM 估计结果如表 13-6 所示。从整体上看，五种匹配之后的结果基本一致，ATT、ATU、ATE 在农户绿肥种植行为惯性中均显著。另外，本研究也进行了 OLS 回归。比较 OLS 和 PSM 的回归结果，OLS 相对于真实的处理效应给出了一个上偏的估计，传统线性回归模型并没有考虑选择性偏差，高估了生态补偿政策对农户绿肥种植行为惯性的处理效应。

ATT、ATU、ATE 的系数值均在 1% 的统计水平上显著。ATT 值为 0.218，表明与未接受过政府生态补偿相比，接受过生态补偿的农户绿肥种植行为惯性产生的可能性增加了 21.8%。进一步比较 ATT、ATU、ATE 三者的大小，存在 ATU>ATE>ATT，表明与接受过生态补偿的农户相比，如果给予实际上未接受过生态补偿的农户以生态补偿政策激励，则会大幅提高农户绿肥种植行为惯性产生的可能性。

表 13-6　行为惯性倾向得分估计结果

匹配方法	处理组	控制组	ATT	处理组	控制组	ATU	ATE
最近邻匹配	0.243	0.025	0.218*** (0.027)	0.026	0.301	0.275*** (0.044)	0.250*** (0.030)
卡尺匹配	0.243	0.035	0.208*** (0.023)	0.026	0.281	0.255*** (0.029)	0.234*** (0.024)
核匹配	0.243	0.030	0.213*** (0.023)	0.026	0.290	0.264*** (0.032)	0.242*** (0.026)
局部线性回归匹配	0.243	0.032	0.211*** (0.025)	0.026	0.284	0.258*** (0.032)	0.238*** (0.027)
样条匹配	0.243	0.030	0.213*** (0.024)	0.026	0.284	0.258*** (0.030)	0.238*** (0.026)
OLS 估计结果				0.323*** (0.021)			

13.3.5　结果讨论

研究结果表明，接受过生态补偿的农户绿肥种植行为惯性产生的概率显著高于未接受过生态补偿的农户。作为一种外部经济激励措施，生态补偿可以通过两个途径对农户行为形成持续刺激，最终在累积效应作用下促使农户行为惯性产生。

路径一：生态补偿—收入效应—行为惯性。生态补偿对农户最直接的影响即提高了农户的家庭收入，这种收入的增长包括两个方面：一是直接收入效应，即作为政府财政转移支付的生态补偿政策直接增加了农户的转移性收入（朱烈夫等，2018）。直接收入效应使得农户可以最稳定的方式从政府获取资金支持以提高家庭收入，一般来讲，在农户生态行为产生初期，政府实施生态补偿时，直接收入效应对其行为维持激励作用比较显著。二是间接收入效应，即生态补偿政策通过激励农户做出更理性的农业生产决策，从而增加其经营性收入（吴乐等，2018）。很多研究表明，在农户生态行为产生一段时间后，生态补偿的间接收入效应如同收入的"倍增器"，通过优化农业系统生产关系使得农户家庭农业收入水平得到快速提升（Zhou et al.，2012）。在绿肥种植生态补偿中，直接收入效应和间接收入效应相辅相成、共同发力，对农户行为形成持续激励，最终引导农户长期收入预期趋于稳定，绿肥种植行为惯性得以产生。

路径二：生态补偿—环境知识—行为惯性。生态补偿政策的另一个重要影响即提高了农户的环境知识水平。国内外研究也已经验证了这一点。如 Defrancesco et al.（2007）在分析影响农民参与农业环境保护措施的因素时，指出生态补偿政策通过提升农民的环境知识进而促进了其参与行为。Liu et al.（2018）在研究中国的水田转旱地项目中的农业水资源保护问题时，也认为政府的生态补偿政策可以提高农户对水资源合理利用的知识积累，进而促进农户更愿意参与到项目中来。国内方面，何可等（2013）同样也指出生态补偿通过影响农户的环境知识决定了农户的农业废弃物资源化决策。生态补偿是一项系统工程，除了政府向农户转移支付补偿资金这一层内涵，还包含与之相配套的政府对农户生态行为的引导、监管措施和适度的环境教育。据调查，在农户绿肥种植生态补偿中，政府对农户发放补偿资金一般会以要求农户参加相关绿肥专业知识培训和接受政府的绿肥田间管理指导、监督为条件，这些措施的实施都将增加农户的环境知识、提高农户对绿肥价值的认知，形成农户自觉种植绿肥的有益导向，最终激励绿肥种植行为惯性的产生。

年轻、受教育程度高、规模经营和耕地自然条件良好的主体更可能获得政府的生态补偿，因此也更可能产生绿肥种植行为惯性。年轻、受教育程度高表征的是农户的人力资本禀赋，人力资本越丰富，农户对绿肥的价值认知越清楚、参与绿肥种植的能力越强、从绿肥种植中获益的程度更大，因此也更可能持续参与到绿肥种植实践中来。规模经营的农户具有长期从农业中获益的迫切需求，因此也更具对农业系统进行可持续性建设的动力；与其他保护性耕作措施相比，种植绿肥对农户来说成本相对较低、生态效果明显，因此规模经营户更易形成绿肥种植行为惯性。耕地自然条件越好，农户种植绿肥的机械作业成本越低、相对收益越高，则产生种植惯性的可能性越大。

13.4 结论与政策启示

政府经济激励是激励农户绿肥种植行为有效的政策工具，而生态补偿政策是目前最重要的政府激励措施之一。在前期研究明确生态补偿可以有效激励农户绿肥种植的前提下，本章采用倾向得分匹配（PSM）的方法，探索性分析了生态补偿对激励农户在较长时期内可持续种植绿肥的作用效果，从而进一步突出了生态补偿对推进可持续农业实践的政策价值。本章主要结论包括：与未接受过生态补偿的农户相比，接受过生态补偿的农户绿肥种植行为惯性产生的可能性增加了21.8%；如果给予实际上未接受过生态补偿的农户以生态补偿政策激励，则其绿肥种植行为惯性产生的可能性提高27.5%。这表明，生态补偿政策能够显著促进农户绿肥种植行为惯性的产生。究其原因，生态补偿可以通过两条路径激励农户行为惯性的产生，一条是生态补偿—收入效应—行为惯性，即生态补偿通过提高农户家庭收入、稳定其收入预期进而引导行为惯性产生；第二条是生态补偿—环境知识—行为惯性，即生态补偿通过提升农户的环境知识水平和对绿肥价值的正确认知，影响其行为惯性的产生。本文的另一个重要结论为，年轻、受教育程度高、规模经营和耕地自然条件良好的主体更可能产生绿肥种植行为惯性。这为选择绿肥推广潜在目标和长期性绿肥政策实施计划中重点群体提供了参考。

　　研究启示是，通过设计科学的生态补偿政策，可以改善农户绿肥种植的可持续性，进而能够保障政府以绿肥种植为基础的农业环境目标的顺利实现。生态补偿政策的科学性受多方面因素的影响，其中，补偿标准是生态补偿政策的核心，而适宜的补偿方式是保障生态补偿政策效果的关键。从这一点来讲，评估并确定合理的补偿标准和差异化的补偿方式，构建绿肥种植行为维持动力机制，对促进生态补偿政策激励效应最大化具有迫切的现实意义。

市场激励研究篇

第 14 章

基于演化博弈的农户绿肥种植行为市场激励方案选择依据

生态补偿是目前政府采取的激励农户生态行为比较有效的措施。然而,政府激励机制不是万能的,它也有自身的不足。一方面,生态补偿本质上是一种政府财政转移支付行为,由于它受政府财政收入波动的影响很大,因此制度实施相对缺乏稳定性;另一方面,生态补偿政策一般都具有周期性,一旦补偿期结束,农户便不再能够获得补偿收益,这对可持续地激励农户行为带来不利影响。基于上述原因,在很多情况下,生态补偿政策都被作为一种在农户行为产生初期,为防止其行为终止或提升行为强度而实施的即时激励的政策工具。但在行为产生一段时间后,一般需要寻求更可持续的措施来对农户行为进行维持。

吴明发(2012)指出,市场机制可以有效引导农户的宅基地使用权流转行为;占辉斌等(2017)研究发现,市场激励是长期内调控农户化肥施用行为的根本途径;于艳丽等(2017)研究表明,市场激励因素显著影响林农的长期生产投入行为。此外,黄炜虹等(2017)、于乃书等(2015)、马瑞等(2011)也都对市场激励影响不同农户行为的长效机制进行了探讨。根据这些研究,理论上讲市场激励机制可以成为政府生态补偿政策的一种市场化替代方案。实际上,农民作为理性的个体,其农业生产活动的目的在于寻求利益最大化。因此,利益导向的市场激励便具备了持续激励农户行为的基础条件。

本章将通过对农户与政府、农户与农户的演化博弈进行分析,给出选择消费者对绿肥生态米溢价支付机制作为激励农户绿肥种植行为的市场化方案的依据。考虑到农户绿肥种植行为是多主体进行博弈的结果,既包括农户与农户之间的博弈,也包括农户与政府之间的博弈。本章将从农户与政府以及农户与农户博弈两个方面探讨绿肥种植过程中的各主体的利益联结关系,给出绿肥产品溢价机制可以成为激励农户绿肥种植行为持续发生的市场化方案的证据。

14.1 农户与政府的博弈分析

14.1.1 基本假设

假设1：农户只跟基层政府打交道，因此，博弈局势中的双方界定为{农户，基层政府}。

假设2：政府对种植绿肥的农户予以生态补偿。

假设3：农户行为是理性的，在进行行为决策时，以私人成本最小化或私人利益最大化为最优选择的原则，并不考虑社会成本；基层政府则以补偿成本最小化以及取得社会收益最大化为目标。

假设4：农户的博弈策略是{种植绿肥，不种植绿肥}，基层政府的博弈策略是{补偿，不补偿}。

假设5：尽管常规生产行为造成了农业生态环境破坏，也给农户带来潜在的收益损失，但由于这一损失不易被量化，农户往往很难意识到，因此农户在做生产决策时不予考虑。

14.1.2 博弈模型构建

S：农户绿肥种植行为所带来的社会收益。
$B1$：农户绿肥种植行为所带来的私人收益。
$B2$：农户在不种植绿肥的情况下的私人收益。
E：农户种植绿肥得到的生态补偿。
建立如表14-1所示的效益矩阵。

表14-1 农户与政府的博弈矩阵

		农户	
		种植	不种植
政府	补偿	$S-E$, $B1+E$	$-E$, $B2$
	不补偿	S, $B1$	0, $B2$

14.1.3 博弈模型解释

表14-1中各项收益的含义是：①政府对绿肥种植行为实施生态补偿时，农户选择种植的收益为$B1+E$，而不种植时的收益为$B2$；②政府不实施补偿时，农户选择种植的收益为$B1$，而不种植的收益为$B2$。可见，当$B1>B2$时，农户和政府博弈

的结果是政府不补偿，农户种植绿肥；而当 $B1<B2$ 时，$B1+E$ 可能大于 $B2$，也可能小于 $B2$，只有当 $B1+E>B2$ 时，农户与政府的博弈结果才是选择种植绿肥。很显然，提高农户的绿肥种植收益是改善其绿肥种植行为可持续性的关键。

14.2 农户与农户的博弈分析

如果农户种植绿肥，可以生产安全、环保的绿肥生态米。在完全信息下，消费者可以观察到这些信息，因此能够以高于普通大米的价格出售。但现实中，常常因信息不对称，消费者对绿肥生态米的信息获取不足，使得消费者不愿意溢价购买该种生态产品，造成"逆向选择"问题，此时，农户生产的绿肥生态米也只能按普通大米的价格出售。鉴于此，本节对农户与农户之间的博弈分两种情景予以讨论，即由于存在信息不对称而未建立起绿肥生态米市场时的演化博弈分析，以及完全信息情况下建立起绿肥生态米市场时的博弈分析。

14.2.1 情景一：绿肥生态米市场尚未建立

（1）基本假设

假设1：参与人只有甲、乙两个农户，他们生产同质的绿肥生态米，且都能卖出去。

假设2：农户行为是理性的，在进行行为选择时，以私人成本最小化或者以私人利益最大化作为最优选择的原则，并不考虑社会成本。

假设3：农户的博弈策略是 {种植绿肥，不种植绿肥}。

假设4：尽管常规生产行为造成了农业生态环境破坏，也给农户带来潜在的收益损失，但由于这一损失不容易被量化，农户往往很难意识到，因此农户在做生产决策时不予考虑。

假设5：在尚未建立起绿肥生态米消费市场的情况下，绿肥生态米的价格和常规大米价格相同。

假设6：种植绿肥后的大米产量高于不种植情况下的产量。

假设7：当农户都种植绿肥时可以产生规模经济效应，即农户之间可以通过相互之间的学习、模仿获得经验，从而使得每个农户种植绿肥的成本下降 S（$D>0$），从而使得 $C2<C1-S$。

（2）博弈模型构建

$Q1$：种植绿肥时农户甲的大米产量

$q1$：不种植绿肥时农户甲的大米产量

$Q2$：种植绿肥时农户乙的大米产量

$q2$：不种植绿肥时农户乙的大米产量

P：普通大米的价格
$C1$：不种植绿肥时的单位生产成本
$C2$：种植绿肥时的单位生产成本
建立如表 14-2 所示的效益矩阵。

表 14-2 农户与农户的博弈矩阵（情形一）

农户甲		农户乙	
		种植	不种植
农户甲	种植	$Q1(P-C2)+S, Q2(P-C2)+S$	$Q1(P-C2), q2(P-C1)$
	不种植	$q1(P-C1), Q2(P-C2)$	$q1(P-C1), q2(P-C1)$

（3）博弈模型分析与解释

由表 14-2 可知：①农户甲和农户乙都选择不种植绿肥的策略时，各自的收益分别为 $q1(P-C1)$ 和 $q2(P-C1)$；②农户甲和农户乙都选择种植绿肥的策略时，由于具有规模效应，因此各自的收益分别为 $Q1(P-C2)+S$ 和 $Q2(P-C2)+S$；③农户甲种植而农户乙不种植时，农户甲和农户乙的收益分别为 $Q1(P-C2)$ 和 $q2(P-C1)$；④农户乙种植而农户甲不种植时，农户甲和农户乙的收益分别为 $q1(P-C1)$ 和 $Q2(P-C2)$。

假设农户群体中种植绿肥的比例为 x，那么，博弈方的收益期望为：

$$U_{种植} = x[Q1(P-C2)+S] + (1-x)Q1(P-C2) = Q1(P-C2) + S \times x \tag{14-1}$$

$$U_{不种植} = (1-x)q1(P-C1) + xq1(P-C1) = q1(P-C1) \tag{14-2}$$

整个农户群体的平均收益期望为：

$$E(U) = xU_{种植} + (1-x)U_{不种植} \tag{14-3}$$

据此，可建立博弈方程：

$$\frac{dx}{dt} = x[U_{种植} - E(U)] = x(1-x)[Q1(P-C2) + q1(P-C1)] = 0 \tag{14-4}$$

求得该博弈模型的三个均衡解分别为：$x_1 = 0$，$x_2 = 1$ 和 $x_3 = [Q1(C2-P) + q(C1-P)]/S$。其中，当 $x=0$ 和 $x=1$ 时表示纯策略均衡，分别对应着全部农户都不种植绿肥和都种植绿肥的情况；当 $x = [Q1(C2-P) + q(C1-P)]/S$ 时表示混合策略均衡，对应着部分农户种植、部分不种植的情况。三者之间的关系可用图 14-1 表示。

根据演化博弈的稳定策略理论，当某个群体中的农户种植绿肥的比例超过 $[Q1(C2-P) + q(C1-P)]/S$ 时，则其他农户经过学习、模仿，调整自身行为，最终都会选择种植绿肥的策略；而当这个群体中农户种植绿肥的比例小于 $[Q1(C2-$

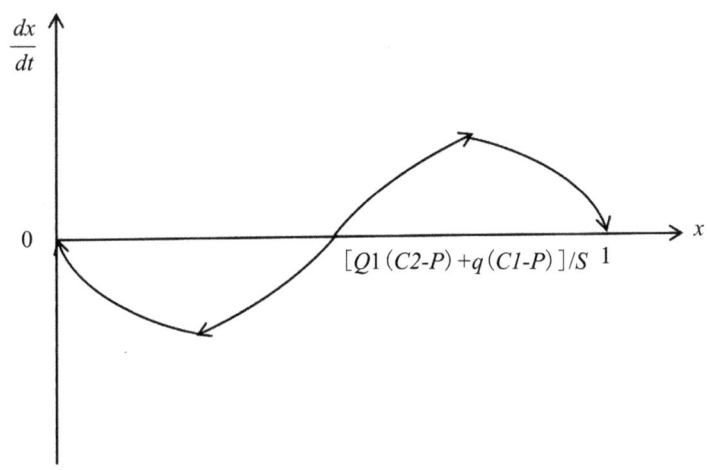

图 14-1　未建立绿肥生态米市场情况下的农户绿肥种植博弈动态相图

$P) + q(C1 - P)]/S$ 时，则所有农户最终都会选择不种植的策略。

显而易见，尽可能地降低 $[Q1(C2 - P) + q(C1 - P)]/S$ 将使得农户都选择种植绿肥的策略变得更容易。若要降低 $[Q1(C2 - P) + q(C1 - P)]/S$，除了提升规模效益、降低生产成本的措施外，更重要的，还要提高以种植绿肥方式生产的大米的价格。

14.2.2　情景二：绿肥生态米市场已经建立

（1）基本假设

假设1~4与未建立绿肥生态米市场的情景一致。

假设5：存在绿肥生态米消费市场，该种生态产品可以通过认证进入消费市场，通过消费者的溢价购买，使得农户种植绿肥的环境效益得以以价格的形式体现。

假设6：与未建立绿肥生态米市场的情景一致。

假设7：与未建立绿肥生态米市场的情景一致。

（2）博弈模型构建

$Q1$：种植绿肥时农户甲的大米产量

$q1$：不种植绿肥时农户甲的大米产量

$Q2$：种植绿肥时农户乙的大米产量

$q2$：不种植绿肥时农户乙的大米产量

$P1$：普通大米的价格

$P2$：绿肥生态米的价格

$C1$：不种植绿肥时的单位生产成本

$C2$：种植绿肥时的单位生产成本

建立如表14-3所示的效益矩阵。

表14-3 农户与农户的博弈矩阵（情形二）

农户甲		农户乙	
		种植	不种植
	种植	$Q1(P2-C2)+S, Q2(P2-C2)+S$	$Q1(P2-C2), q2(P1-C1)$
	不种植	$q1(P1-C1), Q2(P2-C2)$	$q1(P1-C1), q2(P1-C1)$

（3）博弈模型分析与解释

由表14-3可知：①农户甲和农户乙都选择不种植绿肥的策略时，各自的收益分别为$q1(P1-C1)$和$q2(P1-C1)$；②农户甲和农户乙都选择种植绿肥的策略时，由于具有规模效应，因此各自的收益分别为$Q1(P2-C2)+S$和$Q2(P2-C2)+S$；③农户甲种植而农户乙不种植时，农户甲和农户乙的收益分别为$Q1(P2-C2)$和$q2(P1-C1)$；④农户乙种植而农户甲不种植时，农户甲和农户乙的收益分别为$q1(P1-C1)$和$Q2(P2-C2)$。

按照与未建立绿肥生态米市场情景下相同的流程构建博弈方程和整个农户群体收益期望的博弈方程，并按照相同的步骤进行求解，得到的均衡解分别为：$x_1=0$，$x_2=1$和$x_3=[q1(P1-C1)-Q1(P2-C2)]/S$，显然，当绿肥生态米市场建立后，农户种植绿肥后的获益明显高于未种植时的获益，因此，$[q1(P1-C1)-Q1(P2-C2)]/S<0$。因为农户群体中绿肥种植比例不可能小于0，所以这一解项不符合现实，需要舍去。这样，此种情景下农户与农户的博弈只存在纯策略均衡，即某个农户群体中只要有农户种植绿肥，则其他的农户经过学习和模仿，最终都会采取选择种植绿肥的策略。此时的博弈相图可用图14-2表示。

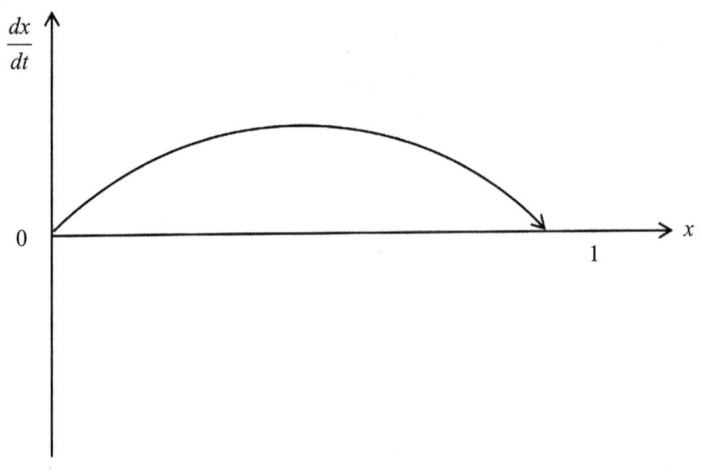

图14-2 建立绿肥生态米市场情况下的农户绿肥种植博弈动态相图

14.3 博弈结果解析

农户与政府的博弈结果表明，提高农户的绿肥种植收益是改善其绿肥种植行为可持续性的关键。那么，该如何提高绿肥种植收益呢？农户与农户之间的演化博弈结果显示，与未建立绿肥生态米市场相比，建立起绿肥生态米市场可以提高农户的种植绿肥的净收益。作为"有限理性"的"经济人"，农户通过对种植与不种植绿肥的成本收益进行权衡，最终选择种植策略。所以在激励农户种植绿肥时，通过建立完善的绿肥生态米市场是非常有效的措施。这一结论拓展了本研究的视野，启示我们可以从消费者的视角探寻引导农户绿肥种植行为的市场化方案。

通过建立绿肥生态米的消费市场，让农户在种植绿肥的情况下生产的绿肥生态米的"环保"和"安全"价值得以以价格的形式体现，使得农业生产的净收益大于采用常规生产方式下的净收益，可以从根本上保证农户的利润，有利于促进农户更为积极地维持绿肥种植行为。从长期来看，利益诱导的方式是促进农户绿肥种植行为最根本的途径。随着人们对食品安全问题和环境问题的日益关注，未来将会有越来越多的消费者愿意为绿肥生态米的"安全"和"亲环境"属性支付溢价，因此，建立健全绿肥生态米的消费市场，完善消费者溢价支付机制对于保障农户绿肥种植行为持续发生具有重要的意义。

第 15 章

消费者对绿肥生态米的支付意愿分析

该为激励农户绿肥种植行为设计怎样的市场化方案呢？对这一问题的解答需要立足于对绿肥经济价值实现过程进行系统剖解。第 2 章中已经阐明，农户种植绿肥除用于改善农业生态环境、实现生态价值，还可以生产安全、优质的绿肥产品。如果引导消费者为这种绿肥产品合理支付溢价并培育稳定的消费偏好，那么农户便可以从绿肥种植行为中可持续的获得额外收益。从这一点来讲，消费者对绿肥产品的溢价支付机制可以成为激励农户绿肥持续种植行为的市场化措施。在政府的生态补偿期内，政府激励和市场激励的叠加效应必然会对维持农户行为产生积极的影响，但从长期来看，若政府补偿退出，那么单一市场化机制又能否对补偿政策效果进行完全替代，即仅依靠"市场的力量"能否有效激励农户绿肥种植行为呢？

为解决上述问题，本章设计了如下的研究思路：首先，阐述绿肥生态米价值增值过程，解析消费者溢价支付的理论逻辑；其次，调查研究区域内城市消费者对绿肥生态米的认知和溢价购买决策和溢价水平，并识别影响因素；最后，检验市场机制对激励农户绿肥种植行为的有效性。

15.1 消费者溢价支付理论逻辑——兼论绿肥生态米价值实现

15.1.1 绿肥生态米的价值实现途径

绿肥生态米归根结底是一种生态产品。生态产品主要包括两类：一类是公共性生态产品，另一类是经营性生态产品。生态产品价值的实现，是使其外部经济性内部化的过程（夏鹏等，2020）。公共性生态产品与经营性生态产品的特征不同，决定了其价值实现路径存在差别。对于公共性生态产品来说，其价值是通过各种形式的转移支付进行生态补偿，以间接方式实现，可见，第 6 章对农户绿肥持续种植生态补偿政策的探讨也属于生态产品价值实现研究的范畴。对于经营性生态产品，可由生态产品生产者与消费者本着互惠互利、平等协商原则进行直接交易。比如借助生态标签完成市场交易，在给消费者带来福利、给生产者带来收入的同时，完成生态产品价值实现过程，绿肥生态米的生产和交易即属此类。因此，无论是政府激励还是市场激励，从本质上讲都是通过促进绿肥及其关联产品的价值实现来提升农户的获得感，进而引导农户开展绿肥种植实践。

绿肥生态米的价值实现是指其价值被市场认可并接受，从而完成了从要素投入到要素产出的转化。具有使用价值的物品并不一定是商品，有用物品要成为商品，必须要通过市场交换满足他人的需要。价值是商品的内在属性，商品生产者为实现商品价值，需将商品使用价值让渡给消费者。通过商品交换，生产者实现了价值，消费者获得了使用价值，使商品内在使用价值和价值的矛盾得到解决（姚震等，2019）。绿肥生态米和其他生态产品一样，其交易要遵循市场规则，形成合理的交易机制。作为一种经营性生态产品，绿肥生态米具有一般商品属性，可以直接纳入具体的有形市场内进行交换，遵守公开、公平、公正的原则进行交易，实质是让市场调节其生产、分配、交换和消费，解决经济发展与生态保护的矛盾（范振林，2020）。绿肥生态米交易实行供需双向调控，采用政府主导、市场运作、农户和消费者主体模式，而交易方式主要采用购买的市场化方式。

15.1.2 消费者为绿肥生态米支付溢价的逻辑依据

消费者以超出一般产品的价格购买以环境友好方式生产的绿肥生态米，实际上是购买了附加在这种产品上的亲环境属性和安全属性。一般认为，消费者为绿肥生态米支付溢价需要具备三个条件，即需求、效用和稀缺，具体分析如下（宋猛等，2020）：

（1）消费者对于绿肥生态米的需求。消费者对生态产品的需求包括物质、安全和精神三个层次，物质需求是指保证人类生活生产资料的基本条件，安全需求是指人类生活或生产所需的健康的生态环境，而精神需求是指对知识、美感和文化的追求。绿肥产品的突出特征表现在安全性和营养性两个方面，因此，这契合了消费者对绿肥生态米的需求的第二和第三个层次，即对"安全"和"精神"的追求。

（2）消费者效用的改善。经济学中的效用可理解为满意度或者福利，绿肥生态米这类生态产品对于消费者生计福利改善具有重要作用，具体表现为对消费者身体健康水平的提升、对消费舒适度（产品口感）等的改善。

（3）绿肥生态米的稀缺性。经济学的核心在于将稀缺资源生产成为有价值的商品，并负责完成分配。其中绿肥生态米的稀缺性主要来源于农产品的生产地域、生态要素、环境的数量与质量等生产条件限制。

根据以上分析，消费者具有为绿肥生态米支付溢价的可能性，一方面是因为在当前食品安全堪忧的情况下，其对这类安全、优质的生态产品具有现实需求；另一方面，稀缺性导致目前的产品市场供求失衡，供给不足助推了价格的上升。在现实交易中，消费者是否愿意为绿肥生态米支付溢价、愿意支付多少溢价，对这些问题的探讨将直接关系市场化机制激励农户持续种植绿肥的有效性。

15.2 消费者对绿肥生态米的支付意愿

15.2.1 理论分析框架

消费者支付行为由三方面因素所驱动：动机（Motivation）、机会（Opportunity）和能力（Ability）（梁志会等，2020）。动机是指消费者实施特定行为的心理期望或预期所得，机会是指外部环境为消费者实施某种行为提供的便利条件或阻碍程度，而能力指的是为了实施某种行为，消费者所需具备的物力、财力、知识和技能等（刘青，2018）。当前外部环境的恶化，特别是日益凸显的农产品质量安全和生态环境问题为引导绿肥生态农产品消费提供了契机，消费者基于环保和健康因素的考虑，很可能愿意为这种生态产品溢价付费。然而，这并不意味着具有环保动机和食品安全考虑的消费者必然会购买绿肥生态米，因为购买决策还取决于消费者的能力。以往的很多研究都认为禀赋是行为能力最深层次的来源，因此可以把个体禀赋等同于能力，并且可用个体及家庭特征作为禀赋最直观的体现形式（韩文龙等，2020；陈强强等，2020；李辉婕等，2019）。一般而言，消费者的安全和环保动机越强，对绿肥生态米的购买意愿可能就越高；对外部环境的认知程度越深，消费者对绿肥生态米的购买意愿也可能更高。据此，本研究建立起如图 15-1 所示的分析绿肥生态米的购买意愿的理论分析框架。

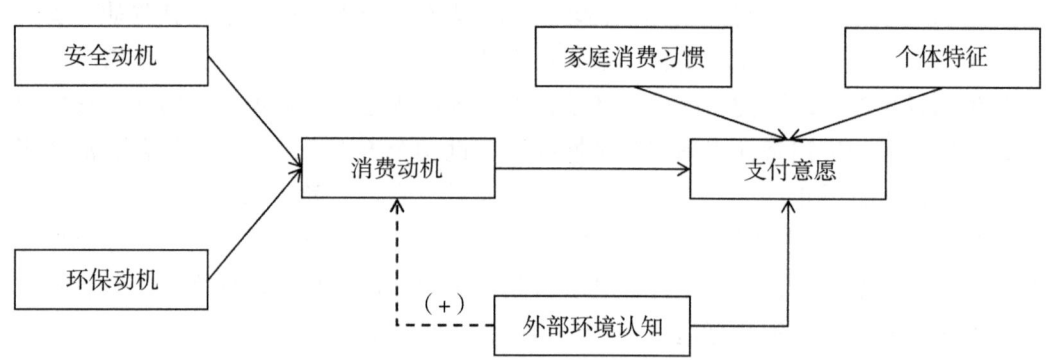

图 15-1 消费者为绿肥生态米付费的理论分析框架

15.2.2 研究假设的提出

根据以上分析，影响消费者支付意愿（Willingness to Purchase，WTP）的因素包括消费动机、认知能力、受访者的人口统计学特征以及家庭消费习惯。

15.2.2.1 消费动机对 WTP 的影响

消费者购买生态产品主要源于对食品安全的考虑（郑明赋，2016）。当前，食品安全问题频发，为了保障身体健康，消费者对安全农产品的需求愈发强烈。生态产品只有在经过认证和严格的安全性检测后才会流入消费市场，其安全性一般可以得到保障。因此，若消费者关注食品安全问题或对市场上农产品质量感到担忧，则更可能激发他们购买生态产品的意愿（崔春晓等，2016）。已有研究也验证了这一点，如刘增金等（2015）指出，消费者对猪肉产品安全性的需求决定了其对食品追溯标签的支付水平；李翔等（2015）研究发现，安全性考虑是影响消费者对有机认证番茄产品支付意愿的主要因素。还有一种观点认为，消费者购买生态产品除了源于食品安全动机，其环保动机的诱导作用同样不可忽视。所谓环保动机，是指消费者由于对环境后果的担忧或对改善环境福利的期望而采取亲环境行为。在国外，环保动机在消费者的生态产品付费行为中的重要角色已经得到验证（Bougherara et al.，2009）；国内对亲环境动机的研究较少，有典可查的文献仅有刘青（2018）对亲环境农产品购买行为的研究，他在探讨消费者主要出于什么动机购买亲环境农产品时，发现环保动机对支付意愿产生了积极的正影响。作为一定典型的生态产品，绿肥产品具备其他生态产品普遍的特征，因此，消费者对其付费动机也应该遵循一般规律。基于此，本研究提出如下假设：

H1：质量安全动机对消费者的绿肥生态米支付意愿具有正向影响。

H2：环保动机对消费者的绿肥生态米支付意愿具有正向影响。

15.2.2.2 外部环境认知对 WTP 的影响

消费者对生态产品的支付行为会受到消费者自身对外部环境认知的影响。消费者对外部环境的认知包括对市场环境，即食品安全环境的认知和对自然环境的认知。随着居民生活水平的提高，其对食品的需求不再局限于数量和解决温饱，而会更加关注食品安全问题和赖以生存的自然环境（张利国等，2006）。若消费者认为目前市场上销售的农产品存在质量问题，他们将愿意付出更高的成本去搜索和获取更为安全的食品（章迎迎，2015）；若消费者意识到目前的农业生产方式会破坏他们休闲、娱乐和享受田园风光所依赖的自然环境，也会愿意采取措施去促使生产者转变生产方式，包括通过为亲环境的农产品支付溢价的方式激励农户进行绿色生产。可见，认知能力是驱动消费者为生态产品支付的关键因素。一般而言，消费者的认知能力越强，其支付意愿越强，反之，支付意愿越弱。此外，较高的认知能力有助于消费者更好地理解购买生态产品对自身和环境的好处，从中提升生计福利，进而增强其消费动机（刘青，2018）。据此，提出以下研究假设：

H3：积极的外部环境认知对消费者的绿肥生态米支付意愿具有正向影响。

H4：积极的外部环境认知可以正向调节安全动机和环保动机对支付意愿的影响强度。

15.2.2.3 家庭消费习惯对 WTP 的影响

家庭消费习惯主要包括购买频率、消费偏好和购买地等因素。国内针对购买频率对消费者支付意愿影响的探讨比较少见。在可查阅到的文献中,张国政等(2017)研究了购买茶叶的频率对茶叶地理标志溢价支付意愿的影响,但发现这种预期影响并不显著;李翔等(2015)则发现,购买频率的提高有助于提高消费者的支付意愿。国外对购买频率影响消费者支付意愿的机制探究比较深入,相关成果大多得出了肯定的结论。如 Xu et al. (2018)、Ahmad et al. (2012)等分析了消费者的大米购买频率对其标签大米支付意愿的影响,实证结果表明,购买频率与支付意愿之间存在着显著的正相关关系;Yu et al. (2014)也指出,购买频率对消费者为绿色食品支付溢价具有积极的影响。关于消费偏好,是指消费者对生态产品固有属性的喜好和选择,包括价格、品牌、营养、口感、颜色、生产日期、产地等。已有研究表明,不同消费偏好对消费者支付意愿的影响存在较大差异(孙山等,2018)。如 Barreiro-Hurle et al. (2008)研究发现,具有营养偏好的消费者愿意为功能性食品支付溢价,而偏好品牌和产地的消费者更愿意为地理标志农产品支付溢价(Aprile et al., 2012)。此外,消费者对生态产品的支付意愿还会受到购买地的影响。如曾起艳等(2018)研究表明,消费者对线上有机生鲜的支付意愿低于线下市场;Balogh et al. (2016)指出,相比在农贸市场购买的消费者,在大型超市购买传统食物的支付意愿更高。据此,提出如下研究假设:

H5:购买频率高的消费者对绿肥产品具有更高的支付意愿。

H6:异质性消费偏好对消费者的绿肥生态米支付意愿具有差异化影响。

H7:消费者对实体店绿肥生态米的支付意愿高于网上平台。

15.2.2.4 受访者人口统计学特征对 WTP 的影响

人口统计学特征,包括性别、年龄、受教育程度、婚姻状况及其家庭人口数量、家庭结构及收入等,是影响消费者支付意愿基础的因素。在目前已有对消费者生态产品支付意愿的研究中,几乎都考虑到了这些社会经济指标的作用。曾寅初等(2008)研究指出有小孩的家庭对安全食品的支付意愿较高,而有老人的家庭对安全食品支付意愿反而越低;罗丞(2010)研究发现,年龄和家庭年收入变量显著正向影响消费者对安全食品的支付意愿;刘晓琳等(2015)则认为,收入水平、受教育程度可以显著提升消费者对可追溯茶叶额外价格的支付意愿。据此,提出如下假设:

H8:异质性个体和家庭特征对消费者对绿肥生态米的支付意愿具有差异化影响。

15.2.3 研究假设的提出

15.2.3.1 调查问卷设计

消费者问卷的设计于 2019 年 11 月 6—10 日由 1 位消费经济领域的教授、1 位农业经济领域的研究员以及 2 位博士生在充分交流、讨论，不断修正、完善的基础上完成。消费者问卷包括消费者基本信息、消费者家庭信息、大米消费及消费环境信息、绿肥生态米认知以及对绿肥生态米的支付意愿共五部分。在消费者问卷初步设计完成后，11 月 12—14 日在广西南宁进行了预调研，并根据调查结果对支付意愿的初始投标值进行了修正，得到了正式版本的消费者问卷。

15.2.3.2 数据来源

该研究采用的数据来源于 2019 年 11 月对湖南、湖北、江西和安徽省四省开展的消费者问卷调查。样本省份的选择综合考虑了绿肥生态米的生产、消费以及区域经济特征，同时保证研究区域仍然在地理位置上位于南方稻区。作为一种区域流通性较强的农产品，大米在各省份之间调度频繁、市场经济活跃，从这一点来讲，本地生产的大米很可能进入异地消费市场，因此，生产者调查和消费者调查在同一区域内的不同省份间进行具有合理性。考虑到绿肥生态米的消费者主要是城市居民，其潜在购买者主要是大城市的消费者。因此，本文最终选择 4 个省会城市长沙、武汉、南昌和合肥进行消费者调查。根据《中国城市统计年鉴》，四个省会都是本省人口和经济规模最大的城市。因此，研究这些城市消费者对绿肥生态米的支付意愿，可以为消费政策的制定提供关键信息。最终，共收集到有效问卷 974 份，其中，长沙 272 份、武汉 234 份、南昌 248 份、合肥 220 份。

15.2.3.3 调查过程偏差处理

采用 CVM 法对绿肥生态米这一假想市场进行评估可能存在偏差，为此，从问卷设计、问卷调查到最后的检验工作均需采取相关策略来避免或减少偏差的存在。本研究采取的偏差处理策略如表 15-1 所示。

表 15-1 偏差处理策略

偏差影响因素	处理策略
假想偏差	向受访者科普绿肥生态米的价值属性
信息偏差	以图片形式展示真实的绿肥生态米产品及包装信息，使受访者清楚问题的含义
投标起点偏差	采取预调查来修正投标额度
支付卡调查方式	提供多种受偿意愿值供受访者选择

15.2.4 变量选择

本研究的被解释变量有两个：一是消费者对绿肥生态米的支付决策，即是否愿意为绿肥生态米支付溢价；二是支付水平，即消费者愿意为绿肥生态米支付多少溢价。由于影响消费者支付决策及支付水平的因素众多，本研究在文献分析的基础上，结合上文对本部分研究框架的分析，从安全动机、环保动机、外部环境认知、受访者的人口统计学特征以及家庭的消费习惯五个方面选取解释变量。最终选取的15个解释变量及其描述性统计分析如表15-2所示。

表15-2 描述性统计分析

变量	变量描述	均值	标准差
是否愿意溢价支付	您是否愿意为绿肥生态米支付溢价：否=0；是=1	0.574	0.495
溢价支付水平	您愿意为绿肥生态米支付比普通大米高出多少的溢价：0%~40%=1；40%~80%=2；80%~120%=3；120%~160%=4；160%~200%=5；200%~240%=6；240%~280%=7；280%及以上=8	2.142	1.096
外部环境认知	综合值	3.187	0.762
市场环境认知	您认为目前市场上销售的大米安全性如何：很安全=1；较安全=2；一般=3；较不安全=4；很不安全=5	3.206	0.748
自然环境认知	您认为大米生产过程对环境的污染程度：很小=1；较小=2；一般=3；较大=4；很大=5	3.164	0.959
安全动机	绿肥生态米比普通大米更安全：很不赞同=1；较不赞同=2；一般=3；比较赞同=4；非常赞同=5	3.726	1.012
环保动机	绿肥生态米的生产有利于农业环境保护：很不赞同=1；较不赞同=2；一般=3；比较赞同=4；非常赞同=5	3.668	0.951
性别	受访者的性别：男=0；女=1	0.550	0.498
年龄	受访者的年龄（岁）	34.151	10.499
受教育程度	受访者的教育水平：小学及以下=1；初中=2；高中或中专=3；大专及本科=4；硕士=5；博士=6	4.174	1.005
婚姻状态	是否已婚：否=0；是=1	0.608	0.488
家庭人口数	实际人数（人）	4.130	1.482
儿童	家庭中是否有3~17岁的未成年儿童：否=0；是=1	0.539	0.499
老人	家庭中是否有65岁以上的老人：否=0；是=1	0.460	0.499
家庭月收入	（万元）	1.207	0.981
购买频率	您家一年购买多少次大米（次）	7.370	4.924
消费偏好1	在购买大米时，最关注价格：价格=1；其他=0	0.133	0.341
消费偏好2	在购买大米时，最关注商标或品牌：商标或品牌=1；其他=0	0.171	0.377
消费偏好3	在购买大米时，最关注口感：营养成分=1；其他=0	0.173	0.378
消费偏好4	在购买大米时，最关注生产日期：生产日期=1；其他=0	0.318	0.465
消费偏好5	在购买大米时，最关注产地：产地=1；其他=0	0.205	0.404
购买地1	超市=1；其他=0	0.565	0.496
购买地2	农贸市场=1；其他=0	0.235	0.424
购买地3	杂货铺=1；其他=0	0.131	0.338
购买地4	网上平台=1；其他=0	0.069	0.254

15.2.5 研究方法的选择

本文将消费者对绿肥生态米的溢价支付意愿分解成两个连续的过程：一是是否愿意溢价支付；二是如果愿意，那么愿意溢价支付多少。基于此，采用 Heckman 两阶段模型进行研究。该模型可以把决策方程和支付方程纳入统一研究框架进行整体分析，最大程度降低有效信息损失，减小选择性偏差。

第一阶段的选择方程是 Probit 模型，具体为：

$$\text{Probit}(Y_i = 1) = \Phi(\partial_1 X_{i1}) \quad (15\text{-}1)$$

式（15-1）中，$\text{Probit}(Y_i = 1)$ 表示消费者愿意为绿肥生态米进行支付的概率，若消费者愿意支付，则 $Y_i = 1$，否则，$Y_i = 0$。X_{i1} 为第 i 个样本的特征向量，即影响消费者支付决策的一系列因素；∂_1 是估计参数向量。

为说明模型含义，假设对应于二值的响应变量 Y_i，存在一个对应的潜在响应变量 y_i，满足：

$$y_i = \partial_1 X_{i1} + \varepsilon \quad (15\text{-}2)$$

其中，ε 为随机误差项，$\varepsilon \sim N(0, 1)$，X_{i1} 与 ε 相互独立，且 Y_i 与 y_i 之间存在以下关系：

$$Y_i = \begin{cases} 1, & y_i \geq 0 \\ 0, & y_i < 0 \end{cases} \quad (15\text{-}3)$$

$$\text{Probit}(Y_i = 1) = \text{Probit}(y_i \geq 0) = \Phi(\partial_1 X_{i1}) \quad (15\text{-}4)$$

逆米尔斯比率计算公式为：

$$\lambda_i = \frac{\Phi(\hat{\partial}_1 X_{i1})}{\Phi(\hat{\partial}_1 X_{i1})} \quad (15\text{-}5)$$

在式（15-5）中，$\Phi(\hat{\partial}_1 X_{i1})$ 和 $\Phi(\hat{\partial}_1 X_{i1})$ 分别表示以 $\hat{\partial}_1 X_{i1}$ 为变量的标准正态分布的密度函数和累积函数。

Heckman 两阶段模型的第二阶段为结果方程，基于愿意为绿肥生态米付费的消费者样本数据，利用多元线性回归模型考察支付水平的影响因素。结果方程可表示为：

$$Z_i = \beta_0 + \beta_1 X_{i2} + \delta \lambda_i + \mu_i \quad (15\text{-}6)$$

式（15-6）中，Z_i 是第二阶段回归模型的被解释变量，即消费者支付水平。X_{i2} 为解释变量，β_1 为待估参数变量，μ_i 为随机误差项。

Heckman 两阶段模型通过在结果方程中加入了逆米尔斯比率 λ_i，可以解决样本自选择问题，从而克服样本选择性偏差。若 λ_i 显著不为零，则表明存在明显的样本选择性，也就是说采用 Heckman 模型进行分析是合适的。

15.2.6 消费者的支付意愿实证分析

15.2.6.1 样本特征

如表 15-3 所示,在 974 位被访者中,女性被访者占比为 58.83%,受访者之所以多为女性,可能与我国家庭成员内部分工有关,大部分城市家庭中食物的主要采购者为女性;从被访者年龄来看,40 岁及以下的中青年消费者占比超过 47.23%;从受教育程度来看,受访者以大专或本科学历为主,占比为 50.98%,其次为硕士学历,占比为 28.05%,二者加总比例近 80%;从婚姻状态来看,超过 60% 的受访者已婚;从消费者的家庭特征来看,家庭人口数为 4~5 人的被访者占 44.97%,其次为大于 5 人,占比超过 20%,可见,大部分家庭的由 4 人及以上组成;家庭月收入在 0.5~1 万元的比例最高,为 35.83%,而月收入在 1 万元以上的家庭占比达 43.23%。可见,城市居民的家庭收入较高,这可能是因为家庭中拥有工作的成员较多,是多人工资性收入累积的结果。

表 15-3 受访者样本特征

特征	分类	人数(人)	比例(%)
性别	男	440	41.17
	女	534	58.83
年龄	≤30 岁	188	19.30
	31~40 岁	272	27.93
	41~50 岁	222	22.79
	51~60 岁	176	18.07
	>60 岁	116	11.91
受教育程度	小学及以下	13	1.31
	初中	69	7.08
	高中或中专	56	5.77
	大专及本科	497	50.98
	硕士	273	28.05
	博士	66	6.82
婚姻状态	已婚	592	60.81
	未婚	382	39.19
家庭人口数	<4 人	186	19.10
	4~5 人	438	44.97
	>5 人	350	35.93
家庭月收入	<0.5 万元/月	204	20.94
	0.5 万~1.0 万元/月	349	35.83
	1.0 万~1.5 万元/月	134	13.76
	1.5 万~2.0 万元/月	157	16.12
	≥2.0 万元/月	130	13.35

15.2.6.2 大米购买习惯

图 15-2 为消费者大米购买习惯的调查结果。由此可见，大部分受访者家庭一年购买 5~6 次大米，即平均 2 个月左右购买一次；从消费偏好来看，消费者对大米各种特征的偏好程度依次为生产日期、产地、口感、商标或品牌、价格，可见，消费者对大米的搜索属性更为关注，信任属性关注程度较低，这与刘青（2018）的调查结果相契合。此外，近 60% 的消费者倾向于在超市购买大米，其次是农贸市场和

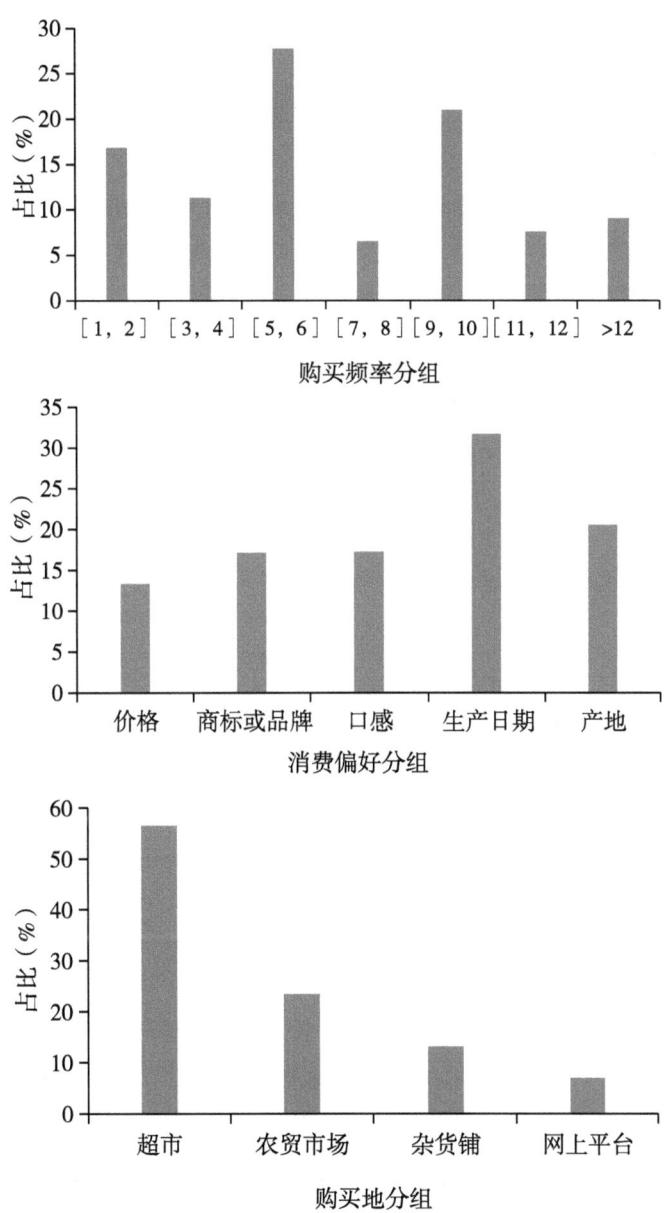

图 15-2 消费者的大米购买习惯

杂货铺，而在网上平台购买的比例最低，占比只有6.95%。其原因可能是，超市的商品进货渠道稳定，质量相对有保障，而网上平台的食品类商品信息真伪难以判断，或者做出准确判断的信息搜索成本较高，因此，消费者一般不会通过这种渠道购买。

15.2.6.3 消费者购买绿肥生态米的动机

消费者购买绿肥生态米的动机通过询问其对绿肥生态米最主要的两个属性，即亲环境属性和安全属性的偏好来考察，具体运用李克特五级量表（5-point-Likert-scale）来测度受访者对反映这两个属性的问题的认同性。表15-4给出了受访者回应的统计结果。可见，对于绿肥生态米的亲环境属性，45.61%的消费者比较或者非常赞同"绿肥生态米的生产有利于农业环境保护"的说法，而很不或者较不赞同的比例只有10.88%，说明大部分消费者都不同程度地具有环保动机。从安全属性来看，56.49%的消费者比较或非常赞同"绿肥生态米比普通大米更安全"的说法，而很不或较不赞同的比例只有6.81%，因此，与环保动机相比，消费者安全动机更强烈。

表15-4 消费者购买绿肥生态米的动机

题项	描述	频数	占比（%）
环保动机 （绿肥生态米的生产有利于农业环境保护）	很不赞同	46	4.72
	较不赞同	60	6.16
	一般	424	43.51
	比较赞同	355	36.44
	非常赞同	89	9.17
安全动机 （绿肥生态米比普通大米更安全）	很不赞同	37	3.80
	较不赞同	29	3.01
	一般	357	36.70
	比较赞同	290	29.75
	非常赞同	261	26.74

15.2.6.4 消费者对外部环境的认知

参考已有研究，用"目前市场上大米的安全性"这一题项来测度消费者对市场环境的认知，用"大米生产过程对环境的污染程度"这一题项来测度消费者对自然环境的认知，相关答项运用李克特五级量表来测度。Cronbach's α 为0.79，说明测量所得的结果具有内部一致性，即消费者的外部环境认知可以分别由所选的两个问题来测度。

从表 15-5 可以看出，66.84%的消费者对目前市场上销售的大米安全性表达了不同程度的担忧，认为市场上的大米非常安全的受访者比例仅为 1.44%；近 40%的消费者认识到了目前的大米生产方式会对环境造成污染。消费者对环境污染的担忧以及对环境改善的期望，很可能会引导消费者实施亲环境的绿肥生态米的购买行为。

表 15-5 消费者对外部环境的认知

题项	描述	频数	占比（%）	Cronbach's α
市场环境认知（目前市场上大米的安全性）	很不安全	42	4.33	
	较不安全	52	5.37	
	一般	557	57.14	
	比较安全	309	31.72	
	非常安全	14	1.44	0.79
自然环境认知（大米生产过程对环境的污染程度）	很小	37	3.80	
	较小	208	21.36	
	一般	348	35.78	
	较大	319	32.77	
	很大	62	6.29	

15.2.6.5 消费者的支付决策和支付水平

图 15-3 显示了消费者对绿肥生态米的支付决策。可见，超过 40%的消费者并不情愿为绿肥生态米支付溢价，而愿意支付一定溢价的消费者占比为 57.52%。由图 15-4 所示，在愿意为绿肥生态米支付溢价的消费者中，溢价区间为（41，80］的比例最高，为 24.30%，其次为（80，120］和（160，200］，占比分别为 12.71%和 8.60%；从整体来看，溢价支付水平小于 120%的消费者占比近 40%，可见，在目前绿肥生态米市场发育不健全、稳定的消费偏好尚未形成之前，消费者对这种新型生态产品的支付意愿和支付水平仍然较低。

15.2.6.6 绿肥生态米 WTP 测算

具有支付意愿的消费者对绿肥生态米的平均支付水平计算如下：

$$E(WTP) = \sum_{i=1}^{8} A_i P_i = 20.5\% \times P_1 + 60.5\% \times P_2 + 100.5\% \times P_3 + 140.5\% \times P_4 + 180.5\% \times P_5 + 220.5\% \times P_6 + 260.5\% \times P_7 + 300.5\% \times P_8 = 61.69\%$$

根据以上计算结果，消费者为绿肥生态米的平均溢价支付水平为 61.69%，即消费者愿意为绿肥生态米支付高出普通大米 61.69%的价格。普通大米的价格由调

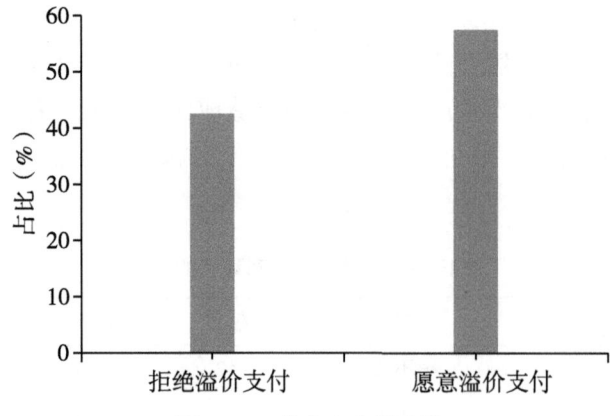

图 15-3　消费者支付决策

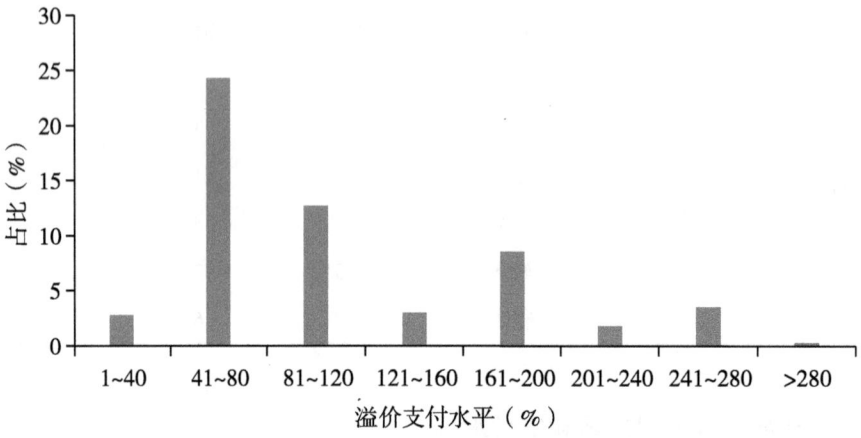

图 15-4　消费者支付意愿

查期各调研地大米市场价格取均值获得。表 15-6 给出了折算后的溢价值以及消费者实际的意愿支付价格。可见，由溢价比和普通大米价格计算的绿肥生态米的溢价值为 3.27 元/kg，而消费者实际愿意为绿肥生态米支付的价格为 8.57 元/kg。按照城市消费者年度户均大米消费量 337.42kg 计算，购买绿肥生态米带来的家庭年度额外支出为 1 103.36 元。

表 15-6　消费者支付意愿估计结果

消费者溢价支付水平（%）	比率（%）
0~40	2.82
40~80	24.30
80~120	12.71
120~160	3.04
160~200	8.60

(续表)

消费者溢价支付水平（%）	比率（%）
200~240	1.75
240~280	3.45
≥280	0.33
溢价比（%）	61.69
普通大米价格（元/kg）	5.30
绿肥生态米溢价值（元/kg）	3.27
绿肥生态米 WTP（元/kg）	8.57
户均大米消费量（kg/年）	337.42
消费支付增加值（元/年）	1103.36

注：普通大米的价格来源于对各地大米市场的实地调查。

15.2.6.7 模型估计

本研究构建了三个模型来解析消费者对绿肥生态米的支付意愿，结果如表15-7所示。模型1为基础模型，即仅引入消费者的社会经济特征作为自变量。在模型1第一阶段的决策方程中，受教育程度、婚姻状态、家庭中有儿童、家庭月收入、购买频率、购买地1、购买地2、购买地3共8个变量显著正向影响消费者的支付决策，而消费偏好1则对消费者的支付决策具有显著负向的影响。在第二阶段的支付方程中，性别、受教育程度、家庭中有儿童、家庭月收入共4个变量对消费者的支付水平具有显著正向影响，而年龄变量具有负向影响。

表15-7 模型估计结果

变量	模型1		模型2		模型3		边际效应
	系数	z	系数	z	系数	z	
第一阶段（γ）							
安全动机			0.150 (0.096)	1.57	0.775* (0.454)	1.71	
环保动机			0.175 (0.113)	1.55	0.415 (0.404)	1.03	
外部环境认知			0.683*** (0.098)	6.98	1.095*** (0.405)	2.70	
安全动机×外部环境认知					0.275** (0.132)	2.08	

（续表）

变量	模型1 系数	z	模型2 系数	z	模型3 系数	z	边际效应
环保动机×外部环境认知					0.163 (0.111)	1.48	
性别	0.158 (0.100)	1.59	0.135 (0.106)	1.27	0.143 (0.107)	1.33	
年龄	-0.008 (0.006)	-1.27	-0.005 (0.007)	-0.74	-0.007 (0.007)	-0.95	
受教育程度	0.171*** (0.057)	3.06	0.087 (0.060)	1.44	0.093 (0.060)	1.53	
婚姻状态	0.553*** (0.132)	4.18	0.396** (0.145)	2.73	0.373** (0.147)	2.54	
家庭人口数	-0.005 (0.038)	-0.12	-0.003 (0.040)	-0.07	-0.006 (0.041)	-0.15	
儿童	0.085*** (0.113)	0.75	0.193 (0.122)	1.58	0.168** (0.123)	1.36	
老人	0.273 (0.103)	2.64	0.260 (0.110)	2.35	0.276 (0.111)	2.48	
家庭月收入	0.192*** (0.058)	3.34	0.203*** (0.062)	3.28	0.201*** (0.062)	3.24	
购买频率	0.041*** (0.011)	3.82	0.027** (0.011)	2.37	0.027** (0.116)	2.33	
消费偏好1	-0.512*** (0.174)	3.82	-0.370* (0.189)	1.96	-0.380** (0.190)	2.00	
消费偏好2	0.242 (0.167)	1.45	0.185** (0.177)	1.04	0.187*** (0.178)	1.05	
消费偏好3	0.065 (0.165)	0.39	0.089 (0.178)	0.50	0.105 (0.180)	0.58	
消费偏好4	0.487 (0.144)	3.38	0.382 (0.157)	2.43	0.380 (0.158)	2.40	
购买地1	0.703*** (0.210)	3.34	0.646*** (0.222)	2.91	0.677*** (0.224)	3.03	
购买地2	0.829*** (0.226)	3.66	0.855*** (0.238)	3.59	0.869*** (0.241)	3.61	
购买地3	0.897*** (0.242)	3.70	0.915*** (0.258)	3.54	0.925*** (0.261)	3.54	
常数项	-2.143*** (9.473)	-4.54	-3.965*** (0.572)	-6.93	-5.286*** (1.442)	-3.67	

(续表)

变量	模型1 系数	z	模型2 系数	z	模型3 系数	z	边际效应
			第二阶段 (z)				
安全动机			0.194 (0.201)	0.79	2.626*** (0.733)	1.80	1.309
环保动机			0.159 (0.241)	0.80	1.317*** (0.684)	3.14	2.610
外部环境认知			0.903* (0.473)	1.91	3.798*** (1.110)	3.42	3.775
安全动机×外部环境认知					0.373* (0.210)	1.77	0.371
环保动机×外部环境认知					0.664*** (0.169)	3.03	0.660
性别	0.510*** (0.191)	2.67	0.595*** (0.213)	2.79	0.450*** (0.163)	2.76	0.447
年龄	−0.027** (0.011)	−2.37	−0.028** (0.013)	−2.11	−0.018* (0.010)	−1.76	−0.177
受教育程度	0.350* (0.181)	1.94	0.407*** (0.130)	3.12	0.245** (0.103)	2.37	0.243
婚姻状态	0.009 (0.564)	0.02	0.348 (0.372)	0.93	0.276 (0.304)	0.91	0.274
家庭人口数	−0.007 (0.064)	−0.11	−0.009 (0.084)	−0.11	−0.013 (0.064)	−0.21	−0.013
儿童	0.456** (0.185)	2.46	0.232 (0.262)	0.89	0.526*** (0.201)	2.62	0.523
老人	0.350 (0.278)	1.26	0.146 (0.249)	0.59	0.521 (0.200)	2.60	0.518
家庭月收入	0.552*** (0.175)	3.16	0.745*** (0.159)	4.67	0.501*** (0.127)	3.94	0.498
购买频率	0.007 (0.036)	0.18	0.024 (0.025)	0.99	0.014 (0.020)	0.67	0.013
消费偏好1	−0.200 (0.532)	−0.38	−0.431 (0.408)	−1.06	−0.112 (0.322)	−0.35	−0.111
消费偏好2	0.373 (0.305)	1.22	0.462 (0.326)	1.41	0.170* (0.245)	0.69	0.169
消费偏好3	0.174 (0.224)	0.78	0.235* (0.311)	0.76	0.192** (0.227)	0.85	0.191

(续表)

变量	模型1 系数	z	模型2 系数	z	模型3 系数	z	边际效应
消费偏好4	0.467 (0.474)	0.98	0.755 (0.358)	2.11	0.248 (0.280)	0.89	0.246
购买地1	0.294 (0.775)	0.38	0.867 (0.632)	1.37	0.180 (0.525)	0.34	0.179
购买地2	0.322 (0.891)	0.36	1.076 (0.719)	1.50	0.349 (0.609)	0.58	0.347
购买地3	0.509 (0.944)	0.54	1.289 (0.762)	1.69	0.167 (0.645)	0.26	0.166
常数项	-1.337 (3.407)	-0.39	-7.339** (3.684)	-1.99	15.104** (5.638)	2.68	
逆米尔斯比率（λ）	0.337* (1.663)	0.20	2.240* (1.207)	1.86	-0.832* (1.106)	-0.75	

注：***、**、*分别表示1%、5%、10%的显著性水平。

在模型1中加入质量安全动机、环保动机和外部环境认知三个新的自变量指标，得到模型2。比较模型1和模型2可以看出，新的变量的引入给模型结果带来了变化。在模型2的决策方程中，外部环境认知、消费偏好2这两个变量变得正向显著，而模型1中原本显著的受教育程度、家庭中有儿童却没有通过显著性检验；在模型2的支付方程中，外部环境认知、消费偏好3这两个变量变得正向显著，而在模型1中影响显著的家庭中有儿童此时却不再具有积极影响。

模型3是在模型2的基础上，加入安全动机、环保动机与外部环境认知的交叉项得到，它考虑了外部环境认知对消费动机的调节效应，反映了消费者认知会影响动机的事实，因此更加符合消费者决策时的现实情况。基于此，本研究对消费者支付意愿影响因素的分析，将以模型3的结果为准。从模型3的决策方程可以看出，影响消费者支付决策的变量有安全动机、外部环境认知、安全动机×外部环境认知、婚姻状态、家庭中有儿童、家庭月收入、购买频率、消费偏好2、消费偏好3、购买地1、购买地2、购买地3，其中，除消费偏好1影响为负外，其他变量均具有正向影响。注重食品安全和认识到绿肥生态米好处的消费者更愿意为这种生态产品支付溢价；已婚状态使得消费者更加注重生活质量，而家庭中有儿童则对安全的食品具有现实需求，因此也会对消费者购买行为形成激励；家庭收入越高的农户拥有更高的支付能力，因此具备为绿肥生态米支付溢价的经济能力，支付意愿也会更强；购买大米频率越高的农户接触到绿肥生态米信息的概率越高，对该产品的认知也可能越清楚，因此购买的可能性越大；绿肥生态米归根到底是一种商标，若消费者具有商标偏好，则更愿意为该标签产品支付溢价；若消费者对食品具有口感偏好，当其认识到绿肥生态米具有更优的口感后，对其进行付费的意愿也会增强；与网络平台购物相比，在实体店购买食品时可以更加直观地观察相关信息的准确性，这有利于消费者建立起对商品的信任，增强付费的意愿。

在模型3的支付方程中，安全动机和环保动机都在1%的水平上显著正向影响消费者的溢价支付水平，说明安全动机和环保动机越强，消费者的溢价支付水平越高。消费者为绿肥生态米支付溢价，实际上主要是为附加在这种产品身上的安全属性进行支付，食品安全动机越强，消费者越愿意付出更高的经济代价去寻求可以有效保障食品安全的措施；环保动机源于消费者的社会责任，保护环境的社会责任感越强，消费者越愿意付出一定的经济成本去达到相关环境目标，并期望从环境改善中提升自身的效用水平（满足感）。外部环境认知在1%的水平上显著影响消费者的溢价支付水平，说明消费者对市场和自然环境的认识越清楚，越倾向于支付较高的价格。此外，安全动机与外部环境认知的交叉项以及环保动机与外部环境认知的交叉项分别在10%和1%的显著性水平上正向影响消费者的溢价支付水平，验证了认知调节效应的存在，即消费者的外部环境认知显著提升了两个动机对溢价支付水平的影响。

在受访者的个体特征方面，性别和受教育程度变量对溢价支付水平分别在1%和5%的显著性水平上具有正向影响，而年龄影响为负，这表明，女性、年轻和受教育程度较高的消费者更倾向于为绿肥生态米支付较高的价格。女性作为家庭生活物资特别是食品的主要购买者，负有保障家庭成员饮食健康的责任，因此，与男性相比，女性一般更愿意付出较高的经济代价以确保消费安全；年龄较大的消费者不愿意为绿肥生态米支付较高的溢价，可能是因为较低的文化水平限制了他们对绿肥生态米属性的认知；受教育程度较高的消费者一方面对食品安全问题比较关注，另一方面，对绿肥生态米信息的掌握程度也更深，这有利于他们在较高的价格水平上进行支付。在受访者的家庭特征方面，家庭中有儿童和家庭月收入高的均在1%的显著性水平上正向影响其溢价支付水平，说明有儿童的家庭和收入越高的家庭更愿意为绿肥生态米支付较高的溢价。在我国，下一代是父母的期望，孩子的健康是家庭的"头等大事"，若家庭中有正处于身体发育期的儿童，这个家庭往往也会特别注重所购买的食物的质量，哪怕需要付出更高的费用；家庭收入是消费者做出支付决策的基础支撑，若家庭收入较高，其也更有条件拿出较大金额来购买安全食品。此外，在家庭购买习惯方面，购买大米时关注商标或品牌和关注口感的消费者更倾向于为绿肥生态米支付较高的溢价。

15.2.6.8 结果讨论

根据研究结果，外部环境认知对消费者的溢价支付水平影响最大，其边际效应值也最大，为3.775，这意味着认知水平每提升1个单位，可以带来3.775个单位的支付水平的提升。这说明，提高消费者的认知是促进其为绿肥生态米在较高水平上进行溢价支付最有效的措施。一个重要的启示是，通过改善和提升消费者对绿肥生态米亲环境和安全属性的认知，可以在不降低消费者总体福利的前提下，增加生产者的水稻种植效益，提高农户家庭的收入水平。外部环境认知与个体的受教育程度密切相关（都阳等，2002）。一般来讲，受教育程度越高，个体的认知能力越强，反之，认知能力越弱（Grimm et al.，2020）。因此，通过提高消费者的受教育水平，可以显著提升其对亲环境的绿肥生态米的支付意愿。调查显示，75.7%的受访者具有大学及以上的学历，24.8%具有研究生学历，可见，城市居民的受教育程度普遍较高，这为引导其为绿肥生态米溢价支付提供了契机，同时，也为通过市场机制激励农户绿肥种植行为提供了可能。在当前我国教育事业良性发展的大背景下，未来随着城市居民总体受教育水平的进一步提升，其支付意愿必然会随之增强，农户绿肥种植的市场激励机制也必将更加完善。

安全动机是影响消费者为绿肥生态米溢价支付意愿的另一重要因素。安全动机的边际效应值为1.309，说明其每提高1个单位，可以带来1.309个单位的支付水平的提升。事实上，消费者购买生态农产品，主要目的是购买附着在产品身上的安全属性。当前，农产品质量安全问题堪忧，特别是各地接连出现的"毒大米"事件，对消费者的消费安全带来很大隐患。如2002年发生在广东和广西的黄曲霉毒素超标的毒大米事件、2013年发生在湖南的上万吨大米重金属镉含量超标的事件以及2020年云南邵通毒大米事件等，都给当地居民带来了极大的恐慌。目前，对于已经具备一定经济条件的城市消费者来说，对安全大米的需求比以往任何时候都更迫切，绿肥生态米的生产契合了消费者的现实需求，在市场供给远小于需求的情况下，溢价支付成为消费者获得该产品的必然选择。

消费者行为理论认为，消费者作为"社会人"，在消费决策的过程中不仅会关注自身利益、提高自身效用水平，还会承担相应的社会责任，兼顾社会公共利益（Soorani et al.，2019）。本研究发现，消费者对绿肥标签的溢价支付意愿不仅会受到其安全动机的影响，环保动机也在其中发挥着不可忽视的作用。这说明，消费者出于环境保护的目的，也愿意为绿肥生态米支付一定溢价。根据边际效应，消费者的环保动机每提高1个单位，会带来2.610个单位支付水平的提升，可见，从长期来看，强化消费者的环保动机对提升消费者的支付意愿具有积极的意义。根据Zsoka et al.（2013），环保动机起源于环境知识，而环境知识由环境教育所决定。因此，加强居民的环境教育，提高整体环境知识水平，不仅有助于消费者自愿承担更多的社会环保责任，还可以"催化"其为亲环境的绿肥生态米溢价支付的意愿、提高支付水平，进而改善生产者的收入水平和生计福利。

另一个发现是，积极的外部环境认知可以通过强化消费者的安全和环保动机显著提升其支付意愿，这一结论建立起了认知与消费动机之间的关系，探明了动机影响支付意愿的外部干扰因素。李辉霞等（2014）等根据影响效果把外部干扰分为正向干扰和负向干扰两种，并把那些能够促进或强化受扰方的干扰称为正向干扰，而将那些能够抑制受扰方的干扰称为负向干扰。作为一种正向干扰因子，外部环境认知通过提高消费者对市场和自然环境的关注、引导其不断进行自我心理暗示，依托于心理因素的安全和亲环境消费期望会强化消费动机，进而对支付意愿产生积极影响。从这一过程来看，外部环境认知是决定消费者支付意愿的底层因素，也是最根本的因素。因此，在研究消费者绿肥生态米购买行为时，必须重点关注外部环境的影响。

此外，研究还表明受教育程度较高的年轻女性、家庭中有儿童以及家庭收入较高、追求生活品质的消费者更愿意为绿肥生态米支付较高的溢价。这一结论为明确绿肥生态米重点消费群体提供了依据。通过向这三类消费者群体推介有关绿肥生态米的相关信息，特别是涉及安全属性和亲环境属性的知识，引导其消费动机产生，培育具有稳定消费偏好的居民群体，这对于提高溢价支付机制对生产者行为激励效应的可持续性具有非常重要的意义。

15.2.6.9 研究结论

本研究利用 CVM 方法测算了城市消费者对绿肥生态米的溢价支付意愿，并采用 Heckman 两阶段模型探讨了影响支付的因素。描述性统计分析显示，愿意为绿肥生态米支付溢价的消费者占比为 57.52%，而在具有溢价支付愿意的消费者中，溢价水平小于 120% 的消费者占比近 40%。据测算，消费者为绿肥生态米的平均溢价支付水平为 61.69%，即消费者愿意为绿肥生态米支付高出普通大米 61.69% 的价格；由溢价比和普通大米价格计算的绿肥生态米的溢价值为 3.27 元/kg，消费者实际愿意为绿肥生态米支付的价格为 8.57 元/kg。外部环境认知对消费者支付意愿影响程度最大，因此，提高消费者的认知水平是促使其为绿肥生态米在较高水平上进行支付最有效的措施。安全动机和环保动机也对消费者的支付意愿具有积极而显著的影响，表明附着在绿肥生态米产品上的安全和亲环境属性也可以有效激励消费者的溢价支付行为。本研究的另一个重要发现为，积极的外部环境认知可以通过强化消费者的安全和环保动机显著提升其支付意愿，表明外部环境认知是决定消费者支付意愿的底层因素，也是最根本的因素。此外，受教育程度较高的年轻女性、家庭中有儿童以及家庭收入较高、追求生活品质的消费者更愿意为绿肥生态米支付较高的溢价，这一结论为明确绿肥生态米重点消费群体和主要推介对象提供了依据。

15.3 消费者溢价支付对政府激励机制的替代效应

上一节探讨了消费者对绿肥生态米的支付意愿。虽然消费者愿意为绿肥生态米支付的价格达 8.57 元/kg，但这只是大米销售商在定价时可以参考的价格，而不是农户出售绿肥产品的价格。这是因为，农产品从"田间"到"餐桌"要经过多个中间环节，如加工、包装等工序都可以带来价值的变化。那么，农户能够在绿肥生态米的溢出价格中分配到多少利益呢？

为解答上述问题，课题组对样本省份的典型大米市场进行了调查，获得了两个重要的参数，即加工溢价比和包装溢价比。加工溢价比是指稻谷经过加工成为大米的过程产生的价格增量与稻谷价格的比值，而包装溢价比是指散装大米经包装进入零售市场带来的价格增量与散装大米出厂价的比值。假设普通大米和绿肥生态米的这两个参数保持一致，据此可估算出绿肥生态米的农户出售价格。

由表 15-8 可知，如果零售商按照消费者的支付意愿为绿肥生态米定价，那么根据包装溢价比计算的农户售价应为 5.77 元/kg；考虑到当前大部分农户以出售稻谷为主，根据加工溢价比把农户出售绿肥生态米的价格换算成绿肥稻谷的价格，为 3.18 元/kg。与普通稻谷相比，农户生产绿肥稻谷可实现 55.88% 的溢出价格 [（3.18-2.04）/2.04=55.88%]，可见，对农户来说，消费者的溢出价格并不能完全被其获得，其中一部分将被加工商和零售商等所攫取。

表 15-8 溢出价格的分配

类型	农户稻谷售价（元/kg）	农户大米售价（元/kg）	加工溢价比（%）	市场售价	包装溢价比（%）
普通型	2.04	3.70	81.37	5.30	43.24
绿肥型	3.18	5.77	81.37	8.27	43.24

种植绿肥将从提质和增量两个方面改善粮食生产效益。提质与绿肥生态米的亲环境和安全属性相对应，消费者愿意为绿肥生态米支付溢价，实际上是为提质后的这两个产品属性付费；增量是指由于种植绿肥而带来的农产品产量的提升。据此，单位面积稻谷和绿肥稻谷的价值计算公式可分别表述为：

$$V_n = P_n \times Q_n \tag{15-7}$$

$$V_g = P_g \times Q_g = P_g \times (Q_n + q) \tag{15-8}$$

其中，V_n 为单位面积普通稻谷价值，P_n 为普通稻谷的价格，Q_n 为单位面积普通稻谷产量；V_g 为单位面积绿肥稻谷价值，P_g 为绿肥稻谷价格，Q_g 为单位面积绿肥稻谷产量，q 为由于种植绿肥带来的单位面积稻谷增量。

根据实地调查，普通稻谷的价格可取值 2.04 元/kg，普通稻谷产量取值 6 840kg/hm^2，由于种植绿肥带来的单位面积稻谷增量为 849kg/hm^2。计算单位面积绿肥稻谷的溢出总价值为：

$$V_p = V_g - V_n = (P_g - P_n)Q_n + P_g \times q = 10\ 497\ \text{元/hm}^2 \qquad (15-9)$$

也就是说，在目前的消费者溢价意愿水平上，农户能够从绿肥生态米生产中获得每公顷 10 497 元的额外收益，相当于提高了约 75% 的水稻生产收益，可见，绿肥生态米在较大程度上拓展了生产者的盈利空间。

上文研究表明，单位面积绿肥种植成本为 2 169 元/hm²，而农户的绿肥种植受偿意愿为 3 322.5 元/hm²，可见，市场机制给农户带来的生产效益不仅高于绿肥种植成本，甚至还高出农户受偿意愿的 2 倍多，因此无论从哪个方面来看，消费者的绿肥生态米溢价支付机制都可以成为政府生态补偿的良好的替代性方案。

15.4 结论

本章回答了为什么要建立和建立什么样的市场激励机制以及该如何建立这两个方面的问题。具体而言，详细研究了如下问题：一是阐述了绿肥生态米价值增值过程，解析了消费者溢价支付的理论逻辑；二是研究了城市消费者对绿肥生态米的溢价支付意愿，并识别影响支付的关键因素；三是通过比较消费者溢价支付给农户带来的利益增量与政府生态补偿额标准，检验了市场机制对政府激励机制的替代效应以及对激励农户绿肥种植行为的有效性。主要结论如下。

（1）绿肥生态米和其他产品一样，其价值实现依赖于市场交易。作为一种经营性生态产品，绿肥生态米具有一般商品属性，可以直接纳入具体的有形市场，遵守公开、公平、公正的原则进行交易，其实质是让市场调节其生产、分配、交换和消费。由于绿肥生态米满足商品需求、效用和稀缺三个方面的条件，因此，引导消费者以超出一般产品的价格购买这种生态产品也就具备了现实可行性。

（2）愿意为绿肥生态米支付溢价的消费者占比为 57.52%，而在具有溢价支付愿意的消费者中，溢价水平小于 120% 的消费者占比近 40%。据测算，消费者为绿肥生态米的平均溢价支付水平为 61.69%，即消费者愿意为绿肥生态米支付高出普通大米 61.69% 的价格；由溢价比和普通大米价格计算的绿肥生态米的溢价值为 3.27 元/kg，消费者实际愿意为绿肥生态米支付的价格为 8.57 元/kg。

（3）外部环境认知对消费者支付意愿影响程度最大，因此，提高消费者的认知水平是促使其为绿肥生态米在较高水平上进行支付最有效的措施。安全动机和环保动机也对消费者的支付意愿具有正向而显著的影响，表明附着在绿肥生态米产品上的安全和亲环境属性也可以有效激励消费者的溢价支付行为。积极的外部环境认知可以通过强化消费者的安全和环保动机显著提升其支付意愿，表明外部环境认知是决定消费者支付意愿的底层因素，也是最根本的因素。此外，受教育程度较高的年轻女性、家庭中有儿童以及家庭收入较高、追求生活品质的消费者更愿意为绿肥生态米支付较高的溢价，这一结论为明确绿肥生态米重点消费群体和主要推介对象提供了依据。

（4）在当前的消费者溢价水平上，农户能够从绿肥生态米生产中获得每公顷10 497元的额外收益，可见，绿肥生态米极大拓展了生产者的盈利空间。市场机制给农户带来的生产效益不仅高于绿肥种植成本，还高出农户受偿意愿的2倍多，因此，无论从哪个方面来看，消费者的绿肥生态米溢价支付机制都可以成为政府生态补偿的良好的替代性方案。

总结研究篇

第 16 章

驱动农户绿肥种植行为发生的制度体系

本章作为研究的落脚点,将在前文分析的基础之上,结合绿肥政策的宏观目标,设计驱动农户绿肥种植行为发生的制度体系,具体将提出制度设计的基本思路、基本原则、基本框架和保障措施,以期为相关政策的制定和完善提供借鉴和参考。

16.1 制度体系设计思路

一般而言,影响农户生态行为发生的因素可归纳为制约性因素和激励性因素。De Koeijer et al. (2003) 指出,农户亲环境行为的发生需要建立在破除制约性限制和创造激励性优势的前提之上;吴雪莲(2016)认为,要使农户积极采纳绿色农业技术,除了要消除各主客观因素对农户行为能力的限制,多样化的激励手段同样必不可少。事实上,农户一般需要花费一定的精力和较高的成本,通过不断学习逐渐消除技术经济壁垒和主观认知障碍,进而实施生态行为。因此,在设计驱动农户绿肥种植行为发生的制度体系时,也应统筹考虑制约性因素和激励性因素的协同作用。

本文第4~9章研究的目的即为通过建立科学的方法对影响农户种植绿肥的制约性因素和激励性因素进行精确识别和判断,并探明各因素的作用路径,提出消除限制的有效途径。第10~13章则是从政府激励制度的角度,探讨生态补偿政策在保障农户绿肥种植行为方面应该做出的具体制度安排。第14~15章则是立足对农户行为的长期激励目标,寻求一种可以有效替代生态补偿政策的市场化方案。建立驱动农户绿肥种植行为发生的制度体系,即以广泛参与原则、系统性原则和政府与市场协同原则为依据,综合运用经济、技术、法律和行政手段,优化制约性因素和激励性因素的作用机制,深度融合"农业经济发展"与"生态环境保护"两大体系,推动绿肥深度参与农业生产方式改造,助力我国农业的绿色转型。

16.2 制度体系设计原则

16.2.1 广泛参与原则

广泛参与原则包含两个维度上的内涵，一是农户的广泛参与。在我国，农户是农业生产的基础主体，任何农业生产活动都离不开农户的参与。特别是对于绿肥种植这样的农业生态环境行为，离开了农户的广泛参与，政策目标就不可能实现。二是各利益主体的广泛参与。种植绿肥作为实现农业绿色发展有效的政策措施，涉及众多利益相关者。若在绿肥推广政策的制定、颁布、执行、监督等过程中，缺失了各利益相关者的参与空间，势必会在一定程度上影响政策效果。从全国来看，除部分绿肥种植先行试点区外，我国大部分区域尚未建立起以家庭农场、合作社、农业企业等产业组织为依托，以广大农户为骨干，政府引导、市场协作的多主体、互动式绿肥种植制度体系。目前，农村中农户与政府部门的直接互动仍旧是驱动农户绿肥种植行为发生并持续的主要驱动力，但由于政府支持具有阶段性特征，且强度一般较弱，这往往会导致农户行为内生动力不足、绿肥推广政策难以实现长效化。只有动员各相关利益主体广泛参与，并让其充分表达利益诉求，才能更好地保障绿肥政策的实施效率，从而推进以种植绿肥为基础环境政策目标的实现。

16.2.2 系统性原则

系统性强调由部分构成整体，从整体的角度去分析事物的结构、功能以及系统内部各种交互关系。系统性原则突出农户绿肥种植行为既会受到与其自身相关的内部因素的影响，也会受到外源性因素的影响，两个方面的因素相辅相成、相互作用、彼此配合、缺一不可，共同决定了农户绿肥种植决策的结果。实际上，农户决策是一个多因素、多阶段博弈的过程，农户会在权衡各因素的共同作用给自身带来的综合效益后做出最优化的策略选择。因此，在研究农户绿肥种植行为时，只考虑内部或外部其中一方面因素的影响将大大降低研究结果的有效性，据此制定的政策也不具备指导性。系统性原则的另一体现为驱动农户绿肥种植行为发生的制度体系设计要同时立足于弱化制约性因素限制和强化激励性因素的促进两个基本面。只弱化限制而不强化激励，农户便很难从绿肥种植中获得收益，这不符合作为"理性人"的农户的经济诉求；只强化激励而不弱化限制，农户绿肥种植行为发生的很多基础条件将难以满足。只有同时兼顾两个基本面，才能最大限度地保障农户的利益，激发农户绿肥种植的积极性，维持农户行为的持久性。

16.2.3 政府与市场协同原则

能够对农户绿肥种植行为进行激励的外部主体除了政府以外，市场的作用同样不可忽视。一般而言，在农户生态环境行为发生初期，政府生态补偿的即时激励效果非常明显，生态补偿在强化农户行为强度和防止行为退出方面可发挥积极的调节作用。然而从长期来看，政府激励的方式存在自身的不足，如会给本就需要"过紧日子"的政府带来较大的财政负担。因此，寻求并建立合适的市场激励机制就具有了现实必要性。激励农户绿肥种植的市场机制的本质是为绿肥产品按质付费、推进优质优价，立足公平交易、以市场化利益诱导的方式来刺激农户的行为自主性。通过建立与完善能够准确反映绿肥产品市场供求关系且有利于农业绿色发展的价格形成机制，引导农户进行绿肥种植投资。这一机制在改善交易双方福利的同时，也增进了整个社会的总体福利，因此是驱动农户绿肥种植行为发生制度体系中的帕累托最优选择。

16.3 制度体系基本框架

制度体系的基本框架是制度设计的核心，有效的制度体系有赖于对内部各组成部分进行精准识别，只有各要点概括得当且全面统筹，才能形成对农户行为发生的全面保障作用。鉴于此，针对制度体系的如下五个基本面，本节将分别从为什么要这样设计和如何设计两个角度进行阐述，以提高制度设计的科学性和学术认可性。

16.3.1 通达的行为转化条件

16.3.1.1 为什么设计？

受多方因素的限制，目前农户无绿肥种植意愿或虽有意愿但无实际种植行为的非理想状态普遍存在。无论是从"无意愿"到"有行为"的跨越式转化，还是从"有意愿、无行为"到"有意愿、有行为"的常规转化，破除制约性因素的限制都是实现转化基础的条件。能够对农户绿肥种植行为带来限制的因素包含两个方面：一是客观禀赋的限制。农户禀赋决定了其实施绿肥种植的行为能力，一般而言，禀赋条件越优越，农户的行为能力越强，则其发生实际行为的可能性越大。事实上，在很多情况下，农户并不一定是缺乏种植绿肥的热情，而是受自身技能掌握不足或家庭资金、劳动力等匮乏的约束而不具备种植绿肥的能力。换句话说，禀赋因素限制了农户绿肥种植意愿向行为的转化。二是主观认知的限制。受农户环境教育不足的影响，农户或者没有意识到当前农业环境存在的问题，或者对绿肥在改善农业环境方面的价值缺乏足够了解，对外部环境认知能力的不足，导致其绿肥种植的积极性普遍不高。

16.3.1.2　如何设计？

为消除客观禀赋的限制，应采取多元化、针对性的措施改善农户禀赋结构、增强禀赋强度。如通过推进专业化生产改善农户经营禀赋以促进农户绿肥种植意愿产生；通过创新生产技术降低绿肥种植成本，增强人力资本投资提高农户收入，强化社会关系网络建设增强人际和组织信任、促进多元主体信息诱导，从而推动农户绿肥种植意愿向行为的转化；通过土地规划建设优化耕地耕作条件改善自然禀赋以规制农户绿肥种植意愿与行为的悖离。为削弱主观认知的限制，应建立绿肥知识宣传制度，加强环境教育和培训，提高农户对绿肥价值的认知水平。首先，开展多种形式的农业环境教育。通过图片、视频等直观的形式在村集体举办以农业环境为主题的展出宣传教育活动，凸出农业环境破坏给农产品生产和人类健康带来的危害，让越来越多的农民意识到环境问题的紧迫性和保护农业环境的必要性。其次，进行绿肥文化科普。通过公益广告、自媒体等现代化传播媒介广泛宣传我国的传统绿肥文化及其在现代农业发展中的应用，提高农户对绿肥的认知和认同。再次，建立绿肥知识宣传制度，挖掘绿肥价值宣传深度。通过深入基层开展讲座、发放资料等途径，向农户广泛宣传绿肥在保护耕地、提高农产品产量和质量等方面的价值；通过定期举办观摩会等形式，向农户直观地展示种植绿肥后农业生产系统的改进效果，刺激农户亲身实践的积极性。

16.3.2　适度的政府管控体制

16.3.2.1　为什么设计？

农户种植绿肥是一种自主自愿的生态行为，政府过度干预不仅不能提高农户维持行为的热情，还会因降低农户决策的自由度而对其行为产生显著的不利影响。首先，过度的政府管控不利于农户绿肥种植意愿的产生。意愿是行为发生的前提和基础，一般而言，没有意愿就很难发生自主的行为。若农户观察到政府对身边其他农户绿肥种植行为进行过度干预，甚至以行政命令的方式对绿肥种植过程各环节的操作规范进行强制规定，农户为避免违反政府管控制度而带来不必要的麻烦，很可能会产生抵触的情绪，其带来的后果就是农户不具备绿肥种植意愿和行为。本文还发现，良好的政府形象有利于农户绿肥种植意愿的产生，政府形象越好，农户越愿意遵从政府政策，政府监督成本越低。其次，过度的政府干预也不利于农户绿肥种植意愿向行为的转化。农户做出绿肥种植决策在很大程度上会受到外部因素的影响，特别是政府干预，其作用可能是决定性的（何可，2016）。恰当的管控能够有效促进有意愿的农户积极主动承担农业环境保护的主体责任，而过度管控却不利于农户采纳生态行为。对政府来说，过度监管会耗费更多的监督成本，而对农业生产者来说,过度监管就意味着必须按照政府的指令行事,无法充分发挥自身长期务农积累的经验优势,审时度势地进行决策以谋求效益最大化。

16.3.2.2 如何设计?

精准定位政府权责,建立绿肥种植过程政府适度监管体制是促进绿肥种植行为发生的基础。建立适度监管体制,最重要的一点就是明确政府绿肥推广组织职能。应梳理政府职能部门的责任清单和权力清单,明确各相关机构的权力及其相对应的监管职责,防止监管缺位、错位和越位(俞振宁,2019)。立足"服务型政府"建设,更多地为农户绿肥种植提供技术、政策服务,同时制定充分考虑农户现实需求的、完备有序的监管程序和具体实施方案,以"充分服务+适度监管"的方式积极引导农户实施绿肥种植。进一步推进廉洁、公正政府建设,改善政府形象,提高农户对政府的职能信任,以政府形象提升带动农户自觉参与政府推动的农业环境项目的积极性,促进农户在弱监管下保持更为积极的绿肥种植热情。

16.3.3 优化的生态补偿政策

16.3.3.1 为什么设计?

建立完善的绿肥种植生态补偿政策是突破绿肥推广困境的有效途径。本文研究表明,无论是对农户无绿肥种植意愿,还是对虽有种植意愿但无种植行为的情景,在破除农户禀赋约束的前提下,生态补偿都可刺激农户最终实施绿肥种植行为。然而,目前各地已制定的生态补偿政策执行标准普遍偏低、补偿方式单一,无法对农户行为产生持续而有效的激励。因此,要使生态补偿政策作用稳定高效,就必须在补偿机制上取得突破。

16.3.3.2 如何设计?

优化绿肥种植生态补偿标准和方式,完善生态补偿制度,建立多元化的补偿机制是激励农户绿肥种植行为发生的重要外部动力。首先,应重新评估并确定农户绿肥种植生态补偿标准。当前,可用于确定绿肥种植生态补偿标准的思路主要有三种:一是通过计算绿肥的生态服务价值来确定补偿标准。由于缺乏统一的生态价值评估指标体系,导致该方法实际操作中难度很大,评估结果存在较大偏差,也因此通常只将生态价值作为补偿标准的参考值。二是按农户在绿肥种植中的直接投入与机会成本确立生态补偿标准。该依据体现了绿肥种植外部效益的内部化,补偿标准是直接投入成本与机会成本的总和。三是按受益者的受益程度或利益受损方的受损程度确立生态补偿标准,本文第6章关于受偿意愿视角下农户绿肥种植生态补偿标准测算的研究即是基于这一准则而展开。其次,应创新绿肥种植多元化生态补偿方式。补偿方式选择机制主要解决"如何补偿"的问题,即根据补偿对象的实际需求,选择某种或多种方式组合来发放补偿物资。与其他领域补偿方式的设计一样,在绿肥补偿中，单一补偿方式不符合农户的差异化需求，也无法从根本上保障农户的利益。目前常见的绿肥补偿方式包括现金补偿和实物补偿两种，其中，实物补偿有种子补偿、专业农机具服务补偿等形式，通过了解不同农户的现实需求，将这些补偿方式进行组合应用，确定适用于差异化主体的复合补偿方式，将是未来绿肥种植生态补偿政策实施中应该重点关注的方面。

16.3.4 理性的消费者付费行为

16.3.4.1 为什么设计？

与未种植绿肥的情况下生产的大米相比，绿肥生态米具有"安全健康、亲环境"等优良属性。在完全信息下，消费者可以观察到这些信息，因此，他们愿意以高于常规方式生产的大米的价格进行购买。然而，由于目前绿肥生态米市场尚处于初级发育阶段，有关产品的信息流通受阻，市场各主体之间存在信息不对称。消费者对绿肥生态米的信息获取不足，这往往会导致"逆向选择"问题的产生，即消费者不愿意为绿肥生态米支付溢价，反过来阻碍市场发育。

16.3.4.2 如何设计？

一方面，应加强政府、媒体等多方位、多渠道宣传，提高消费者对绿肥生态米相关信息的了解和掌握程度，提升消费者对绿肥生态米的支付意愿；随着消费者对环保与健康问题的日益关注和对绿肥生态米认知的提升，将会有更多的消费者愿意为其付费，即愿意为它的亲环境和安全属性支付溢价，这样，生产者就会更加关注自己的生产方式及其产品的质量，就会诱导更多的生产者转向生态生产方式（刘梅，2011）。另一方面，建立绿肥生态米认证体系。推进绿肥生态米认证体系建设，对于符合标准的农产品给予认证，加贴绿肥产品标识，便于帮助消费者在购物时识别生态产品和非生态产品（刘梅等，2008）。加强对该种产品生产过程的质量监管，提高消费者的产品信任，刺激消费偏好形成，进而引导消费者合理付费。通过引导消费者的理性付费行为，使得该种产品的"优质优价"机制得以体现，这从根本上确保了农户种植绿肥的利润，农户便具备了积极实施绿肥种植行为的基础，从长期的角度来看，这种利益诱导的市场化途径也是促进农户可持续种植绿肥最有效的方法。

16.3.5 完善的市场运行机制

16.3.5.1 为什么设计？

建立绿肥生态米市场，是解决农户最关心的绿肥种植利益问题最有效的措施，也是保证作为弱势群体的农户在绿肥种植中利益不受损的有效途径。通过政府生态补偿的手段推动绿肥种植，往往存在补偿标准偏低、补偿期受限等情况，农民利益得不到保障，一定程度上弱化了有条件的农户主动实施绿肥种植行为的积极性。通过发展、培育绿肥生态米市场，可以尽可能地把绿肥的价值以价格的形式显化体现出来，这种利益诱导的方式不仅可以完全替代生态补偿政策效果，而且能够在改善社会总体福利的情况下最大限度地对农户生态环境行为起到激励作用。

16.3.5.2 如何设计？

建立绿肥生态米市场，首先要引导绿肥生态米供给和需求市场发育、形成。供给市场的发展依赖于生产，因此，应严格规范绿肥生态米生产过程质量控制，加快生产体系建设。建立绿肥生态米生产标准，为农户生产过程提供具体指导；加强对生产环节的监管，尤其是化学品投入的管控，从源头上保障绿肥生态米质量；建立绿肥生态米收购质量检测体系和按等级差价收购制度，倒逼农户自觉把控生产过程。需求市场的发展离不开消费主体的培育，因此，引导消费者对绿肥生态米的消费偏好形成是最关键的环节。其次，尽快把绿肥生态米供求纳入市场调节范围，使农户在该种产品的供给中享有与消费者同等的市场地位，农户供给和消费者需求、购买都是建立在双方自主自愿的基础上，反映了双方的意愿。最重要的，应尽快建立市场规则。市场规则是市场主体应遵循的市场法则，包括市场准入规则、市场竞争规则和市场交易规则（陈鹏，2019）。对于绿肥生态米市场来说，市场准入规则就是经过科学严密的评估，制定绿肥生态米认定标准，只有在满足具体技术标准的情况下才能发放产品市场准入许可；市场竞争规则就是加强对绿肥生态米市场各主体的监管，打击垄断、欺诈等不公平竞争行为，维护公平竞争的市场秩序；市场交易规则就是在市场定价的基础上，进一步对绿肥生态米的交易方式做出规定。除此之外，还应积极塑造绿肥生态米品牌。根据各地的生态特点，创建具有本地特色的绿肥生态米品牌，如深度推进"南陵绿肥生态米""灵川绿肥生态米"等的品牌建设，以及开发新的区域大米特色品牌。

16.4 制度体系架构

根据上文分析，驱动农户绿肥种植行为发生的制度体系设计需立足两点，一是尽可能地弱化制约性因素的限制，二是最大化强化激励性因素的响应，同时，厘清限制性因素和激励性因素之间的联结关系、促进这些因素的全面协调和良性互动。由于影响农户绿肥种植意愿产生的制约性因素主要来源于人力资本与政府信任方面，影响农户绿肥种植意愿向行为转化的制约性因素除了有人力资本，还包括农业基础条件和人际信任方面的因素，而对于农户绿肥种植意愿与行为悖离的调控，应立足于消除主观认知的限制和农业基础条件的客观性约束两个方面。激励农户绿肥种植行为的政府生态补偿政策的优化策略应统筹补偿标准优化和补偿方式优化两个方面，针对具有不同特征的经营主体制定差异化的补偿模式，以提高激励效率。从长期来看，市场化的激励制度更有利于可持续地促进农户绿肥种植的生态环境行为，应尽快培育市场主体，引导绿肥生态米市场的形成与发展，实现对政府生态补偿激励制度的良好替代。

16.5　本章小结

设计驱动农户绿肥种植行为发生的制度体系，即以广泛参与原则、系统性原则和政府与市场协同原则为依据，综合运用经济、技术、法律和行政手段，优化制约性因素和激励性因素的作用机制，深度融合"农业经济发展"与"生态环境保护"两大体系，推动绿肥深度参与农业生产方式改造，助力我国农业的绿色转型。具体结论如下。

第一，广泛参与原则包含两个维度上的内涵，一是农户的广泛参与，二是各利益主体的广泛参与。系统性原则突出农户绿肥种植行为既会受到与其自身相关的内部因素的影响，也会受到外源性因素的影响；系统性原则的另一体现是制度体系设计要同时兼顾弱化制约性因素限制和强化激励性因素的促进两个基本面。政府与市场协同原则则强调激励手段的多元性和作用过程的协同性。

第二，驱动农户绿肥种植行为发生的制度体系的基本框架包括五个部分，即通达的行为转化条件、适度的政府管控体制、优化的生态补偿政策、理性的消费者付费行为以及完善的市场运行机制。各部分结构统筹、功能统一、相辅相成、缺一不可，共同对农户绿肥种植行为发生发挥全面保障作用。

第三，制度体系的设计须同时围绕两个路径展开，一是尽可能地弱化制约性因素的限制，二是尽可能强化激励性因素的响应。

第 17 章

研究结论、不足与展望

前 16 章在明确本研究学术缘起与构建理论分析框架的基础上,系统研究了农户绿肥种植行为及其激励机制,并建构起驱动农户绿肥种植行为发生的制度体系。作为终结,本章将对研究的基本结论进行归纳总结,提炼出核心论点;同时针对研究过程和结论,指出在研究思路、研究内容、研究方法等方面的局限性,并对下一阶段的研究进行必要的展望。

17.1 研究结论

在总结已有成果的基础上,紧紧围绕选定的科学问题展开研究,具体针对如下三个方面进行探索,即"农户绿肥种植行为发生机制""促进农户绿肥种植行为发生的政府激励机制""激励农户绿肥种植行为长期存续的市场化方案——消费者溢价支付机制"。在对这些问题进行分析的过程中,主要使用了规范分析与实证研究相结合、文献研究与问卷调查相配套等研究方法,并引入二元 Logit 回归模型、解析结构模型(ISM)、结构方程模型(SEM)、条件价值评估法(CVM)、MLR 模型、Double-hurdle 模型、Heckman 两阶段模型等多种实证模型。结合南方稻区农户和消费者调查数据,本研究得出了一些有意义的研究结论,具体如下。

17.1.1 当前发展模式下绿肥的经济价值较低而生态价值很高,显化绿肥的生态效益是促进农户种植行为发生的必要条件

作为理性或有限理性的经济主体,农民从事生产经营的最终目的是为了谋取最大利益。然而农户种植绿肥的收益很低,这为当前农户绿肥种植意愿不高的事实提供了合理的解释。从政府角度来说,推广绿肥种植是一项生态有效率的政策。然而,对于农户来说,种植绿肥的经济收益低于经济成本却是无法回避的事实。要促进农户种植绿肥,必须使其在种植实践中有利可图。也就是说,必须使绿肥的生态效益显化,转化为农户可获得的经济效益,这样才能激励农户广泛参与种植。因此,探寻能够促进生态效益转化的政策工具将是绿肥经济研究的一个重点。

17.1.2 政府过度监管不利于引导农户绿肥种植意愿的产生，而正向的感知行为控制和紧密的社会关系网络有助于实现绿肥种植意愿向行为的转化

怎样促进"无意愿"的农户采纳绿肥种植行为呢？通过构建了一个"无意愿—有意愿—有行为"的完整的转化链条，将上述两个环节纳入统一研究框架进行整体分析以获取更准确的信息。研究发现，农户绿肥种植意愿除了受到农户禀赋方面的因素影响外，微观环境方面的政府监管具有负向显著影响，这表明，过度监管并不利于农户绿肥种植意愿的产生，也突出了建立适度监管体制的重要性。从计划行为理论的角度来看，农户绿肥种植意愿受感知行为控制的影响最大，尤其是对自身家庭资本充裕度和对预期环境效益的感知。来自亲邻和公共机构或组织的主观规范是影响农户绿肥种植意愿的另一个关键因素，这说明，加强人际社会网络和组织社会网络建设、增强有关绿肥的信息流动，对于引导农户绿肥种植意愿产生和改善意愿强度具有重要作用。此外，农户绿肥种植意愿与行为之间存在高度正向一致性，说明具有绿肥种植意愿的农户更倾向于采纳绿肥种植行为。

17.1.3 对绿肥价值的认知不足及生产条件的限制是农户绿肥种植意愿与行为悖离的主要诱因

总样本中有51.6%的农户绿肥种植的意愿与行为发生了悖离，那么这种悖离的诱因是什么？研究发现，农户对绿肥的化肥减施价值和地力提升价值的认知、对政府生态补偿标准满意度、受访者的健康状况以及经营自有地、村干部等变量对农户意愿与行为的悖离具有显著负向影响，而受教育程度、兼业经营、土地细碎化变量对其意愿与行为悖离具有显著正向影响。这也从微观角度证实对绿肥价值的认知不足以及生产条件的限制是农户绿肥种植意愿与行为悖离的主要诱因这一观点。前述变量中，健康状况、经营自有地是影响农户绿肥种植意愿与行为悖离的深层根源因素；受教育程度、村干部、是否兼业经营、土地细碎化程度是影响农户意愿与行为悖离的中间层间接因素；对绿肥的化肥减施价值和地力提升价值的认知以及对当前绿肥生态补偿标准的满意度是影响农户意愿与行为悖离的直接驱动因素。这表明，生产条件的限制对农户绿肥种植意愿与行为悖离具有决定性影响，而农户的认知不足是由其生产条件限制带来的表象诱因。

17.1.4 推进农户智能终端使用和稳定农地产权有利于促进农户种植绿肥

智能终端使用可以发挥信息扩散作用，通过改善农户的口粮健康感知、健康关注以及绿肥价值认知，进而通过多元路径催生绿肥种植行为；同时，提高智能终端使用强度有助于改善绿肥种植可持续性和种植质量。延长农地流转周期也能有效促进农户种植绿肥，流转周期每增加1年，农户种植概率可提高3.3%；与口头协议

相比，书面合同对农户在流转地上种植绿肥具有更大的促进作用，若在农地流转中将口头协议转变为书面合同，农户种植概率将提高32.9%，但若将书面合同改为口头协议，则农户种植概率将下降35.3%；此外，农地流转周期与流转合同类型在影响农户行为方面存在交互作用，与订立口头协议相比，签订书面合同可以更有效地改善农地流转周期对农户行为的积极影响。

17.1.5 生态补偿是激励农户绿肥种植行为发生的有效政策工具，但不是唯一的激励路径，甚至不是经济意义上的帕累托最优选择

在研究农户绿肥种植行为的发生机制时，发现生态补偿政策在激发农户绿肥种植意愿产生、促进意愿向行为转化以及对意愿与行为悖离进行调控方面都具有积极的作用。那么，该如何设计最优化的生态补偿机制以实现激励效应的最大化呢？研究发现，农户绿肥种植的受偿意愿为3 322.5元/hm^2，高于目前各省现行补偿标准；42.9%和53.3%的农户分别偏好现金补偿和种子补偿，而偏好专用农机具服务补偿的农户不足4%；总体来看，年长、健康状况较差、家庭收入较高和兼业经营的农户更倾向于选择实物补偿的方式，而受教育程度较高的农户则倾向于选择现金补偿的方式。据此，本研究认为，应以基于农户受偿意愿的补偿标准为基准，根据农户的异质性特征来确定补偿方式，调整补偿资金使用结构。对于以农业为主业的新型农业经营主体，采用一体化现金补偿的方式，每公顷绿肥补偿3 322.5元；对于具有老弱经营特征的小农户，采用"种子+专业农机具服务+现金"的补偿方式，即政府免费提供绿肥种子及全程农机作业服务，另按照1 096.5元/hm^{2}的标准进行现金补偿；对于农村普遍存在的兼业户，则采用"专业农机具服务+现金"的补偿方式，即政府免费提供全程农机作业服务，另按照1 717.5元/hm^{2}的标准进行现金补偿。

需要指出的是，政府激励机制也有自身的不足。一方面，生态补偿本质上是一种政府财政转移支付行为，由于它受政府财政收入波动的影响较大，因此制度实施相对缺乏稳定性；另一方面，生态补偿政策一般都具有周期性，一旦补偿期结束，农户便不再能够获得补偿收益，这给可持续的激励农户行为带来不利影响。基于上述原因，生态补偿政策常常都被作为一种激励农户行为发生或在行为初期为防止行为终止或提升行为强度而采纳的即时性的政策工具。从长期来看，政府生态补偿政策却可能会失灵，因此，需要寻求更可持续的措施来对农户行为进行维系。

17.1.6 消费者对绿肥生态米的溢价支付机制能够实现对政府生态补偿政策的良好替代，可以作为激励农户绿肥种植行为的长效性市场化方案

为什么要建立农户绿肥种植行为市场激励机制？该建立什么样的市场激励机制？又该如何建立？对上述三个问题的回答关系到绿肥种植长效激励制度的构建。

农户与政府的博弈结果表明，提高农户的绿肥种植收益是改善其绿肥种植行为可持续性的关键；农户与农户之间的演化博弈结果显示，与未建立绿肥生态米市场相比，建立起绿肥生态米市场可以提高生态产品的价格、进而改善农户的绿肥种植净收益。因此，建立绿肥生态米市场，促进"优质优价"实现，是激励农户绿肥种植行为非常有效的措施。调查发现，愿意为绿肥生态米支付溢价的消费者占比为57.52%。据测算，消费者为绿肥生态米的平均溢价支付水平为61.69%，由溢价比和普通大米价格计算的绿肥生态米的溢价值为3.27元/kg，消费者实际愿意为绿肥生态米支付的价格为8.57元/kg。提高消费者的认知水平是促使其为绿肥生态米在较高水平上进行支付最有效的措施，安全动机和环保动机也对消费者的支付意愿具有正向而显著的影响。在当前的消费者溢价水平上，农户能够从绿肥生态米生产中获得每公顷10 497元的额外收益，可见，绿肥生态米较大拓展了生产者的盈利空间。市场机制给农户带来的生产效益不仅高于绿肥种植成本，还高于农户受偿意愿，因此，无论从哪个方面来看，消费者的绿肥生态米溢价支付机制都可以成为政府生态补偿的良好的替代性方案。

17.2 研究不足与展望

作为探索性研究，以南方稻区农户调查数据和城市消费者调查数据为基础数据库，全面探讨了农户的绿肥种植行为发生路径，并建构了非经济激励和经济激励相结合的制度体系，但仍存在一些不足。

（1）在研究范围方面，选择湖南、江西、广西、安徽和河南五省进行实地调研，依据此调查数据得出了一些有意义的结论与启示，但由于我国南方稻区幅员辽阔，在地理位置上包括长江中下游地区、华南地区和西南地区的16个省（市、自治区），不同省份的经济发展、资源禀赋、农作条件等都存在一定差异，导致以少数省份为代表的研究结论并不具备区域维度上的普遍意义。因此，未来应进一步考察南方稻区其他省份农户的绿肥种植情况并进行比较研究。若条件允许，还应开展全国不同区位不同绿肥种植模式农户采纳的比较研究，探讨绿肥参与农业系统改造的不同制度安排。

（2）在研究对象方面，主要以小农户为主，接受调查的种植大户、家庭农场等新兴农业经营主体较少。规模化经营是农业做大做强的前提，也是高质量农业的发展趋势，研究规模化农户的决策行为并据此制定的措施更具政策意义。未来随着规模化农户的不断涌现，应把关注的重点更多地向这些农户倾斜，即通过对农户进行分类研究，获得更多更精确的有价值的信息。

（3）在数据获取方面，获取的农户调查数据是横截面数据，无法对农户绿肥种植行为进行跟踪研究。众所周知，绿肥推广应用是一个动态的过程，农户绿肥种植意愿产生、行为转化也都是跨期决策的问题，在这些环节，影响因素是在不断变化的，这就使得基于截面数据得出的研究结果不能全面揭示变量之间的内在联系（蔡书凯，2012）。未来，应对农户进行长期跟踪观察，以获得考虑时间因素的调查数据，进而把时间序列上的因子纳入研究指标体系进行动态分析。

（4）在研究消费者对绿肥生态米的溢价支付机制时，由于绿肥生态米市场还未正式建立，消费者很少能够购买到实际的绿肥生态米产品。因此，本研究只探讨了消费者的支付意愿，而不是实际的支付行为。然而，消费者的支付意愿和实际的支付行为并不具有等效性，所以采用支付意愿开展的替代性研究并不能全面反映消费者的实际溢价情况。未来，随着绿肥生态米市场的发展建立，应尽快开展消费者支付行为的调查研究，在改进消费政策的同时，完善激励农户绿肥种植行为的市场机制。

参考文献

白丽,张润清,赵邦宏,2015. 农户参与不同产业化组织模式的行为决策分析:以河北省食用菌种植户为例. 农业技术经济(12):42-51.

蔡起华,朱玉春,2015. 社会信任、关系网络与农户参与农村公共产品供给. 中国农村经济(7):57-69.

蔡书凯,2012. 农户IPM技术采纳行为及其效果分析. 杭州:浙江大学.

蔡书凯,2013. 经济结构、耕地特征与病虫害绿色防控技术采纳的实证研究:基于安徽省740个水稻种植户的调查数据. 中国农业大学学报,18(4):208-215.

蔡雪雄,程秋旺,许安心,2023. 经济增长、城镇化与农地流转. 社会科学战线(3):95-104.

蔡银莺,朱兰兰,2014. 农田保护经济补偿政策的实施成效及影响因素分析:闵行区、张家港市和成都市的实证. 自然资源学报,29(8):1310-1322.

蔡颖萍,杜志雄,2016. 家庭农场生产行为的生态自觉性及其影响因素分析:基于全国家庭农场监测数据的实证检验. 中国农村经济(12):33-45.

曹卫东,包兴国,徐昌旭,等,2017. 中国绿肥科研60年回顾与未来展望. 植物营养与肥料学报,23(6):1450-1461.

陈红玉,高志伟,李建美,等,2008. 多层递阶回归分析法在全国初夏雨量预测中的应用. 干旱气象,26(4):80-85.

陈礼智,王隽英,1987. 绿肥对土壤有机质影响的研究. 土壤通报(6):270-273.

陈蕾蕾,聂大杭,苑喜军,2017. 不同绿肥还田对土壤肥力质量的影响. 作物研究,31(5):503-505.

陈璐,甘臣林,梅昀,等,2017. CSI理论框架下农户农地转出满意度影响因素分析:以武汉城市圈典型地区调查为例. 中国土地科学,31(2):67-76.

陈鹏,2019. 农村宅基地退出驱动力及机制研究. 哈尔滨:东北农业大学.

陈强强,杨清,叶得明,2020. 区域环境、家庭禀赋与秸秆处置行为:以甘肃省旱作农业区为例. 应用生态学报,31(2):563-572.

程玲娟，邹伟，2022. 契约稳定性能否提升家庭农场耕地质量保护行为？：基于空间计量分析［J］. 西南大学学报（社会科学版），48（2）：107-119.

楚宗岭，庞洁，蒋振，等，2019. 贫困地区农户参与生态补偿自愿性影响因素分析：以退耕还林和公益林补偿为例. 生态与农村环境学报，35（6）：738-746.

丛晓男，单菁菁，2019. 化肥农药减量与农用地土壤污染治理研究. 江淮论坛（2）：17-23.

崔春晓，王凯，王学真，2016. 消费者对可追溯猪肉支付意愿的影响因素研究. 统计与决策（12）：98-101.

崔凯，冯献，2017. 供需视角下的农村信息传播：国内外研究述评与展望. 中国农村观察（1）：127-139，144.

邓祥宏，穆月英，钱加荣，2011. 我国农业技术补贴政策及其实施效果分析：以测土配方施肥补贴为例. 经济问题（5）：79-83.

丁彬，2010. 村党组织带头人队伍建设的路径选择. 长白学刊（4）：65-68.

董莹，穆月英，2019. 农户环境友好型技术采纳的路径选择与增效机制实证. 中国农村观察（2）：34-48.

都阳，王美艳，2002. 认知能力、教育与劳动力的市场绩效：论农村义务教育体制改革的意义. 中国农村观察（1）：47-56.

范明明，李文军，2017. 生态补偿理论研究进展及争论：基于生态与社会关系的思考. 中国人口·资源与环境，27（3）：130-137.

范振林，2020. 生态产品价值实现的机制与模式. 中国土地（3）：35-38.

樊志龙，柴强，曹卫东，等，2020. 绿肥在我国旱地农业生态系统中的服务功能及其应用. 应用生态学报（2）：1-15.

费红梅，唱晓阳，姜会明，2021. 政府规制、社会规范与农户耕地质量保护行为：基于吉林省黑土区的调查数据. 农村经济（10）：53-61.

费孝通，2001. 江村经济. 上海：商务印书馆.

冯晓龙，仇焕广，刘明月，2018. 不同规模视角下产出风险对农户技术采用的影响：以苹果种植户测土配方施肥技术为例. 农业技术经济（11）：120-131.

傅新红，宋汶庭，2010. 农户生物农药购买意愿及购买行为的影响因素分析：以四川省为例. 农业技术经济（6）：120-128.

高静，王志章，龚燕玲，等，2020. 土地转出何以影响小农户收入：理性解释与千份数据检验. 中国软科学（4）：70-81.

高菊生，曹卫东，李冬初，等，2011. 长期双季稻绿肥轮作对水稻产量及稻田土壤有机质的影响. 生态学报，31（16）：4542-4548.

高立，赵丛雨，宋宇，2019. 农地承包经营权稳定性对农户秸秆还田行为的影响. 资源科学，41（11）：1972-1981.

高天志，陆迁，2021. 社会互动促进了农户水土保持技术采用吗？. 长江流域资源与环境，30（12）：3004-3016.

高燕，饶芳萍，石晓平，等，2022. 农地确权、政策执行与农户产权安全感知：基于山东省农户调查 [J]. 中国土地科学，36（12）：38-46.

高延雷，刘尧，王志刚，2017. 风险认知对农户参保行为的影响分析：基于安徽省阜阳市195份问卷调查. 农林经济管理学报，16（6）：731-738.

高瑛，王娜，李向菲，等，2017. 农户生态友好型农田土壤管理技术采纳决策分析：以山东省为例. 农业经济问题，38（1）：38-47，110-111.

葛继红，徐慧君，杨森，等，2017. 基于Logit-ISM模型的污染企业周边农户环保支付意愿发生机制分析：以苏皖两省为例. 中国农村观察（2）：93-106.

关桓达，吕建兴，邹俊，2012. 安全技术培训、用药行为习惯与农户安全意识：基于湖北8个县市1 740份调查问卷的实证研究. 农业技术经济（8）：81-86.

国家统计局，2019. 中国统计年鉴. 北京：中国统计出版社.

郭江，李国平，2017. CVM评估生态环境价值的关键技术综述. 生态经济，33（6）：115-119，126.

韩文龙，刘璐，2020. 权属意识、资源禀赋与宅基地退出意愿. 农业经济问题（3）：31-39.

韩喜艳，刘伟，高志峰，2020. 小农户参与农业全产业链的选择偏好及其异质性来源：基于选择实验法的分析. 中国农村观察（2）：81-99.

何可，2016. 农业废弃物资源化的价值评估及其生态补偿机制研究. 武汉：华中农业大学.

何可，张俊飚，2013. 基于农户WTA的农业废弃物资源化补偿标准研究：以湖北省为例. 中国农村观察（5）：46-54.

何可，张俊飚，田云，2013. 农业废弃物资源化生态补偿支付意愿的影响因素及其差异性分析：基于湖北省农户调查的实证研究. 资源科学，35（3）：627-637.

贺京同，那艺，董洁，2007. 个体行为动机与行为经济学. 经济社会体制比较（3）：12-18.

何亮珍，郭嘉，付爱斌，等，2017. 双季稻冬闲田种植绿肥对土壤理化性质的影响. 作物研究，31（4）：405-407.

洪佳雨，张倩，吴锋，等，2020. 农业生态补偿的环境效益评估：以"稻改旱"政策为例. 干旱区资源与环境（8）：103-108.

洪名勇，2009. 欠发达地区的农地流转分析：来自贵州省 4 个县的调查．中国农村经济（8）：79-88.

洪炜杰，罗必良，2018. 地权稳定能激励农户对农地的长期投资吗？．学术研究（9）：78-86.

侯博，应瑞瑶，2015. 分散农户低碳生产行为决策研究：基于 TPB 和 SEM 的实证分析．农业技术经济（2）：4-13.

侯晓康，刘天军，黄腾，等，2019. 农户绿色农业技术采纳行为及收入效应．西北农林科技大学学报（社会科学版），19（3）：121-131.

侯英，陈希敏，2014. 心理因素、经济特征与农户金融合作决策行为：基于 TPB 的实证研究．西北大学学报（哲学社会科学版），44（5）：13-18.

胡乃娟，孙晓玲，许雅婷，等，2019. 基于 Logistic-ISM 模型的农户有机肥施用行为影响因素及层次结构分解．资源科学，41（6）：1120-1130.

胡曾曾，赵志龙，张贵祥，等，2018. 国家公园湿地生态补偿研究进展．湿地科学，16（2）：259-265.

胡振通，孔德帅，靳乐山，2016. 草原生态补偿：弱监管下的博弈分析．农业经济问题（1）：95-102.

胡振通，孔德帅，魏同洋，等，2015. 草原生态补偿：减畜和补偿的对等关系．自然资源学报，30（11）：1846-1859.

郇恒福，黄睿，高玲，等，2019. 野生山蚂蝗绿肥对酸性土壤有机质含量的动态影响．草地学报，27（2）：515-518.

黄炜虹，齐振宏，邬兰娅，等，2017. 农户从事生态循环农业意愿与行为的决定：市场收益还是政策激励？．中国人口·资源与环境，27（8）：69-77.

黄晓慧，陆迁，王礼力，2020. 资本禀赋、生态认知与农户水土保持技术采用行为研究：基于生态补偿政策的调节效应．农业技术经济（1）：33-44.

黄晓慧，王礼力，陆迁，2019. 资本禀赋对农户水土保持技术价值认知的影响：以黄土高原区为例．长江流域资源与环境，28（1）：222-230.

黄炎忠，罗小锋，2018. 既吃又卖：稻农的生物农药施用行为差异分析．中国农村经济（7）：63-78.

姜维军，颜廷武，张俊飚，2021. 互联网使用能否促进农户主动采纳秸秆还田技术：基于内生转换 Probit 模型的实证分析．农业技术经济（3）：50-62.

江晓东，高维和，梁雪，2013. 冲突性信息对消费者信息搜索行为的影响：基于功能性食品健康声称的实证研究．财贸研究，24（2）：114-121.

靳乐山，胡振通，2014. 草原生态补偿政策与牧民的可能选择．改革（11）：100-107.

金翼鑫，鲁海波，王占锋，等，2020. Tobit 回归模型．数理统计与管理，39

(2): 236-250.

孔凡斌, 潘丹, 熊凯, 2014. 建立鄱阳湖湿地生态补偿机制研究. 鄱阳湖学刊 (1): 64-70.

孔祥智, 方松海, 庞晓鹏, 等, 2004. 西部地区农户禀赋对农业技术采纳的影响分析. 经济研究 (12): 85-95, 122.

李博, 王瑞梅, 卢泉, 2022. 经营权不稳定是否阻碍了农户耕地质量保护投资. 农业技术经济 (5): 105-116.

李昊, 2018. 内部动机视角下蔬菜种植户环境保护行为研究. 杨陵: 西北农林科技大学.

李昊, 银敏华, 马彦麟, 等, 2022. 种植规模与细碎化对小农户耕地质量保护行为的影响: 以蔬菜种植中农药、化肥施用为例. 中国土地科学, 36 (7): 74-84.

李成龙, 周宏, 2020. 劳动力禀赋、风险规避与病虫害统防统治技术采纳. 长江流域资源与环境, 29 (6): 1454-1461.

李承桧, 杨朝现, 陈兰, 等, 2015. 基于农户收益风险视角的土地流转期限影响因素实证分析. 中国人口·资源与环境, 25 (S1): 66-70.

李成龙, 周宏, 2020. 农户会关心租来的土地吗?: 农地流转与耕地保护行为研究. 农村经济 (6): 33-39.

李凡凡, 刘友兆, 2018. 农村居民点整理不同阶段农户参与行为影响因素分析. 农业工程学报, 34 (3): 249-257.

李芬妮, 张俊飚, 2022. 饥荒经历对农户绿色生产技术选择的影响: 促进还是抑制? 华中农业大学学报 (社会科学版) (5): 78-88.

李福夺, 尹昌斌, 2019. 南方稻区绿肥生态服务功能及生态价值评估研究. 中国生态农业学报 (中英文), 27 (2): 327-336.

李福夺, 李忠义, 尹昌斌, 等, 2019. 农户绿肥种植决策行为及其影响因素: 基于二元 Logistic 模型和南方稻区 506 户农户的调查. 中国农业大学学报, 24 (9): 207-217.

李谷成, 郭伦, 周晓时, 2018. 劳动力老龄化对农户作物新品种技术采纳行为的影响研究: 以油菜新品种技术为例. 农林经济管理学报, 17 (6): 641-649.

李国平, 石涵予, 2015. 退耕还林生态补偿标准、农户行为选择及损益. 中国人口·资源与环境, 25 (5): 152-161.

李国志, 2018. 农户秸秆还田的受偿意愿及影响因素: 基于 Cox 比例风险模型的实证研究. 农林经济管理学报, 17 (1): 54-62.

李国志, 2018. 农户秸秆还田的受偿意愿及影响因素研究: 基于黑龙江省 806

个农户调研数据．干旱区资源与环境，32（6）：31-36．

李海燕，蔡银莺，2016．基于帕累托改进的农田生态补偿农户受偿意愿：以湖北省武汉市、荆门市和黄冈市典型地区为例．水土保持研究，23（4）：245-256．

李辉婕，胡侦，陈洋庚，2019．资本禀赋、获得感与农民有序政治参与行为：基于CGSS2015数据的实证研究．农业技术经济（10）：13-26．

李辉霞，周红艺，魏兴琥，2014．基于RUE和NDVI的人类活动对植被干扰强度分析：以桂西北为例．中国沙漠，34（3）：927-937．

李婧，张达斌，王峥，等，2012．施肥和绿肥翻压方式对旱地冬小麦生长及土壤水分利用的影响．干旱地区农业研究，30（3）：136-142．

李然嫣，陈印军，2017．东北典型黑土区农户耕地保护利用行为研究：基于黑龙江省绥化市农户调查的实证分析．农业技术经济（11）：80-91．

李容容，罗小锋，薛龙飞，2015．种植大户对农业社会化服务组织的选择：营利性组织还是非营利性组织？．中国农村观察（5）：73-84．

李瑞锋，肖海峰，2007．我国贫困农村地区居民的家庭食物安全影响因素分析．农业技术经济（3）：44-49．

李双来，李登荣，胡诚，等，2012．减施化肥条件下翻压不同量紫云英对双季稻生长和产量的影响．中国土壤与肥料（1）：69-73．

李卫，薛彩霞，姚顺波，等，2017．农户保护性耕作技术采用行为及其影响因素：基于黄土高原476户农户的分析．中国农村经济（1）：44-57，94-95．

李维明，俞敏，谷树忠，等，2020．关于构建我国生态产品价值实现路径和机制的总体构想．发展研究（3）：66-71．

李文欢，王桂霞，2021．互联网使用有助于农户参与黑土地质量保护吗？．干旱区资源与环境，35（7）：27-34．

李霞，李万明，2011．农地流转口头协议的制度经济学分析：一个交易费用分析的框架．农业经济（8）：85-86．

李想，2014．粮食主产区农户技术采用及其效应研究．北京：中国农业大学．

李翔，徐迎军，尹世久，等，2015．消费者对不同有机认证标签的支付意愿：基于山东省752个消费者样本的实证分析．中国软科学（4）：49-56．

李潇，2017．禁限规制下国家重点生态功能区农村居民受偿意愿研究．农业技术经济（8）：48-56．

李玉新，魏同洋，靳乐山，2014．牧民对草原生态补偿政策评价及其影响因素研究：以内蒙古四子王旗为例．资源科学，36（11）：2442-2450．

李兆亮，罗小锋，丘雯文，2019．经营规模、地权稳定与农户有机肥施用行为：基于调节效应和中介效应模型的研究．长江流域资源与环境，28（8）：

1918-1928.

梁海军，秦道珠，黄平娜，等，2011. 湘南冬闲田稻—稻—绿肥（饲草）种植模式及效益研究. 湖南农业科学（11）：32-35.

梁秋霞，杨俊孝，2022. 农地经营权稳定性对农户投入结构的影响研究：以新疆玛纳斯县为例. 农业现代化研究，43（6）：1007-1016.

梁志会，张露，张俊飚，等，2020. 基于MOA理论消费者绿色农产品溢价支付意愿驱动路径分析：以大米为例. 中国农业资源与区划，41（1）：30-37.

廖芬，青平，李剑，2021. 叶酸强化水稻改善人口营养健康的经济评价研究. 农业技术经济（12）：17-32.

林丽梅，刘振滨，黄森慰，等，2017. 农村生活垃圾集中处理的农户认知与行为响应：以治理情境为调节变量. 生态与农村环境学报，33（2）：127-134.

刘长进，滕玉华，张轶之，2017. 农村居民清洁能源应用意愿与行为一致性分析：基于江西省的调查数据. 湖南农业大学学报（社会科学版），18（6）：13-19.

刘洪彬，王秋兵，吴岩，等，2018. 耕地质量保护中农户的认知程度、行为决策响应及其影响机制研究. 中国土地科学，32（8）：52-58.

刘可，齐振宏，黄炜虹，等，2019. 资本禀赋异质性对农户生态生产行为的影响研究：基于水平和结构的双重视角分析. 中国人口·资源与环境，29（2）：87-96.

刘乐，张娇，张崇尚，等，2017. 经营规模的扩大有助于农户采取环境友好型生产行为吗：以秸秆还田为例. 农业技术经济（5）：17-26.

刘梅，2011. 农户可持续农业生产行为理论与实证研究. 无锡：江南大学.

刘梅，王咏红，高瑛，等，2008. 我国农业发展生态环境问题及对策研究. 山东社会科学（10）：100-103.

刘青，2018. 亲环境农产品购买行为研究. 杭州：浙江大学.

刘瑞峰，梁飞，王文超，等，2018. 农村土地流转差序格局形成及政策调整方向：基于合约特征和属性的联合考察. 农业技术经济（4）：27-43.

刘小粉，刘春增，潘兹亮，等，2017. 施用绿肥条件下减施化肥对土壤养分及持水供水能力的影响. 中国土壤与肥料（3）：75-79.

刘晓琳，吴林海，徐玲玲，2015. 消费者对可追溯茶叶额外价格支付意愿与支付水平的影响因素研究. 中国人口·资源与环境，25（8）：170-176.

刘亚萍，刘庆，2013. 低碳旅游认知和意愿与行为差异分析：基于南宁市两组不同人群的实证分析. 人文地理，28（4）：132-139.

刘一明，罗必良，郑燕丽，2013. 产权认知、行为能力与农地流转签约行为：基于全国890个农户的抽样调查. 华中农业大学学报（社会科学版）（5）：

23-28.

刘宇晨, 张心灵, 2018. 不同地区牧民对草原生态补偿方式的选择研究. 生态经济, 34 (1): 197-201.

刘禹宏, 曹妍, 2020. 中国农地产权制度的本质、现实与优化. 管理学刊, 33 (1): 9-17.

刘宇翔, 2013. 消费者对有机粮食溢价支付行为分析：以河南省为例. 农业技术经济 (12): 43-53.

刘增金, 乔娟, 沈鑫琪, 2015. 偏好异质性约束下食品追溯标签信任对消费者支付意愿的影响：以猪肉产品为例. 农业现代化研究, 36 (5): 834-841.

刘铮, 周静, 2018. 信息能力、环境风险感知与养殖户亲环境行为采纳：基于辽宁省肉鸡养殖户的实证检验. 农业技术经济 (10): 135-144.

卢秉林, 包兴国, 张久东, 等, 2014. 河西绿洲灌区玉米与绿肥间作模式对作物产量和经济效益的影响. 中国土壤与肥料 (2): 67-71.

栾健, 韩一军, 金书秦, 2022. 村集体中介服务能否促进农地高效流转与农民增收的双赢?. 华中农业大学学报 (社会科学版) (5): 168-179.

罗必良, 2019. 从产权界定到产权实施：中国农地经营制度变革的过去与未来. 农业经济问题 (1): 17-31.

罗必良, 汪沙, 李尚蒲, 2012. 交易费用、农户认知与农地流转：来自广东省的农户问卷调查. 农业技术经济 (1): 11-21.

罗丞, 2010. 消费者对安全食品支付意愿的影响因素分析：基于计划行为理论框架. 中国农村观察 (6): 22-34.

吕玉虎, 郭晓彦, 李本银, 等, 2017. 翻压不同量紫云英配施减量化肥对土壤肥力和水稻产量的影响. 中国土壤与肥料 (5): 94-98.

吕悦风, 谢丽, 孙华, 等, 2019. 基于化肥施用控制的稻田生态补偿标准研究：以南京市溧水区为例. 生态学报, 39 (1): 63-72.

米运生, 邓伟华, 李盈盈, 等, 2023. 土地经营权强度增进新型农业经营主体信贷可得性的路径研究：基于中国三个省份的清晰集定性比较分析. 华南师范大学学报 (社会科学版) (1): 96-113, 207.

马凤才, 郭翔宇, 2012. 农户技术选择的微观动机与宏观行为分析：兼论农户个体选择与村落群体选择的相容性. 技术经济, 31 (9): 77-81.

马瑞, 柳海燕, 徐志刚, 2011. 农地流转滞缓：经济激励不足还是外部市场条件约束?：对4省600户农户2005—2008年期间农地转入行为的分析. 中国农村经济 (11): 36-48.

马瑞明, 郧文聚, (2019-12-04). 耕地退化敲响粮食安全警钟. 中国科学报. http://news.sciencenet.cn/sbhtmlnews/2019/12/351646.shtm?id=351646.

马兴栋，霍学喜，2019. 苹果标准化生产、规制效果及改进建议：基于山东、陕西、甘肃 3 省 11 县 960 个苹果种植户的调查分析. 农业经济问题（3）：37-48.

马艳芹，2017. 紫云英配施氮肥对水稻产量、土壤特性及生态服务功能价值的影响. 南昌：江西农业大学.

闵师，王晓兵，侯玲玲，等，2019. 农户参与人居环境整治的影响因素：基于西南山区的调查数据. 中国农村观察（4）：94-110.

钱龙，冯永辉，卢华，2021. 地权稳定性对农户耕地质量保护行为的影响：基于新一轮确权颁证调节效应的分析. 南京农业大学学报（社会科学版），21（2）：104-115.

钱龙，洪名勇，2018. 为何选择口头式、短期类和无偿型的农地流转契约：转出户控制权偏好视角下的实证分析. 财贸研究，29（12）：48-59.

仇焕广，雷馨圆，冷淦潇，等，2022. 新时期中国粮食安全的理论辨析. 中国农村经济（7）：2-17.

曲福田，马贤磊，郭贯成，2021. 从政治秩序、经济发展到国家治理：百年土地政策的制度逻辑和基本经验. 管理世界，37（12）：1-15.

任静，尹昌斌，段志龙，2020. 基于果农受偿意愿的绿肥种植生态补偿标准探讨. 中国生态农业学报（中英文），28（3）：448-457.

史玉丁，李建军，刘红梅，2019. 提升旅游生计资本的生态补偿机制. 西北农林科技大学学报（社会科学版），19（5）：98-106.

史雨星，李超琼，赵敏娟，2019. 非市场价值认知、社会资本对农户耕地保护合作意愿的影响. 中国人口·资源与环境，29（4）：94-103.

宋莉，廖万有，王烨军，等，2017. 旱地作物间作绿肥研究进展. 作物杂志（6）：7-11.

宋敏，韩曼曼，2016. 生态福祉视角下的农地城市流转生态补偿机制：研究进展与框架构建. 农业经济问题，37（11）：94-103+112.

宋敏，金贵，2019. 规划管制背景下差别化耕地保护生态补偿研究：回顾与展望. 农业经济问题（12）：77-85.

尚海洋，丁杨，张志强，2016. 补偿标准参照的比较：机会成本与环境收益：以石羊河流域生态补偿为例. 中国沙漠，36（3）：830-835.

尚燕，颜廷武，江鑫，等，2018. 绿色化生产技术采纳：家庭经济水平能唤醒农户生态自觉性吗？. 生态与农村环境学报，34（11）：988-996.

邵彦敏，杨印生，2008. 耕地保护外部性内部化的路径选择. 农业技术经济（2）：19-24.

双琰，胡江峰，王钊，2019. 粮农生产行为调整动机：效益还是效用：基于

2 290份农户的追踪调查样本. 农业技术经济（7）：28-39.

沈满洪，何灵巧，2002. 外部性的分类及外部性理论的演化. 浙江大学学报（人文社会科学版）（1）：152-160.

税伟，白剑平，简小枚，2017. 若尔盖沙化草地恢复过程中土壤特性及水源涵养功能. 生态学报，37（1）：277-285

宋佰谦，姚华，1997. 关于经济行为惯性的初步理论分析和若干经济行为惯性的估计. 广西社会科学（6）：46-50.

宋猛，薛亚洲，2020. 生态产品价值实现机制创新探析：基于我国市场经济与生态空间的二元特性. 改革与战略，36（5）：65-74.

苏岳静，胡瑞法，黄季焜，等，2004. 农民抗虫棉技术选择行为及其影响因素分析. 棉花学报（5）：259-264.

孙倩，李晓云，杨志海，等，2019. 粮食与营养安全研究评述及展望. 自然资源学报，34（8）：1782-1796.

孙山，青平，刘贝贝，等，2018. 创新型农产品的产品特质对消费者支付意愿的影响：以作物营养强化大米为例. 农业现代化研究，39（5）：743-750.

孙宪忠，2016. 推进农地三权分置经营模式的立法研究. 中国社会科学（7）：145-163+208-209.

孙禹，哈斯·额尔敦，杜会石，2013. 植被盖度在土壤侵蚀模数计算中的应用. 水土保持通报，33（5）：185-189.

唐旺，周聪，陈风波，2023. 农地市场发育与人情租金收敛：基于南方稻农地块层次数据的研究. 农业技术经济（6）：35-49.

唐秀美，潘瑜春，刘玉，2018. 北京市耕地生态价值评估与时空变化分析. 中国农业资源与区划，39（3）：132-140.

滕玉华，刘长进，陈燕，等，2017. 基于结构方程模型的农户清洁能源应用行为决策研究. 中国人口·资源与环境，27（9）：186-195.

田义超，白晓永，黄远林，等，2019. 基于生态系统服务价值的赤水河流域生态补偿标准核算. 农业机械学报，50（11）：312-322.

田云，2015. 中国低碳农业发展：生产效率、空间差异与影响因素研究. 武汉：华中农业大学.

田云，张俊飚，何可，等，2015. 农户农业低碳生产行为及其影响因素分析：以化肥施用和农药使用为例. 中国农村观察（4）：61-70.

佟大建，黄武，应瑞瑶，2018. 基层公共农技推广对农户技术采纳的影响：以水稻科技示范为例. 中国农村观察（4）：59-73.

童洪志，刘伟，2018. 政策组合对农户保护性耕作技术采纳行为的影响机制研究.软科学,32(5):18-23.

童霞,高申荣,吴林海,2014.农户对农药残留的认知与农药施用行为研究:基于江苏、浙江473个农户的调研.农业经济问题,35(1):79-85+111-112.

万宝瑞,2015.确保我国农业三大安全的建议.农业经济问题,36(3):4-8+110.

汪冲,2019.政治晋升、财政竞争与耕地政策"口子":耕地保护地区外部性机制及效应分析.经济学(季刊),18(2):441-460.

王飞,林诚,林新坚,等,2014.连续翻压紫云英对福建单季稻产量与化肥氮素吸收、分配及残留的影响.植物营养与肥料学报,20(4):896-904.

王格玲,陆迁,2013.意愿与行为的悖离:农村社区小型水利设施农户合作意愿及合作行为的影响因素分析.华中科技大学学报(社会科学版),27(3):68-75.

王火根,黄弋华,包浩华,等,2018.基于Logit-ISM模型的农户生物质能利用意愿影响因素分析.干旱区资源与环境,32(10):39-44.

王积龙,2018.雾霾区和非雾霾区大学生风险感知与政策认知的实证研究.现代传播(中国传媒大学学报),40(12):121-127.

王建华,陶君颖,陈璐,2019.养殖户畜禽废弃物资源化处理受偿意愿及影响因素研究.中国人口·资源与环境,29(9):144-155.

王璟睿,陈龙,张燚,2019.国内外生态补偿研究进展及实践.环境与可持续发展,44(2):121-125.

王梅,汪文雄,2018.农地整治权属调整中农户认知与行为的一致性研究.资源科学,40(1):53-63.

王淇韬,郭翔宇,2020.感知利益、社会网络与农户耕地质量保护行为:基于河南省滑县410个粮食种植户调查数据.中国土地科学,34(7):43-51.

王倩,党红敏,余劲,2021.粮食价格如何影响土地流转租金及收益分配?:基于2013—2019年农户调查面板数据[J].中国土地科学,35(8):57-66.

王士海,李先德,2017.经营规模大的农户更倾向于传播新技术吗?.农业技术经济(4):76-82.

汪文雄,刘志强,2019.不同类型农户对农地整治权属调整认知差异及其成因.资源科学,41(7):1329-1338.

汪文雄,王文玲,朱欣,等,2013.农地整理项目实施阶段农户参与程度的影响因素研究.中国土地科学,27(7):62-68.

王学婷,何可,张俊飚,等,2018.农户对环境友好型技术的采纳意愿及异质性分析:以湖北省为例.中国农业大学学报,23(6):197-209.

王学婷，张俊飚，何可，等，2019. 农村居民生活垃圾合作治理参与行为研究：基于心理感知和环境干预的分析. 长江流域资源与环境，28（2）：459-468.

王学婷，张俊飚，何可，等，2019. 社会信任、群体规范对农户生态自觉性的影响. 农业现代化研究，40（2）：215-225.

王雁飞，郑立勋，2019. 包容型领导如何影响员工挑战型组织公民行为？：基于信任的多重中介效应模型研究. 商业经济与管理（10）：49-57.

王阳，贾晋，2021. 智能手机与农户创业决策：基于中国农村家庭数据的实证. 软科学，35（10）：138-144.

王奕淇，李国平，2020. 基于选择实验法的流域中下游居民生态补偿支付意愿及其偏好研究：以渭河流域为例. 生态学报，40（9）：2877-2885.

韦惠兰，祁应军，2017. 基于CVM的牧户对减畜政策的受偿意愿分析. 干旱区资源与环境，31（3）：45-50.

文清，2018. 林区农户对林地生态补偿的行为响应研究. 武汉：华中农业大学.

温忠麟，叶宝娟，2014. 中介效应分析：方法和模型发展. 心理科学进展，22（5）：731-745

吴梓中，2021. 消费者健康关注、舆情感知与绿色食品消费意愿：不同消费群体的比较研究. 商业经济研究（23）：58-61.

吴九兴，杨钢桥，2013. 农地整理项目农民参与现状及其原因分析：基于湖北省部分县区的问卷调查. 华中农业大学学报（社会科学版）（1）：65-71.

吴乐，孔德帅，靳乐山，2018. 生态补偿对不同收入农户扶贫效果研究. 农业技术经济（5）：134-144.

吴曼，赵帮宏，宗义湘，2020. 农业公司与农户契约形式选择行为机制研究：基于水生蔬菜产业的多案例分析. 农业经济问题（12）：74-86.

吴明发，2012. 宅基地使用权流转机制研究. 南京：南京农业大学.

吴雪莲，张俊飚，何可，2016. 农户高效农药喷雾技术采纳意愿：影响因素及其差异性分析. 中国农业大学学报，21（4）：137-148.

夏鹏，王德杰，胡卉明，2020. 生态产品价值实现路径及政策建议. 中国土地（5）：28-30.

向运华，金巧森，王晓慧，2023. 智能手机使用会影响老年人的老化态度吗？：来自中国老年社会追踪调查（CLASS）的证据. 东南学术（1）：150-161.

肖新成，倪九派，2016. 农户清洁生产技术采纳行为及影响因素的实证分析：基于涪陵区农户的调查. 西南师范大学学报（自然科学版），41（7）：151-158.

肖新成，谢德体，2016. 农户对清洁生产技术持久性采纳意向的实证分析：基于重庆涪陵区农户的调查. 西南师范大学学报（自然科学版），41（1）：

118-123.

谢志坚，贺亚琴，徐昌旭，2018. 紫云英—早稻—晚稻农田系统的生态功能服务价值评价. 自然资源学报，33（5）：735-746.

熊长江，姚娟，赵向豪，2019. 资本禀赋何以影响牧民的退牧受偿意愿？：基于天山天池世界自然遗产地牧民的考察. 农村经济（9）：116-123.

熊凯，孔凡斌，陈胜东，2016. 鄱阳湖湿地农户生态补偿受偿意愿及其影响因素分析：基于CVM和排序Logistic模型的实证. 江西财经大学学报（1）：28-35.

许恒周，2012. 基于农户受偿意愿的宅基地退出补偿及影响因素分析：以山东省临清市为例. 中国土地科学，26（10）：75-81.

许佳彬，王洋，李翠霞，2021. 环境规制政策情境下农户认知对农业绿色生产意愿的影响：来自黑龙江省698个种植户数据的验证. 中国农业大学学报，26（2）：164-176.

徐菁，1985. 太湖水田地区冬绿肥与土壤有机质的关系. 中国农业科学（4）：17-24.

徐旭，钟昌标，李冲，2018. 区域差异视角下森林生态补偿效果与影响因素研究. 软科学，32（7）：107-112.

许增魏，姚顺波，苗珊珊，2016. 意愿与行为的悖离：农村生活垃圾集中处理农户支付意愿与支付行为影响因素研究. 干旱区资源与环境，30（2）：1-6.

薛彩霞，黄玉祥，韩文霆，2018. 政府补贴、采用效果对农户节水灌溉技术持续采用行为的影响研究. 资源科学，40（7）：1418-1428.

薛建良，2018. 流转土地经营权稳定性评价：基于新型农业经营主体的视角. 西北农林科技大学学报（社会科学版），18（2）：63-70.

闫贝贝，张强强，刘天军，2020. 手机使用能促进农户采用IPM技术吗. 农业技术经济（5）：45-59.

严立冬，田苗，何栋材，等，2013. 农业生态补偿研究进展与展望. 中国农业科学，46（17）：3615-3625.

颜廷武，何可，崔蜜蜜，等，2016. 农民对作物秸秆资源化利用的福利响应分析：以湖北省为例. 农业技术经济（4）：28-40.

颜玉琦，陈美球，张洁，等，2021. 农户环境友好型耕地保护技术的采纳意愿与行为响应：基于江西省1 092户农户测土配方施肥技术应用的实证. 中国土地科学，35（10）：85-93.

颜志雷，方宇，陈济琛，等，2014. 连年翻压紫云英对稻田土壤养分和微生物学特性的影响. 植物营养与肥料学报，20（5）：1151-1160.

杨波，南志标，唐增，2015. 我国草地生态补偿对农牧户的影响. 草业科学，

32（11）：1920-1927.

杨滨娟，黄国勤，2016. 稻田冬种绿肥生态环境效应的研究进展. 生态科学，35（5）：214-219

杨滨娟，黄国勤，王超，等，2013. 稻田冬种绿肥对水稻产量和土壤肥力的影响. 中国生态农业学报，21（10）：1209-1216.

杨光梅，闵庆文，李文华，等，2007. 我国生态补偿研究中的科学问题. 生态学报（10）：4289-4300.

杨纪珂，1996. 营佳壤务农之本，种绿肥生态之根. 民主（6）：14-15.

杨清，南志标，陈强强，2020. 国内草原生态补偿研究进展. 生态学报，40（7）：2489-2495.

杨唯一，鞠晓峰，2014. 基于博弈模型的农户技术采纳行为分析. 中国软科学（11）：42-49.

杨欣，蔡银莺，2012. 基于农户受偿意愿的武汉市农田生态补偿标准估算. 水土保持通报，32（1）：212-216.

杨欣，蔡银莺，2012. 农田生态补偿方式的选择及市场运作：基于武汉市383户农户问卷的实证研究. 长江流域资源与环境，21（5）：591-596.

杨欣，蔡银莺，张安录，2013. 武汉城市圈跨区域农田生态补偿转移支付额度测算. 经济地理，33（12）：141-146.

杨宜苗，郭佳伟，2019. 线上服务互动如何影响口碑推荐：行为惯性的中介作用和优惠待遇的调节作用. 北京工商大学学报（社会科学版），34（6）：12-22.

杨钰蓉，罗小锋，2018. 减量替代政策对农户有机肥替代技术模式采纳的影响：基于湖北省茶叶种植户调查数据的实证分析. 农业技术经济（10）：77-85.

杨志海，麦尔旦·吐尔孙，王雅鹏，2015. 不同类型农户土壤保护认知及行为决策研究：以江汉平原368户农户调查为例. 华中农业大学学报（社会科学版）（3）：15-20.

杨志海，王雅鹏，麦尔旦·吐尔孙，2015. 农户耕地质量保护性投入行为及其影响因素分析：基于兼业分化视角. 中国人口·资源与环境，25（12）：105-112.

姚科艳，陈利根，刘珍珍，2018. 农户禀赋、政策因素及作物类型对秸秆还田技术采纳决策的影响. 农业技术经济（12）：64-75.

姚震，孙月，王文，2019. 生态产品价值实现的经济关系分析. 河北地质大学学报，42（6）：53-56，62.

姚致远，2019. 旱地豆科绿肥提升土壤碳氮储量及降低环境代价的潜力与机制. 杨陵：西北农林科技大学.

姚致远，王峥，李婧，等，2016. 旱地基于豆类绿肥不同轮作方式的经济效益分析. 植物营养与肥料学报，22（1）：76-84.

姚致远，王峥，李婧，等，2015. 轮作及绿肥不同利用方式对作物产量和土壤肥力的影响. 应用生态学报，26（8）：2329-2336.

叶敬忠，张雪梅，史丽文，2001. 论参与式社区发展规划. 农业经济问题（2）：45-51.

尹昌斌，黄显雷，赵俊伟，等，2016. 玉米秸秆还田的受偿意愿分析：基于河北、山东两省的农户调查数据. 中国农业资源与区划，37（7）：87-95.

应瑞瑶，朱勇，2015. 农业技术培训方式对农户农业化学投入品使用行为的影响：源自实验经济学的证据. 中国农村观察（1）：50-58.

于乃书，刘馨阳，刘丹，2015. 农村金融机构发展中的主体行为分析及激励机制构建. 中央财经大学学报（10）：43-51.

于艳丽，李桦，姚顺波，2017. 林权改革、市场激励与农户投入行为. 农业技术经济（10）：93-105.

俞振宁，2019. 重金属污染耕地区农户参与治理式休耕行为研究. 杭州：浙江大学.

俞振宁，谭永忠，茅铭芝，等，2018. 重金属污染耕地治理式休耕补偿政策：农户选择实验及影响因素分析. 中国农村经济（2）：109-125.

俞振宁，谭永忠，练款，等，2019. 基于农户认知视角的重金属污染耕地治理式休耕制度可信度研究. 中国农村经济（3）：96-110.

俞振宁，吴次芳，沈孝强，2017. 基于IAD延伸决策模型的农户耕地休养意愿研究. 自然资源学报，32（2）：198-209.

余威震，罗小锋，李容容，等，2017. 绿色认知视角下农户绿色技术采纳意愿与行为悖离研究. 资源科学，39（8）：1573-1583.

余威震，罗小锋，唐林，等，2019. 土地细碎化视角下种粮目的对稻农生物农药施用行为的影响. 资源科学，41（12）：2193-2204.

余志刚，张靓，2018. 农户种植结构调整意愿与行为差异：基于黑龙江省341个玉米种植农户的调查. 南京农业大学学报（社会科学版），18（4）：137-145+160.

臧俊梅，王万茂，2007. 农地发展权的设定及其在中国农地保护中的运用：基于现行土地产权体系的制度创新. 中国土地科学（3）：44-50.

曾寅初，刘媛媛，于晓华，2008. 分层模型在食品安全支付意愿研究中的应用：以北京市消费者对月饼添加剂支付意愿的调查为例. 农业技术经济（1）：84-90.

占辉斌，胡庆龙，2017. 农地规模、市场激励与农户施肥行为. 农业技术经济

(11)：72-79.

张翠娥，李跃梅，李欢，2016. 资本禀赋与农民社会治理参与行为：基于 5 省 1 599 户农户数据的实证分析．中国农村观察（1）：27-37，50.

张国政，徐增，唐文源，2017. 茶叶地理标志溢价支付意愿研究：以安化黑茶为例．农业技术经济（8）：110-116.

张海霞，王明月，庄天慧，2020. 贫困地区小农户农业技术采纳意愿及其异质性分析：基于"信息—动机—行为技巧"模型．贵州财经大学学报（3）：81-90.

张娇，李世平，郭悦楠，2019. 基于保护动机理论的农户亲环境行为影响因素研究：以秸秆处理为例．干旱区资源与环境，33（5）：8-13.

张俊伶，张江周，申建波，等，2020. 土壤健康与农业绿色发展：机遇与对策．土壤学报，57（4）：783-796.

张克俊，2015. 经济新常态下土地经营权流转的新特征与思路调适．中州学刊（5）：48-53.

张利国，徐翔，2006. 消费者对绿色食品的认知及购买行为分析：基于南京市消费者的调查．现代经济探讨（4）：50-54.

张沁岚，陈文浩，罗必良，2017. 农地转入、细碎化改善与农业经营行为转变：基于全国九省农户问卷的 PSM 实证研究．农村经济（6）：1-10.

张树开，2011. 紫云英还田减量施用化肥对水稻产量的影响．福建农业科技（4）：75-77.

张童朝，颜廷武，何可，等，2019. 利他倾向、有限理性与农民绿色农业技术采纳行为．西北农林科技大学学报（社会科学版），19（5）：115-124.

张童朝，颜廷武，何可，等，2019. 有意愿无行为：农民秸秆资源化意愿与行为相悖问题探究：基于 MOA 模型的实证．干旱区资源与环境，33（9）：30-35.

张文静，2017. 转基因食品消费行为研究．杨陵：西北农林科技大学.

张艳，黄炎忠，2022. 地理标志品牌参与对农产品质量安全的影响研究．华中农业大学学报（社会科学版）（5）：123-135.

张颖南，易加斌，2021. 青年消费者食品消费中的健康认知及行为关系研究．哈尔滨商业大学学报（社会科学版）（4）：95-104.

章迎迎，2015. 消费者对亲环境农产品的购买行为与支付意愿研究．杭州：浙江大学.

张永丽，徐腊梅，2019. 互联网使用对西部贫困地区农户家庭生活消费的影响：基于甘肃省 1735 个农户的调查．中国农村经济（2）：42-59.

张郁，齐振宏，孟祥海，等，2015. 生态补偿政策情境下家庭资源禀赋对养猪户环境行为影响：基于湖北省 248 个专业养殖户（场）的调查研究．农业经济问题，36（6）：82-91+112.

张云华，马九杰，孔祥智，等，2004. 农户采用无公害和绿色农药行为的影响因素分析：对山西、陕西和山东15县（市）的实证分析. 中国农村经济（1）：41-49.

张志民，延军平，张小民，2007. 建立中国草原生态补偿机制的依据、原则及配套政策研究. 干旱区资源与环境（8）：142-146.

赵晶晶，葛颜祥，2019. 流域生态补偿模式实践、比较与选择. 山东农业大学学报（社会科学版），21（2）：79-85，158.

赵军，杨凯，2006. 自然资源与环境价值评估：条件估值法及应用原则探讨. 自然资源学报（5）：834-843.

赵娜，赵护兵，曹群虎，等，2011. 渭北旱区夏闲期豆科绿肥对土壤肥力性状的影响. 干旱地区农业研究，29（2）：124-128.

赵晓颖，郑军，张明月，2022. 流转地经营权稳定性对家庭农场耕地保护行为的影响：以增施有机肥及测土配方施肥为例. 中国农业资源与区划，43（8）：31-42.

赵旭，池辰，何伟军，2020. 基于选择实验法的三峡屏障区居民生态补偿支付意愿研究. 长江流域资源与环境，29（1）：101-112.

赵旭强，穆月英，陈阜，2012. 保护性耕作技术经济效益及其补贴政策的总体评价：来自山西省农户问卷调查的分析. 经济问题（2）：74-77.

赵雪雁，董霞，范君君，等，2010. 甘南黄河水源补给区生态补偿方式的选择. 冰川冻土，32（1）：204-210.

郑明赋，2016. 属性评价和标签信任对消费者支付意愿的影响：以有机大米为例. 中国食物与营养，22（2）：41-45.

郑适，陈茜苗，王志刚，2018. 土地规模、合作社加入与植保无人机技术认知及采纳：以吉林省为例. 农业技术经济（6）：92-105.

郑云辰，2019. 流域生态补偿多元主体责任分担及其协同效应研究. 泰安：山东农业大学.

仲俊涛，王蓓，米文宝，等，2020. 基于InVEST模型的宁夏盐池县禁牧草地生态补偿标准空间识别［J］. 地理科学，40（6）：1019-1028.

周晨，丁晓辉，李国平，等，2015. 南水北调中线工程水源区生态补偿标准研究：以生态系统服务价值为视角. 资源科学，37（4）：792-804.

周国朋，曹卫东，白金顺，等，2016. 多年紫云英—双季稻下不同施肥水平对两类水稻土有机质及可溶性有机质的影响. 中国农业科学，49（21）：4096-4106.

周来友，2022. 耕地流转经营权稳定性对农户施用有机肥的影响：以江西省丘

陵地区为例 [J]. 贵州师范大学学报（社会科学版）（6）：103-112.

周力, 王镱如, 2019. 新一轮农地确权对耕地质量保护行为的影响研究. 中国人口·资源与环境, 29（2）：63-71.

周兴, 廖育林, 鲁艳红, 等, 2017. 肥料减施条件下水稻土壤有机碳组分对紫云英—稻草协同利用的响应. 水土保持学报, 31（3）：283-290.

周志明, 2016. 绿肥种植利用效益评价和空间发展预测研究. 北京：中国农业大学.

周志明, 张立平, 曹卫东, 等, 2016. 冬绿肥—春玉米农田生态系统服务功能价值评估. 生态环境学报, 25（4）：597-604.

朱方伟, 宋昊阳, 王鹏, 2018. 项目化变革情境下企业如何克服组织惯性的束缚：基于行动研究法的路径与策略分析. 管理评论, 30（8）：209-224.

朱利群, 王珏, 王春杰, 等, 2018. 有机肥和化肥配施技术农户采纳意愿影响因素分析：基于苏、浙、皖三省农户调查. 长江流域资源与环境, 27（3）：671-679.

朱烈夫, 殷浩栋, 张志涛, 等, 2018. 生态补偿有利于精准扶贫吗？：以三峡生态屏障建设区为例. 西北农林科技大学学报（社会科学版）, 18（2）：42-48.

朱青, 崔宏浩, 张钦, 等, 2016. 绿肥阻控贵州山区坡耕地水土流失的应用. 水土保持研究, 23（2）：101-105.

朱月季, 2015. 中国对非洲的农业技术援助研究. 武汉：华中农业大学.

卓四清, 王博, 乔路, 2018. 基于 SEM 的移动电商用户持续使用意愿分析 [J]. 统计与决策, 34（3）：114-117.

邹伟, 崔益邻, 周佳宁, 2020. 农地流转的化肥减量效应：基于地权流动性与稳定性的分析. 中国土地科学, 34（9）：48-57.

Abate G T, Rashid S, Borzaga C, et al., 2016. Rural finance and agricultural technology adoption in ethiopia: Does the institutional design of lending organizations matter?. World Development, 84: 235-253.

Ahmad I A H H, Jinap S, Nasir M S, et al., 2012. Consumers' demand and willingness to pay for rice attributes in Malaysia. International food research journal, 19（1）：363-369.

Ajzen I, 2002. Perceived behavioral control, self-efficacy, locus of control, and the theory of planned behavior. Journal of Applied Social Psychology, 32: 665-683.

Ajzen I, Fishbein M, 1997. Attitude-behavior relations: A theoretical analysis and review of empirical research. Psychological Bulletin, 84（5）：888-918.

Anderson J C, Gerbing D W, 1988. Structural equation modeling in practice: A review and recommended two – Step approach. Psychological. Bulletin, 103 (3): 411-423.

Aprile M C, Caputo V, Jr R M N, 2012. Consumers' valuation of food quality labels: the case of the European geographic indication and organic farming labels. International Journal of Consumer Studies, 36: 158-165.

Asaaga F, Hirons M, Malhi Y, 2020. Questioning the link between tenure security and sustainable land management in cocoa landscapes in Ghana [J]. World Development, 130: 1-14.

Ashoori D, Allahyari M S, Damalas C A, 2017. Adoption of conservation farming practices for sustainable rice production among small–scale paddy farmers in northern Iran. Paddy and Water Environment, 15 (2): 237-248.

Balogh, Peter, Bekesi, et al., 2016. Consumer willingness to pay for traditional food products. Food Policy, 61: 176-184.

Bandiera O, Rasul I, 2006. Social networks and technology adoption in Northern Mozambique. Economic Journal, 116: 869-902.

Barreiro–Hurle J, Colombo S, Cantos–Villar E, 2008. Is there a market for functional wines? Consumer preferences and willingness to pay for resveratrol–enriched red wine. Food Quality and Preference, 19 (4): 360-371.

Bateman I J, 1996. Household Willingness to Pay and Farmers' willingness to accept compensation for establishing a recreational woodland. Journal of Environmental Planning & Management, 39: 21-44.

Bougherara D, Combris P, 2009. Eco-labelled food products: What are consumers paying for? . European Review of Agricultural Economics, 8: 1-21.

Broegaard R, 2005. Land tenure insecurity and inequality in Nicaragua [J]. Development and Change, 36 (5): 845-864.

Caban J R, Kuppusamy S, Kim J H, et al., 2018. Green manure amendment enhances microbial activity and diversity in antibiotic-contaminated soil. Applied Soil Ecology, 129: 72-76.

Casey J F, Kahna J R, Rivasb A A F, 2008. Willingness to accept compensation for the environmental risks of oil transport on the Amazon: A choice modeling experiment. Ecological Economics, 67 (4): 552-559.

Cason T N, Gangadharan L, 2005. A laboratory comparison of uniform and discriminative price auctions for reducing non-point source pollution. Land Economics, 81 (1): 51-70.

Chaudhuri S, 2008. Wage inequality in a dual economy and international mobility of factors: do factor intensities always matter? Economic Modeling, 25 (6), 1155-1164.

Chekima B, Syed K W, 2016. Examining green consumerism motivational drivers: does premium price and demographics matter to green purchasing? Journal of Cleaner Production, 33 (7): 47-56.

Chetty, Raj, 2015. Behavioral economics and public policy: a pragmatic perspective. American Economic Review: Papers & Proceedings, 105 (5): 1-33.

Clot S, Andriamahefazafa F, Grolleau G, et al., 2015. Compensation and rewards for environmental services and efficient design of contracts in developing countries: Behavioral insights from a natural field experiment. Ecological Economics, 113 (5): 85-96.

Coase R, 1960. Problem of social cost. Journal of Law & Economics, 3 (4): 1-44.

Combrissupb/SUP D B, 2009. Eco-labelled food products: What are consumers paying for? . European Review of Agricultural Economics, 36 (3): 321-341.

Conner M, Armitage C J, 1998. Extending the theory of planned behavior: a review and avenues for further research. Journal of Applied Social Psychology, 28 (15): 1429-1464.

Cooper, William E, 1998. Risk assessment and risk management: an essential integration. Human & Ecological Risk Assessment An International Journal, 4 (4): 931-937.

Culas R J, 2012. REDD and forest transition: Tunneling through the environmental Kuznets curve. Ecological Economics, 79 (7): 44-51.

Daxini A, O'Donoghue C, Ryan M, et al., 2018. Which factors influence farmers' intentions to adopt nutrient management planning? . Journal of Environmental Management, 224: 350-360.

Defrancesco E, Gatto P, Runge F, 2007. Factors affecting farmers? Participation in agri - environmental measures: A northern italian perspective. Journal of Agricultural Economics, 2008, 59 (1): 114-131.

Dehnen-Schmutz K, Foster G L, Owen L, et al., 2016. Exploring the role of smartphone technology for citizen science in agriculture. Agronomy for Sustainable Development, 36 (2), 1-8.

De Koeijer T J, Wossink G A A, Smit A B, et al., 2003. Assessment of the quality of farmers' environmental management and its effects on resource use efficiency: A dutch case study. Agricultural Systems, 78 (1): 85-103.

De Leeuw A, Valois P, Ajzen I, et al., 2015. Using the theory of planned behavior to identify key beliefs underlying pro - environmental behavior in high - school students: Implications for educational interventions. Journal of Environmental Psychology, 42: 128-138.

Engdahl E, Lidskog R, 2013. Risk, communication and trust: Towards an emotional understanding of trust. Public Understanding of Science, 23 (6): 703-717.

Feng D, Liang L, Wu W, et al., 2018. Factors influencing willingness to accept in the paddy land-to-dry land program based on contingent value method. Journal of Cleaner Production, 183: 392-402.

Feng L, Xu J, 2015. Farmers' willingness to participate in the next-stage Grain-for-Green Project in the Three Gorges Reservoir Area, China. Environmental Management, 56 (2): 505-518.

Fernandez-Cornejo J, Beach E D, Huang W, 1994. The adoption of IPM techniques by vegetable growers in Florida, Michigan and Texas. Journal of Agricultural and Applied Economics, 26 (1): 158-172.

Fernandez-Cornejo J, Kackmeister A, 1996. The Diffusion of Integrated Pest Management Techniques. Journal of Sustainable Agriculture, 7 (4): 71-102.

Finger R, Ei Benni N, 2013. Farmers' adoption of extensive wheat production-Determinants and implications. Land Use Policy, 30: 206-213.

Fornell C, Larcker D F, 1981. Evaluating structural equation models with unobservable variables and measurement error. Journal of Marketing Research, 18: 39.

Gao S, Gao J, Cao W, et al., 2018. Effects of long-term green manure application on the content and structure of dissolved organic matter in red paddy soil. Journal of Integrative Agriculture, 17 (8): 1852-1860.

Gao Y, Zhang X, Lu J, et al., 2017. Adoption behavior of green control techniques by family farms in china: evidence from 676 family farms in Huang-Huai-Hai plain. Crop Protection, 99: 76-84.

Ghadiyali T R, Kayasth M M, 2012. Contribution of green technology in sustainable development of agriculture sector. Journal of Environmental Research & Development, 7 (1): 590-596.

Ghanian M, Ghoochani O, Dehghanpour M, et al., 2020. Understanding farmers' climate adaptation intention in Iran: A protection-motivation extended model. Land Use Policy, 94, 104553.

Gliessman S, 2009. Building Sustainable livelihoods while conserving biodiversity. Journal of Sustainable Agriculture, 33 (4): 359-360.

Goldstein J H, Watson W D, 1997. Property rights, regulatory taking, and compensation: Implications for environmental protection. Contemporary Economic Policy, 15 (4): 32-42.

Greaves M, Zibarras L D, Strife C, 2013. Using the theory of planned behavior to explore environmental behavioral intentions in the workplace. Journal of Environmental Psychology, 34 (34): 109-120.

Grimm V, Kretschmer S, Mehl S, 2020. Green innovations: The organizational setup of pilot projects and its influence on consumer perceptions. Energy Policy, 142: 111474.

Hair J F, Sarstedt M, Ringle C M, et al., 2012. An assessment of the use of partial least squares structural equation modeling in marketing research. Journal of the Academy of Marketing Science, 40 (3): 414-433.

Hayami Y, Kikkuchi M, Moya P F, 1980. Anatomy of a peasant economy. Pacific Affairs, 53 (2): 373-375.

He K, Zhang J, Zeng Y, et al., 2016. Households' willingness to accept compensation for agricultural waste recycling: Taking biogas production from livestock manure waste in Hubei, P. R. China as an example. Journal of Cleaner Production, 131: 410-420.

Hira C, Chen A, Patriciapina, et al., 2019. What drives smallholder farmers' willingness to pay for a new farm technology? Evidence from an experimental auction in Kenya. Food Policy, 85: 64-71.

Hooker K V, Coxon C E, Hackett R, et al., 2008. Evaluation of cover crop and reduced cultivation for reducing nitrate leaching in Ireland. Journal of Environmental Quality, 37: 138.

Hosmer D W, Taber S, Lemeshow S, 1991. The importance of assessing the fit of logistic regression models: A case study. American Journal of Public Health, 81 (12): 1630-1635.

Huang X L, Cheng L L, Chien H, et al., 2019. Sustainability of returning wheat straw to field in Hebei, Shandong and Jiangsu provinces: A contingent valuation method. Journal of Cleaner Production, 213: 1290-1298.

Huijps K, Hogeveen H, Antonides G, 2010. Sub-optimal economic behaviour with respect to mastitis management. European Review of Agricultural Economics, 37 (4): 553-568.

Hyland J J, Heanue K, Mckillop J, et al., 2018. Factors influencing dairy farmers' adoption of best management grazing practices. Land Use Policy, 78: 562-571.

Ibitoye S J, Onimisi J A, 2013. Influence of training on farmers productivity in poultry production in Kogi state, Nigeria. International Journal of Poultry science, 12 (4): 239-244.

Icek A, Driver B L, 1992. Application of the theory of planned behavior to leisure choice. Journal of Lsure Research, 24 (3): 207-224.

Khan M, Mahmood H Z, Damalas C A, 2015. Pesticide use and risk perceptions among farmers in the cotton belt of Punjab, Pakistan. Crop Protection, 67: 184-190.

Khannaa M, Isik M, Zilberman D, 2002. Cost-effectiveness of alternative green payment policies for conservation technology adoption with heterogeneous land quality. Agricultural Economics, 27: 157-174.

Li F, Li W, Zhen L, et al., 2011. Estimating Eco-Compensation Requirements for Forest Ecosystem Conservation. Outlook on Agriculture, 40 (1): 51-57.

Li F, Zhang K, Hao A, et al., 2021. Environmental behavior spillover or public information induction: Consumers' intention to pay a premium for rice grown with green manure as crop fertilizer. Foods, 10: 1285.

Li F D, Zhang K J, Yang P, et al., 2022. Information exposure incentivizes consumers to pay a premium for emerging pro-environmental food: Evidence from China. Journal of Cleaner Production: 132412.

Li X, Jensen K L, Clark C D, 2016. Consumer willingness to pay for beef grown using climate friendly production practices. Food Policy, 64: 93-106.

Liu M, Yang L, Min Q, 2018. Eco-compensation standards for agricultural water conservation: A case study of the paddy land-to-dry land program in China. Agricultural Water Management, 204: 192-197.

Luo L, Wang Y, Qin L, 2014. Incentives for promoting agricultural clean production technologies in China. Journal of Cleaner Production, 74: 54-61.

Ma S, Swinton S M, Lupi F, et al., 2012. Farmers' willingness to participate in payment-for-environmental-services programmes. Journal of Agricultural Economics, 63 (3): 604-626.

Ma W, Zheng H, 2021. Heterogeneousimpacts of information technology adoption on pesticide and fertiliser expenditures: Evidence from wheat farmers in China. The Australian Journal of Agricultural and Resource Economics, 59, 1-21.

Malawska A, Topping C J, Nielsen H R, 2014. Why do we need to integrate farmer decision making and wildlife models for policy evaluation? . Land Use Policy, 38 (2): 732-740.

Manimozji I K, Vaishnavi, 2012. Eco-friendly fertilizers for sustainable agriculture. International Journal of Scientific Research, 2 (11): 255-257.

Marco, Bagliani, Fiorenzo, et al., 2012. A joint implementation of ecological footprint methodology and cost accounting: techniques for measuring environmental pressures at the company level. Ecological Indicators, 16: 148-156.

Mceachan R R C, Conner M, Taylor N J, et al., 2011. Prospective prediction of health-related behaviours with the Theory of Planned Behaviour: A meta-analysis. Health Psychology Review, 5 (2): 97-144.

Miceli T J, Segerson K, 1995. Government regulation and compensation for takings: Implications for agriculture. American Journal Agricultural Economics, 77: 1177-1182.

Miller J, 2014. Farmer adoption of best management practices using incentivized conservation programs. Burlington: University of Vermont.

Mittal S, Mehar M, 2015. Socio-economic factors affecting adoption of modern information and communication technology by farmers in India: Analysis using multivariate probit model. Journal of Agricultural Education & Extension, 22 (2): 450-454.

Nakano Y, Tsusaka T W, Aida T, et al., 2018. Is farmer-to-farmer extension effective? The impact of training on technology adoption and rice farming productivity in Tanzania. World Development: S0305750X17304060.

Noltze M, Schwarze S, Qaim M, 2012. Understanding the adoption of system technologies in smallholder agriculture: The system of rice intensification (SRI) in Timor Leste. Agricultural Systems, 108: 64-73.

Ostrom E, 2009. A General Framework for Analyzing the Sustainability of Social-Ecological Systems. Science, 325 (5939): 419.

Ostrom E, Young O R, 2007. Connectivity and the Governance of Multilevel Social-Ecological Systems: The Role of Social Capital. Annual Review of Environment and Resources, 34 (1): 253-278.

Plott C R, Zeiler, 2005. The willingness to pay/willingness to accept gap, the "Endowment Effect", subject misconceptions, and experimental procedures for eliciting valuations. American Economic Review, 95 (2): 991-1011.

Pratt O, Wingenbach G, 2016. Factors affecting adoption of green manure and cover crop technologies among Paraguayan smallholder farmers. Journal of Sustainable Agriculture, 40 (10): 1043-1057.

Qaswar M, Huang J, Ahmed W, et al., 2019. Long-term green manure rotations improve soil biochemical properties, yield sustainability and nutrient balances in acidic paddy soil under a rice – based cropping system. Agronomy Journal, 9 (12): 780.

Rabin M, 1998. Psychology and Economics. Journal of Economic Literature, 36 (1): 11-46.

Ross S M, King J R, Izaurralde R C, et al., 2009. The green manure value of seven clover species grown as annual crops on low and high fertility temperate soils. Canadian Journal of Plant Science, 89 (3): 465-476.

Salgado G C, Edmilson J A, Fabricio R O I P, et al., 2020. Nitrogen transfer from green manure to organic cherry tomato in a greenhouse intercropping system. Journal of Plant Nutrition, 43 (8): 1-17.

Schreiner J A, Hess S, 2017. The role of non – use values in dairy farmers' willingness to accept a farm animal welfare programme. Journal of Agricultural Economics, 68 (2): 553-578.

Schultz, Theodore W, 1964. Changing Relevance of Agricultural Economics. Journal of Farm Economics, 46 (5): 1004-1014.

Schulz N, Breustedt G, Latacz-Lohmann U, 2014. Assessing Farmers' willingness to accept "Greening": Insights from a discrete choice experiment in Germany. Journal of Agricultural Economics, 65 (1): 26-48.

Segerson K, 2010. Government regulation and compensation: Implications for Environment quality and natural resource use. Contemporary Economic Policy, 15 (4): 28-31.

Seroa Da Motta R, Ortiz R A, 2018. Costs and perceptions conditioning willingness to accept payments for ecosystem services in a Brazilian Case. Ecological Economics, 147: 333-342.

Shang W, Gong Y, Wang Z, et al., 2018. Eco-compensation in China: Theory, practices and suggestions for the future. Journal of Environmental Management, 210 (3): 162-170.

Shurtleff, D, 2000. A behavioral economic analysis of the relative persistence of behavior: Comment on Meisch. Experimental & Clinical Psychopharmacology, 8 (3): 357-359.

Simon H A, 1972. Theories of Bounded Rationality. Decision & Organization: 161-176.

Sonter L J, Simmonds J S, Watson J E M, et al., 2020. Local conditions and policy design determine whether ecological compensation can achieve no net loss goals. Nature Communications, 11 (1): 1-11.

Soorani F, Ahmadvand M, 2019. Determinants of consumers' food management behavior: Applying and extending the theory of planned behavior. Waste Management, 98: 151-159.

Tarka P, 2018. An overview of structural equation modeling: its beginnings, historical development, usefulness and controversies in the social sciences. Quality & Quantity, 52: 313-354.

Tanellari E, Kostandini G, Bonabana-Wabbi, et al., 2014. Gender impacts on adoption of new technologies: the case of improved groundnut varieties in Uganda. African Journal of Agricultural & Resource Economics, 9 (4): 300-308.

Thirtle C, Beyers L, Ismael Y, et al., 2003. Can GM-Technologies help the poor? The impact of Bt - cotton in Makhathini Flats, KwaZulu - Natal. World Development, 31 (4): 717-732.

Torres A B, Macmillan D C, Skutsch M, 2013. Payments for ecosystem services and rural development: Landowners' preferences and potential participation in western Mexico. Ecosystem Services, 6: 72-81.

Williamson C R, 2000. The new institutional economics: Taking stock, looking ahead. Journal of Economic Literature, 38 (3): 595-613.

Villanueva A J, Glenk K, Rodriguez-Entrena M, 2017. Protest responses and willingness to accept: Ecosystem services providers' preferences towards incentive-based schemes. Journal Agricultural Economics, 68: 801-821.

Villanueva A J, Gomez - Limon J A, Arriaza M, et al., 2015. Assessment of greening and collective participation in the context of agri-environmental schemes: The case of Andalusian irrigated olive groves. Spanish Journal of Agricultural Research, 13 (4): e108.

Weber L, 2017. A socio-cognitive view of repeated inter firm exchanges: How the co - evolution of trust and learning impacts subsequent contracts. Orgnization Science, 28 (4): 744-759.

White D S, Labarta R A, Leguia E J, 2005. Technology adoption by resource-poor farmers: considering the implications of peak-season labor costs. Agricultural Systems, 85 (2): 183-201.

White R R, Brady M, 2014. Can consumers' willingness to pay incentivize adoption of environ-mental impact reducing technologies in meat animal production? . Food Policy, 49: 41-49.

Willams, Bernard, 1993. The economics of environmental services. Facilities, 11

（11）：13-23.

Xu L Y, Yu B, Li Y, 2015. Ecological compensation based on willingness to accept for conservation of drinking water sources. Frontiers of Environmental Science & Engineering, 9 (1)：58-65.

Xu P, Su H, Lone T, 2018. Chinese consumers' willingness to pay for rice. Journal of Agribusiness in Developing and Emerging Economies, 8 (2)：256-269.

Xu P, Zeng Y C, Fong Q, et al., 2012. Chinese consumers' willingness to pay for green-and eco-labeled seafood. Food Control, 28 (1)：74-82.

Xue K, Wu L Y, Deng Y, et al., 2013. Functional gene differences in soil microbial communities from conventional, low-input, and organic farmlands. Applied & Environmental Microbiology, 79：1284-1292.

Yang X M, Cheng L L, Yin C B, et al., 2018. Urban residents' willingness to pay for corn straw burning ban in Henan, China：Application of payment card. Journal of Cleaner Production, 193：471-478.

Yiridoe E K, Atari D O A, Gordon R, et al., 2010. Factors influencing participation in the N-ova Scotia Environmental Farm Plan Program. Land Use Policy, 27：1097-1106.

Yu X, Gao Z, Zeng Y, 2014. Willingness to pay for the "Green Food" in China. Food Policy, 45：80-87.

Zhou L, Ran R, 2012. Analysis on cross-regional land ecological compensation [J]. Journal of Agricultural Science, 4 (5)：69-74.

Zsoka Á, Szerenyi Z M, Szechy A, 2013. Greening due to environmental education? Environmental knowledge, attitudes, consumer behavior and everyday pro-environmental activities of Hungarian high school and university students. Journal of Cleaner Production, 48：126-138.

附录 A

W 县绿肥示范种植补贴验收评分细则

实施单位：　　　　　　　　　　　　　　　　　　　　验收组签字：
验收日期：　　年　月　日　　　　　　　　　　　　　实施单位代表签字：

序号	评分内容	分值	得分	备注
1	覆盖率达标	30		鲜草覆盖率达 90% 及以上，得满分；覆盖率 50%~90%，按比例得分；覆盖率低于 50%，不得分
2	目测植株长势良好	30		现场图片
3	配备 60 马力*以上动力的旋耕机或五铧犁	5		无实物，本项不得分
4	水利设施较好，能排能灌，且绿肥田块沟系配套，无明显积水	20		现场图片
5	交通便捷，参观方便，示范带动作用好	5		
6	竖立绿肥标识牌	10		无标牌，本项不得分
结论	合计得分： 小结：			

*1 马力 ≈ 0.735 kW

附录 B

D 县绿肥示范种植补贴验收评分标准

实施主体（名称）		申报规模（面积）	
考核内容（100分）		评分指标	得分
执行情况	播种期（10分）	9月中下旬为10分，10月为6分	
	播种量（10分）	按补偿标准播种为10分，每减少0.2kg/亩减1分	
	播种方式（5分）	按实施技术进行稻底套播、免耕留茬直播、浅旋整地后播种为5分	
项目管理	项目资料（10分）	保存整理绿肥生长各环节图片、资料为10分，没有为0分	
	开排水沟（20分）	三沟配套为20分，部分田块有沟为10分，无沟为0分	
	牲畜管理（5分）	采取防止牲畜入田的措施为5分，没有为0分	
翻压前苗情	覆盖率（20分）	田间覆盖率高为20分，覆盖率一般为10~18分	
	鲜草产量（20分）	亩产达到2 000kg及以上为20分，1 500~2 000kg为15分，1 000~1 500kg为10分，不足1 000kg为0~10分	
总评分			